SCHWARZES MEER
Byzantium
BITHYNIEN
MYSIEN
Troas
Adramyttion
LYDIEN
Smyrna
Sardes
Philadelphia
Ephesus
SAMOS
Milet
KARIEN
PHRYGIEN
GALATIEN
LYAKONIEN
Antiochien
Ikonion
Lystra
Derbe
KAPPADOZIEN
Nikopolis
Issus
Tarsus
CILICIEN
Perge
PAMPHYLIEN
Attalia
LYCIEN
Myra
Patara
RHODOS
Seleucia
Antiochien
Latakia
Salamis
ZYPERN
Paphos
SYRIEN
Damaskus
Sidon
Tyrus
Ptolemais
Cäsarea
SEE GENEZARETH
PALÄSTINA
Antipatris
Jerusalem
TOTES MEER
Gaza
Alexandrien
MEER
ÄGYPTEN
ARABIEN

Ernle Bradford

Die Reisen des Paulus

Ernle Bradford

Die Reisen des Paulus

Universitas

Titel der englischen Originalausgabe
Paul the Traveller
Deutsche Übersetzung: Götz Pommer

Neuauflage 1982

Schutzumschlag: Wolfgang Mehringer, München
Satz: IBV Lichtsatz KG, Berlin
Druck: grafik + druck, München
Binden: Thomas-Buchbinderei, Augsburg
Printed in Germay
ISBN: 3-8004-1021-4

Inhalt

Seite 9 Der Weitgereiste
20 Kindheit im Osten
27 Stoiker und Kyniker
34 Kaiserverehrung
40 Als Student in Jerusalem
47 Jüdische Welt
53 Römische Welt
59 Mißverständnisse
66 Zwang und Abscheu
72 Feuer – und Steine
80 »Ein Licht ...«
89 Wahrheit
94 Mensch und Kaiser
100 Vorbereitungen
108 Alternativen
115 Kaiser und Gott
121 Die goldene Stadt
127 Die Insel der Aphrodite
136 Das Evangelium in Kleinasien
142 »Ich bin in Gefahr gewesen ...«
150 Ausdauer
154 Streit und drohende Spaltung

Seite 162 Straßen
170 Nach Europa
179 Erdbeben
186 Orpheus mit der Leier
191 Ausweisung
198 Ablehnung
208 Zeltmacher in Korinth
215 Wieder unterwegs
221 Die große Göttin
227 Von menschlichen Wesen
233 Der Weg steht fest
239 Das Unvermeidbare
245 Der Gefangene
251 »Zwischen zwei Meeren...«
258 Winter und Frühling
264 Das Ende in Rom

270 Herkunft der Zitate
271 Register

Vorwort

Die Kirche profitiert von ihrem guten Gedächtnis, ironisierte einst der militante Aufklärer aus Ferney. In der Tat, zwei Päpste in dem letzten Jahrzehnt, beide mit dem Vornamen Paul, schrieben und predigten von dem apostolischen Wirken des heiligen Paulus: Montini und Wojtyla. Der Papst aus Krakau, dessen Reiselust nicht selten kritisiert wird, meinte auf dem Hinflug nach Brasilien: »Ich bin der Nachfolger des heiligen Petrus, das ist bekannt. Aber ich bin auch der Nachfolger des so oft und so weit im Dienste des Evangeliums reisenden Apostels Paulus«. Den gleichen Satz wiederholte der pilgernde »Diener der Diener Gottes« in der Türkei, in der Nähe von jenem Theater, wo vor vielen Jahrhunderten der heilige Paulus, der übrigens nicht nur »ein Intellektueller«, sondern auch ein »Volkstribun« war, den Zorn der Einwohner von Ephesus riskierte, in dem er den Kult der Göttin Diana kritisierte.

Was wissen wir von jenem Missionar, Theologen, Organisator, Epistolographen, der in der Ohnmacht des Menschen, in der Schwachheit des »Fleisches« die Stärke des Hilf- und Wehrlosen erblickte? Wir kennen die Paulusbriefe, wir kennen sogar die Reihenfolge ihrer zeitlichen Entstehung, wir kennen das imaginäre Gesicht des Apostels aus der Katakombenmalerei in Rom. (Ende des 4. Jahrhunderts) Aber der Rest ist — Glauben.

Habent sua fata ... die Heiligen. Was unsterblich ist, verliert nie seine Aktualität. Selbstverständlich, gewiß. Auch für den Agnostiker akzeptabel. Aber nicht nur Theologen und Seelsorger befassen sich mit der Frage, warum uns diese vielschichtige Gestalt: ein Jude von Geburt, römischer Bürger und Rebell, leidenschaftlich denkender Erzieher und »Propagandist« in Kleinasien, der über dichterische Formulierungsgabe verfügte *(»Wenn ich mit Menschen- und mit Engelzungen redete und hätte der Liebe nicht, so wäre ich ein tönend Erz oder eine klingende Schelle«)* und nicht zuletzt Märtyrer in Nero's Rom, so »aktuell« vorkommt, warum sich gerade dieser unermüdlich suchende Wan-

derer und seine Botschaft einer gewissen Renaissance auch außerhalb der Gemeinde erfreuen? Der Himmel sei zwar leer, Ekel vor der Welt und ihrer Sinnlosigkeit gefährde das Verantwortungsbewußtsein des modernen Menschen, aber selten hätte sich eine Epoche so stark nach einem Damaskus-Erlebnis gesehnt wie die unsere, konstatierte nicht ohne Melancholie der Erbe des »l'age de raison«, Jean-Paul Sartre.
Die Behauptung von der Menschenwerdung Gottes wäre Jesus, so vermutet Karl Jaspers in seinem berühmten Buch «Der philosophische Glaube angesichts Offenbarung«, als »Gotteslästerung« erschienen. Die Apostel, die Heiligen waren jedoch Menschen und man kann sie sich als Menschen vorstellen. Mit allen ihren Höhenflügen, Nöten und Schwächen. Neophiten, frisch Bekehrte, neigen — erst recht wenn sie auf wundersame Weise ihren einzig rechten Weg zu finden glauben, — zur Ungeduld. Wurde aber der ehemalige Saulus aus Tarsos, erlernter Zeltenmacher, gesetzeifriger Pharisäer und Verfolger der Bekenner Jesu, nach dem was er vor den Stadttoren von Damaskus erlebte, ein »Draufgänger des Gottes« oder ein eher zögernder Aktivist, dem die Glaubensregeln der Stoiker keineswegs verborgen blieben?
Paulus gehörte bestimmt nicht zu jenen »sich durch die feige Flucht in die Mystik von den Jetzt-und-Hier-Menschen entfernenden Geistern« (Nietzsche), die sich stets unterwegs und überall im Niemandsland verstehen. Das Reich des Gottes war für ihn, der kein Rufer in der Wüste, sondern ein Argumentierender auf der Agora war, eine geistige Realität, Transzendenz und das Jammertal empfand er mit gleicher Intensität. Dieser in lateinischer, griechischer, aramäischer Sprache betende, dichtende und manchmal auch fluchende »Reisende in Sachen Gott« war kein Fanatiker. Wer sich in die Sätze des großartigen Briefeschreibers an die Philipper, Korinther, Thessalonicher, Epheser, Kolosser, an Philemon, Titus, Timotheus (bei dem Hebräerbrief ist die Verfasserschaft umstritten) vertieft, wer die geistige Luft dieser Worte einatmet, kann sich des Eindrucks nicht erwehren, diese Texte seien nicht nur beflügelt, sondern auch menschlich erlitten. Fast »existentialistisch« klingen jene Metaphern, die sich auf die menschliche Kreatur als »zerbrechliches Gefäß« beziehen. Es fehlt nicht an Stimmen, die ekstatischen Erlebnisse des Paulus seien einfach aus seiner Krankheit (Epilepsie) abzuleiten, er sollte auch oft unter Depressionen leiden. Angenommen, derartige Vermutungen ließen sich wirklich verifizieren, sie könnten kaum die poetische Legende um den Heiligen zerstören (wer nimmt schon zur Kenntnis, daß die Paulusakten nichts anderes sind als apokryphe, romanhafte Lebensbeschreibung des hl. Paulus, die von einem Presbyter Ende des 2. Jh. verfaßt wurden), im Gegenteil: sie würden uns den Apostel als Menschen noch näher bringen.
Diese Aufgabe hat sich der Erzähler Ernle Bradford, ein Amateur (das Wort stammt von »amare«) auf dem Gebiet der Hagiographie gestellt. Ähnlich wie in seinen früheren Büchern, die sich mit Johanniter Malteser-Ritterorden und Kreuzrittern befassen, ladet er den Leser zum Exkurs in den Mittelmeerraum der längst vergangenen, aber immer noch lebendigen Jahrhunderte ein. Das zunehmende Interesse an religiösen Fragen, die unsere Zeit kennzeichnet, schafft die Nachfrage für die Bücher, deren Autoren das Leben, das Wirken und die Zeitumstände großer Gestalten der Kirche anschaulich zu schildern verstehen. Daher: Reisebegleiter des Paulus, an Bord!

Tadeusz Nowakowski

1 Der Weitgereiste

Im Herbst des Jahres 59 n. Chr. legte ein kleines Küstenfahrzeug im Hafen vom Myra an. Sein Zielort befand sich weiter nördlich: Adramyttion, eine Ansiedlung am Ende eines Golfes, der sich in der Nähe der Insel Lesbos ziemlich weit ins Landesinnere hinein erstreckte. Vor ungefähr zwei Wochen hatte das Schiff die berühmte Stadt Sidon verlassen. Die Nordwinde, die in diesem Teil des Mittelmeers besonders häufig wehen, hatten es gezwungen, den südlichen Küstenstrich Kleinasiens abzufahren und nach einer geschützten Stelle zu suchen. Doch nun war eine angenehme Flußmündung gefunden. Hier konnte man die Fracht, die aus örtlichen Erzeugnissen bestand, entladen und auf einen günstigen Wind warten, der das Schiff durch die inselreiche Ägäis zum Heimathafen blies.
Myra gehörte zu den wichtigsten Städten im südlichen Kleinasien. Es lag einige Kilometer landeinwärts, mitten im Mündungsgebiet zweier Flüsse. An einem von ihnen, am Andracus, befand sich in einer Entfernung von etwa fünf Kilometern ein belebter Hafen. Myra war ein Ort wie viele, hier traf die griechisch-römische Welt auf die asiatische, syrische und nahöstliche Sphäre. Heute ist Myra ein unbedeutendes Dorf in der Türkei, aber damals war es eine blühende kleine Stadt. Küstenfahrzeuge, Handelsschiffe, die zwischen der Levante und der Ägäis, zwischen Byzanz und dem Schwarzen Meer verkehrten, lagen dicht bei dicht am Kai. Hier ankerten auch große Getreidefrachter, be-

vor sie ihre lange Reise antraten, die sie an Kreta vorbei zur Ostküste Siziliens, dann durch die Straße von Messina und schließlich nach Puteoli am Golf von Neapel führte.

An Bord des Küstenfahrzeugs befand sich neben Reisenden und Handelsleuten, die nach Myra, Adramyttion und anderen Häfen wollten, ein römischer Hauptmann vom augusteischen Regiment. Er hieß Julius und hatte die Aufsicht über eine Gruppe von Gefangenen, die nach Rom sollten. Den einen wurde dort der Prozeß gemacht, die anderen mußten, sofern sie bereits zum Tode verurteilt waren, in die Arenen. (Aus allen Gebieten des Imperiums wurden Straffällige nach Rom geschickt, um die nimmersatte Blutgier zu befriedigen, die fester Bestandteil der »römischen Größe« war.) Die Truppe, zu der Julius gehörte, fungierte sozusagen als kaiserliche Kurierorganisation. Sie geleiteten Gefangene zur Hauptstadt, fuhren als Wachen auf Getreideschiffen mit, wirkten als allgemeine Polizeitruppe und arbeiteten mit den Garnisonen in den Provinzen zusammen, damit Frieden im Reich herrschte. Julius war möglicherweise aus dem Mannschaftsstand aufgestiegen. Und höchstwahrscheinlich hing er dem Mithras an, jenem persischen Sonnengott, dessen Kult weite Verbreitung im Heer gefunden hatte, weil er Männlichkeit und kämpferische Tugenden befürwortete. Julius hatten ihn seine Eltern zweifellos nach dem großen Julius Cäsar genannt, zum Zeichen dafür, daß sie das Haus der Julier achteten. Ein Kaiser aus diesem Hause war auch jetzt an der Regierung: Nero.

Der Hauptmann suchte nach einer Mitfahrgelegenheit für sich, seine Soldaten und die Gefangenen. Das Küstenfahrzeug war nur eine Zwischenlösung, er wollte damit nur bis Myra kommen. Das klassische Segeljahr ging seinem Ende zu. Nach dem 15. September wagten sich nur noch wenige Hochseeschiffe hinaus. Etwa dreihundert Jahre später schrieb der römische Militärexperte Vegetius: »Von Mitte September bis zum dritten Tag vor den Iden des November (10. November) ist die Seefahrt unsicher. Danach«, so fährt er fort, »sind die Meere nicht mehr befahrbar.« Abgesehen von wichtigen Truppentransporten und dem Einsatz von Depeschenbooten in Notfällen wurde es auf dem ganzen Mittelmeer bis Ende Mai still.

Der Hauptmann war darauf bedacht, seine Gefangenen sicher nach Rom zu befördern. Er rechnete darauf, ein Kauffahrteischiff zu finden, das jetzt noch in See stach, weil der Schiffseigner oder Kapitän den

Anschluß an den winterlichen Getreidemarkt nicht versäumen wollte. Aus gutem Grund konnte er sich darauf verlassen, in Myra ein geeignetes Schiff zu entdecken, denn oft mußten Frachter aus Alexandria wegen der Westwinde nach Norden ausweichen und in Myra auf einen günstigen Wind warten, der sie nach Rom blies.
Julius fand sein Schiff. Es war ein großer Getreidefrachter aus Alexandrien mit dem Zielhafen Puteoli. An Bord befanden sich etliche Passagiere, darunter zweifellos auch Römer, die unter anderem die ägyptischen Sehenswürdigkeiten besucht und die Pyramiden angestaunt hatten (die damals noch mit Marmor verkleidet waren). Außerdem fuhren Tänzer, Sklaven und Unterhalter mit, die für die Paläste Roms bestimmt waren. Das Schiff gehörte vielleicht zur kaiserlichen Handelsflotte. Die Ankunft des Hauptmanns mit seinen Gefangenen wird man recht gleichgültig hingenommen haben, waren doch bewachte Verbrecher in jenen Tagen ein gewohnter Anblick auf den Land- und Seewegen des Reiches. Ein bestimmter Gefangener könnte hingegen Aufmerksamkeit erregt haben, denn es lag auf der Hand, daß er eine bedeutende Persönlichkeit war. Der Hauptmann behandelte ihn mit Hochachtung, mehr noch: Mit großer Anteilnahme lauschte er auf alles, was der andere zu sagen hatte. Das Verhalten des Gefangenen ließ darauf schließen, daß er aufmerksame Zuhörer gewohnt war. Manchmal leitete er seine Bemerkungen mit einer rhetorischen Geste ein, mit einer Handbewegung, die Schweigen zu gebieten schien. Zwei Reisegenossen begleiteten ihn – vielleicht Sklaven. Beides Griechen, der eine offenbar Arzt, der andere Leibdiener.
Der Mann strahlte etwas seltsam Bezwingendes aus, obwohl seine äußere Erscheinung nicht eben anziehend genannt werden konnte. Gewiß war er weder jung noch gutaussehend – als Mitpassagier hätte man sein Alter wahrscheinlich auf fünfundfünfzig oder darüber geschätzt. Er war fast vollständig kahlköpfig, hatte aber einen dichten, schon etwas grauen Bart. Sein Gesicht zeigte einen munteren, lebendigen, geradezu fröhlichen Ausdruck. Die Nase war lang und gebogen. Ein levantinisches Gesicht – vielleicht ein Jude? Übers ganze Reich verstreut lebten Juden. Doch das eigentlich Bezwingende an diesem Mann waren seine Augen: graue, strahlende Augen unter buschigen, überhängenden Brauen, die in der Mitte zusammengewachsen waren. Er war schmächtig und ging ein wenig gebückt. Sein Gesicht, sein Betragen, sein ganzes Auftreten ließen vermuten, daß er eine Autorität

war. vielleicht ein weitgereister Herr, der sich oft auf Schiffen aufgehalten und viele Seefahrten unternommen hatte. Aber das Kauffahrteischiff lag noch am Kai, die Passagiere waren mit ihren eigenen Angelegenheiten beschäftigt, kümmerten sich um ihre Habe, sahen zu, daß sie gut untergebracht wurden, kauften zusätzlichen Proviant, damit sie auf der langen Reise anständig zu essen bekamen, und so machte sich kaum jemand Gedanken über einen Levantiner unter Bewachung. Die Zeit verstrich, man mußte sich beeilen, und allen war, wenn auch aus verschiedenen Gründen, daran gelegen, Puteoli am schönen Golf von Neapel zu erreichen. Geschäft oder Vergnügungen riefen sie. Nicht anders als heute hielten sie die Zeit- und Weltläufe in Bann, ob sie wachten oder träumten.

Abgesehen von der Crew, dem Kapitän, dem Steuermann und den anderen Offizieren befanden sich 276 Passagiere an Bord. Wahrscheinlich hätte das Schiff noch viel mehr aufnehmen können – auf Getreidefrachtern dieses Typs fuhren manchmal 600 Passagiere mit. Doch das Segeljahr ging zu Ende, und die meisten Reisenden hatten sich früher eingeschifft, um die Gefahren zu vermeiden, die im Herbst auf See drohten – auf dem Mittelmeer schlägt das Wetter dann oft jäh um. Ein Getreidefrachter dieses Typs dürfte um die 340 Tonnen gehabt haben. Diese Größenordnung zog die römische kaiserliche Regierung vor, und Schiffseigner, die Fahrzeuge mit einer solchen Tonnage bauten und der Regierung für Transportzwecke zur Verfügung stellten, wurden automatisch von der ansonsten zwangsweisen Beistellung gemeinnütziger Dienstleistungen befreit. Also war es für die reichen Schiffseigner nur von Vorteil, wenn sie der Regierung ein solches Schiff überließen. Die Bauart entsprach dem Grundmuster, das die Phönizier, meisterliche Seeleute, vor Jahrhunderten mit ihren *gauloi* oder »Zubern« entwickelt hatten. Ihr Rumpf ähnelte einer halbierten Nußschale. Sie waren vor allem dazu gedacht, möglichst viele Güter zu befördern. Die Geschwindigkeit spielte eine untergeordnete Rolle. Im Gegensatz zur Galeere waren sie in erster Linie Segelschiffe. Sie hatten ein großes Beiboot, das sie in den Hafen oder aus dem Hafen zog. Es bugsierte das Frachtschiff außerdem bei Flauten in die Richtung, wo sich vielleicht ein Windhauch regte. Normalerweise lief das Beiboot an einem Tau befestigt im Schlepp. Bei stürmischem Wetter konnte man es aber auch an Bord hieven.

Apollonios, ein Philosoph, Mystiker und Wundermann (der, wie viele andere in dieser Epoche, Menschen von den Toten wiederauferweckt haben soll), stammte aus Kleinasien und war ein Zeitgenosse unserer Reisenden. Einst versuchte er, die miteinander zerstrittenen Bewohner von Smyrna auszusöhnen, und wählte als Beispiel dafür, wie sie ihre Stadt führen sollten, das Ablegen eines Kauffahrteischiffs: »Betrachtet euch die Mannschaft dieses Schiffs«, sagte er. »Seht ihr die Leute in den kleinen Beibooten, dazu bereit, die Taue anzuziehen? Schaut auch, wie andere die Anker lichten und sie innenbords sichern; und schaut, wie wieder andere Vorbereitungen dafür treffen, daß das Schiff unter Segel gehen kann, während zur selben Zeit kleine Gruppen an Bug und Heck geschäftig ihrer Pflicht nachkommen. Wenn auch nur einer von der Mannschaft nicht die Arbeit täte, die ihm zugewiesen ist, oder sie unzureichend oder nicht sachgemäß durchführte, hätten alle eine schlechte Fahrt zu gewärtigen und wären sich selbst ihr eigener Sturm. Doch wenn sie in gesundem Wettstreit miteinander liegen, wenn jeder versucht, so tüchtig wie sein Nachbar zu sein, dann werden sie auf eine gute Reise gehen...«

Zweifellos stach auch unser Kauffahrteischiff auf diese Weise von Myra aus in See. Erst steuerte es den im Norden gelegenen Hafen Knidus auf der »Insel« Triopion an – »Insel« deshalb, weil Triopion mit dem Festland durch einen Damm verbunden war, der sich mit der Zeit in einen sandigen Isthmus verwandelt hatte. Das gab zwei gute Häfen, einen im Norden und einen im Süden. Zu dieser Jahreszeit dürfte das Schiff den Südhafen angelaufen haben.

Die Fahrt ging langsam vonstatten. Das Schiff hatte sich gegen die Nordwestwinde stemmen müssen, bei Nacht war man vor Anker gegangen, und man hoffte stets auf eine günstige Brise, die es ermöglichen würde, Westkurs in Richtung Heimat aufzunehmen. In Knidus sahen sich wohl die meisten Passagiere an Land um. Einige bewunderten den Aphroditetempel mit der großartigen, von Praxiteles geschaffenen Statue der Göttin, aber die meisten taten sich an schmackhaftem Essen und Wein gütlich und frischten ihre privaten Vorräte auf. Kauffahrteischiffe, die auch Passagiere mitnahmen, waren unbequem. Daneben gab es aber auch Schiffe, die den Reichen einen Komfort boten, der auf dem Mittelmeer erst viele Jahrhunderte nach dem Fall des römischen Reiches wieder in Schwang kam. Auf diesen Schiffen, vor allem jedoch auf den Lustschiffen der Kaiser, fand man Bäder und Hallen, elegante Kabinen, Plätze für Leibesübungen, überdachte

Wandelhallen und kultische Räume. Die Böden waren mit Mosaiken ausgelegt, die Lampen und Krüge bestanden aus Bronze. Silberne oder goldene Teller und Pokale schmückten die Tafel. Doch auf einem ganz gewöhnlichen Schiff wie dem, das gerade Myra verlassen hatte, gab es keinen solchen Luxus. Da die Seefahrt auf dem Mittelmeer fast ausschließlich während der milden Sommermonate stattfand, reisten die Passagiere so einfach wie Bauern – sie lagerten auf dem Oberdeck, hatten nichts weiter als eine Rolle unter dem Kopf und schliefen unter freiem Himmel. Sklaven, verurteilte Verbrecher und Zwischendeckpassagiere hielten sich wohl im Schiffsbauch auf und konnten kaum »die Beine auf den nackten Planken am Bilgenwasser ausstrecken«, wie es der griechische Schriftsteller Lukian formulierte. Zwischen den Bodenplanken befanden sich Rinnen, damit das Bilgenwasser zum Pumpensod fließen konnte, wo es von den Matrosen auf Wache vermittels einer archimedischen Schraube oder einfach mit Ledereimern abgeschöpft wurde. Einige wenige Passagiere, darunter mit Sicherheit Julius und höchstwahrscheinlich seine wichtige »Fracht«, kamen in den Genuß des bescheidenen Komforts im Deckhaus am Heck, wo auch der Kapitän seine Kajüte hatte. Gleich daneben war die Kombüse. Bei schönem Wetter sah man, wie die Küchendünste aufstiegen, und roch die appetitanregenden Düfte von Gemüsesuppe und backofenfrischem Brot. Die Kombüse war sehr einfach. Herd und Backofen stellten schlichte Konstruktionen dar, Eisenstangen, darunter feuerfester Ton, und das Ganze stand auf einem Ziegelboden. Und das war immer noch höherentwickelt als die offenen Feuerstellen auf den Schiffen, mit denen Kolumbus 1400 Jahre später den Atlantik überquerte.

In diesem Jahr hielten die Nordwinde, die in der Ägäis den Sommer über vorherrschen, bis in den Herbst hinein an. Der Kapitän hatte auf eine günstige Brise gehofft, die das Schiff vom Festland wegtreiben sollte, damit es geradewegs durch die südliche Ägäis nach Cythera, der Insel Aphrodites, fahren konnte. Nun steckte er in der Klemme. Das Schiff hatte eine schwer zu bedienende Takelung, war fast völlig von einem einzigen Hauptsegel abhängig, und so mußte der Kapitän befürchten, daß es vom Kurs abtrieb und nicht nach Cythera gelangte, sondern an die zerklüftete Nordküste von Kreta verschlagen wurde. Und es gab dort nur sehr wenige Häfen. Er beriet sich mit dem Steuermann. Sie kamen überein, daß es am vernünftigsten sei, gleich den

Kurs zu ändern und sich südlich von Kreta zu halten. Da der Wind ständig von Norden wehte, würden sie dort wohl Schutz finden. Danach konnten sie an der Küste entlangfahren. Wenn Wind und Wetter es erlaubten, würden sie das Ionische Meer durchqueren, bis sie einen sizilianischen Hafen erreichten – entweder Syrakus oder Messina.
Sie ließen die Felsinseln Karpathos und Kasos backbord liegen, nahmen Südkurs durch die Ägäis und kamen schließlich zum windgeschützten Kap Salmone an der Ostspitze von Kreta. Auch jetzt war die Fahrt nicht unbeschwerlich. Der Nordwind fegte die Berge herunter und wirbelte Sturmböen über den Vorhügeln auf. Das Kauffahrteischiff mit seiner schweren Großrah hatte so weit wie möglich längsschiffs gebraßt und kam schlecht voran. Langsam fuhr es an der Küste entlang. Man mußte ständig darauf gefaßt sein, daß man südwärts bis nach Afrika abgetrieben wurde, wenn man den Kurs nicht halten konnte. Nachdem das Schiff etwa die halbe Strecke an der Südküste Kretas entlang zurückgelegt hatte, fand man windgeschützten Ankergrund in einer kleinen Bucht, die Kaloi Limenes (Schönhafen) hieß. Sie lag ein wenig östlich von Kap Matala. Hier warteten sie und hofften, daß der Wind sich günstig drehte. Da er nach wie vor von Norden wehte, konnten sie sich nicht in die Bucht jenseits des Kaps wagen. Der September würde bald um sein, und es schien klar, daß das Schiff in Kreta überwintern mußte, wenn sich das Wetter nicht wesentlich besserte – keine erfreuliche Aussicht. In der Nähe lag zwar die kleine Stadt Lasäa, aber deshalb war der Hafen noch längst nicht geeignet. Alle wollten nach Möglichkeit weiterkommen, aber selbst der Kapitän, der darauf bedacht sein mußte, seine kostbare Ladung unter Dach und Fach zu bringen, sah nur zu gut, daß das Winterwetter heuer früher als üblich eingesetzt hatte.
Am 5. Oktober, dem jüdischen Versöhnungsfest, beobachtete man, daß der kahlköpfige Mann und der eine seiner Bediensteten (der andere, der Arzt, tat nicht mit) weder Brot noch Wein zu sich nahmen. Juden also, wie man bereits vermutet hatte. Ein paar Tage später fand in der Kapitänskajüte eine Beratung statt. Der Kapitän führte zwar das Schiff, war aber Rom unterstellt, und den höchsten Rang an Bord nahm Julius ein. Es entsprach den römischen Gepflogenheiten, keinen Unterschied zwischen dem Dienst an Land und dem Dienst auf See zu machen. Wenn der Hauptmann vom augusteischen Regiment auch kein Seemann war, so hatte er doch den Oberbefehl inne, es sei denn,

an Bord befand sich ein noch ranghöherer Offizier als er. An der Beratung nahm auf Einladung des Hauptmanns auch dieser ältere Jude teil. Er sei erfahren und weitgereist, hieß es, er habe mehrere Schiffbrüche überlebt und sei bestens mit Klima und Wetter des östlichen Mittelmeeres vertraut.

Das Ergebnis der Bordkonferenz wurde von dem Arzt, der offenbar auch Literat war, festgehalten. Man entschied, daß Schönhafen nicht zum Überwintern geeignet sei. Das Schiff sollte baldmöglichst den Hafen Phönix anlaufen. Dieser lag im Nordwesten und galt als der einzige wirklich sichere Winterhafen in Südkreta. Um ihn zu erreichen, mußte man die Bucht jenseits von Kap Matala durchkreuzen. Zwar kam es bei Nordwind auch in Phönix zu starken Böen, aber die Schiffe waren sicher, wenn sie guten Ankergrund hatten und mit doppelten Achtertauen am Steinkai festgemacht wurden. Selbst wenn der Wind nach Süden drehte, stand er selten direkt gegen die steil abfallenden Berge, die Stadt und Hafen umgaben. Nur einer war nicht der Meinung, daß man in Phönix überwintern sollte, und zwar dieser ältere Jude. Er sagte, wenn sie weiterführen, würden sie bestimmt des Schiffs, der Fracht und womöglich ihres Lebens verlustig gehen. Julius hatte sich bereits dem Urteil des Kapitäns und des Segelmeisters angeschlossen und entschied sich natürlich dafür, Phönix anzusteuern. Im Augenblick schien dies das einzig Richtige.

Während das Schiff in Schönhafen vor Anker lag, gingen die Passagiere an Land und handelten mit den Ortsansässigen um Frischgemüse, Fleisch und Wein. Die Kreter waren mürrische und widerborstige Leute. Ihre römischen Herren mochten sie ganz und gar nicht. Auf einen bestimmten Mann machten sie gewiß einen schlechten Eindruck. Der bärtige Jude schrieb später in einem Brief an einen Freund: »Die Kreter sind immer Lügner, böse Tiere und faule Bäuche.« Damit zitierte er zwar nur den kretischen Dichter Epimenides, aber gewiß hatte er etwas ganz Bestimmtes im Sinn, als er sich zu diesen Worten veranlaßt sah. Wie viele andere Reisende vor ihm und nach ihm war er wohl von Ortsansässigen übers Ohr gehauen worden, als er etwas einkaufte.

Sie warteten auf einen Südwind, der sie flott an der Küste entlangtreiben und, wenn sie sich nach Phönix wandten, von achtern wehen würde. Und dann setzte tatsächlich Südwind ein. Einige gingen zum Steinaltar am Heck, über den die meisten Schiffe dieser Größe verfüg-

ten, und brachten den Göttern ein Trankopfer dar. Sie empfahlen sich in ihre Obhut und beteten um eine sichere Ankunft. Der Jude und seine beiden Begleiter fielen durch Abwesenheit auf. Aber man wußte ja, daß die Juden ein seltsames Volk waren. Sie verachteten alle anderen, verehrten einen absonderlichen Gott eigener Erfindung und neigten zu dem Glauben, daß alle anderen Völker der Welt verdammt seien. Sie waren Störenfriede im römischen Reich.
Das Schiff nutzte den Südwind und fuhr dicht an der Küste entlang. Wenn man Kap Matala umrundet hatte und der Wind günstig blieb, waren es nur noch fünfzig Meilen bis Phönix. Aber die unmittelbare Küstennähe brachte auch Gefahren mit sich. Wenn nämlich der Wind nach Norden umschlug, sausten entsetzliche Sturmböen über die Hänge. Sie waren so stark, daß sie selbst ein gutgebautes Schiff entmasten konnten. Man kannte sie als »weiße Böen«, weil man ihr Herannahen daran sah, daß das Wasser durch die Gewalt des Windes zu Gischt zersprüht wurde. Nur wenn der Seemann die Küste genau im Auge behielt, konnte er sofort die Segel streichen oder, falls die Zeit dazu nicht mehr ausreichte, sich vor dem Wind treiben lassen. Und genau das geschah mit dem römischen Getreideschiff. Von Nordosten kam eine Bö herangefegt. Der Steuermann mühte sich an der Spake ab, mit der sich die beiden langen Steuerruder kontrollieren ließen. Er drehte bei. Die Matrosen stürmten übers Deck, um das Großrahsegel niederzuholen und so den Druck des Windes zu mindern. Andere refften die übrigen Segel. Doch hier handelte es sich nicht um eine Bö, die gleich wieder vorbei war. Der Euroclydon, der wilde Nordost, der gefährlichste Wind im östlichen Mittelmeer, hatte eingesetzt. Man konnte sich nur treiben lassen und gerade so viel steuern, daß das Schiff keinen Schaden nahm.
Dreißig Meilen weiter südwestlich lag die kleine Insel Klauda. Sie ragte 300 Meter aus dem Meer auf. Wenn der Steuermann geschickt war, konnte er den bescheidenen Windschutz auf ihrer Südseite nutzen. Wenn das aber nicht gelang, würden sie höchstwahrscheinlich fortgefegt werden und sich auf den Sandbänken vor Nordafrika wiederfinden. Das Beiboot, das im Schlepp war, schaukelte bedenklich auf den Wellen. Brecher überspülten es, es drohte zu sinken. Die größte Gefahr war jedoch, daß sich durch den immer heftiger werdenden Wind und die immer gewaltigeren Wogen die Fugen des Schiffs öffneten. Und wenn das Getreide naß wurde, würde es zu quellen be-

ginnen und überstark gegen die Schiffswände drücken. Der Kapitän verstand sein Handwerk. Sie überwanden die Untiefen im Norden der Insel, passierten das Riff, von dem nur zwei Felseilande aus dem Wasser ragten, und erreichten die Leeseite Klaudas.

Die Passagiere halfen bei der Bergung des Beiboots, und die Matrosen widmeten sich einer äußerst wichtigen Tätigkeit: Sie zurrten das Schiff fest. Zu diesem Zweck wurden dicke Taue um den Bug geschlungen und bis zur Mitte des Schiffs geführt. Dann wurden Taue durch die Ankeraugen an Backbord und Steuerbord gezogen, bis sie sich in der Mitte des Decks trafen, und mit Hilfe von Haspeln oder Ankerwinden so fest wie möglich verspannt. Ziel dieser Maßnahme war es, den zentralen Teil des Rumpfs mit einem starken Gürtel aus Tauen zu festigen, damit Planken und Spanten etwas weniger strapaziert wurden.

Das Hauptsegel war gerefft, das Großrahsegel niedergeholt und auf dem Deck festgezurrt worden. Nun fuhr das Schiff mit einfacher Sturmbesegelung. Sie bestand aus einem kleinen, rechteckigen Sturmsegel, das auf einem Fockmast aufgezogen wurde, der in steilem Winkel nach oben stand – in späteren Jahrhunderten nannte man das Bugspriet. Mit Sturmbesegelung konnte das Schiff zwar nicht richtig beidrehen, hatte aber eine kontrollierte Driftgeschwindigkeit. Außerdem konnte man es etwa 45° querab zum Wind steuern. Und da der Sturm nach wie vor aus Ostnordost wehte, hatte dies zur Folge, daß das Getreideschiff jetzt von Klauda aus in westlicher, ein klein wenig nach Norden versetzter Richtung durchs Mittelmeer trieb. Es war alles andere als gemütlich. Das Feuer in der Kombüse war längst erloschen, und außer kalten Bohnen und Brot gab es kaum etwas zu essen – falls die Passagiere überhaupt Appetit hatten. Die meisten machten sich nicht Gedanken darüber, ob und wann die nächste Mahlzeit aufgetragen wurde. Auf Deck oder unter Deck waren sie auf ihr Lager hingestreckt – nur noch seekrank, apathisch und verzweifelt.

Der Himmel war dicht bewölkt, »an vielen Tagen erschienen weder Sonne noch Sterne«, Gischt sprühte über die Schandeckel, monoton klackten die Blöcke, schnalzte Tauwerk gegen den Mast, dazu der üble Geruch nassen Getreides und der Gestank des Bilgenwassers. Der Kapitän und seine Berater wußten nicht viel mehr, als daß sie weit westlich von Kreta dahintrieben. Sie hatten keinen Kompaß, keine Logge zur Berechnung der Entfernung, die sie zurücklegten, sie kann-

ten eigentlich nichts weiter als ihr Schiff und konnten etwa abschätzen, wie groß die Driftgeschwindigkeit mit Sturmbesegelung war. (Das Schiff machte ein bis zwei Knoten in westlicher Richtung.) Als der Kapitän die steilen Felswände Klaudas hinter sich verschwinden sah, wußte er genau, welche Gefahr dem Schiff durch seine Ladung drohte. Er schickte alle Mann an die Arbeit und ließ so viel Ballast wie möglich über Bord werfen. Das dunkle Meer war hell mit Korn gesprenkelt. Die Matrosen plackten sich damit ab, das Wasser unter Kontrolle zu halten. Und als sie riefen, das Schiff drohe unterzugehen, befahl der Kapitän, alles, was von Ausstattung und Zubehör nicht unentbehrlich und zum Überleben nötig war, über Bord zu werfen. Das Schiff sollte leichter werden.
Sie befanden sich jetzt mitten im Ionischen Meer, einer der stürmischsten Ecken des Mittelmeers. Tagelang waren sie dahingetrieben. Von Hunger und Kälte geschwächt, hatten die Passagiere und selbst die Crew alle Hoffnung verloren. Auffallenderweise schien nur ein einziger nicht beunruhigt – und das war weder der Kapitän noch der Hauptmann, nein, der alte Jude mit den durchdringenden Blicken. Er trat aufs Deck hinaus, blickte zum Himmel empor, strich mit von Salz weißer Hand über den Schandeckel und bewegte die Lippen, als spräche er mit sich selbst.
Eines Tages, als die zusammengekauerten Menschenbündel mit ihren Strohsäcken ihn über die Maßen aufgebracht zu haben schienen, redete er mit lauter Stimme zu ihnen. Alle hätten sich geirrt, sagte er, man hätte auf seinen Rat hören und in Schönhafen bleiben sollen. Wer auch nur noch einen Funken Energie im Leibe hatte, muß gute Lust gehabt haben, diesem von sich selbst überzeugten Burschen zu empfehlen, er möge doch lieber über Bord springen. Jetzt tönte er hochtrabend von irgendeinem Gott, dem er diente, und dieser Gott habe im Traum zu ihm gesprochen und versichert, sie würden allesamt mit dem Leben davonkommen. Anscheinend hatte er sich darauf berufen, als römischem Bürger müsse ihm der Prozeß vor dem obersten römischen Gericht gemacht werden, also vor dem Cäsar selbst, und dieser Gott, sein Gott, versprach ihm, daß er heil nach Rom gelangen sollte. Und wenn man richtig gehört hatte, würden sie an einer Insel stranden, das Schiff sei verloren, aber sie würden alle überleben. Wieder einmal ein Eiferer! Im Osten wimmelte es von solchen Leuten...
Wer war dieser Mann?

2 Kindheit im Osten

Er war Jude von Geburt, römischer Bürger und Revolutionär. Er wollte im ganzen römischen Imperium Gemeinden aufbauen, die nicht dem Staat, sondern einem übernationalen religiösen Königreich untertan waren. Er und seine Anhänger glaubten, daß das Ende der Welt nahe herbeigekommen sei und daß nur sie, gänzlich verwandelt, überleben würden.

Er stammte aus der Stadt Tarsus im südlichen Kleinasien und kam zur Welt, als der Kaiser Augustus regierte, in den ersten Jahren jener Ära, die wir heute als das christliche Zeitalter bezeichnen. Am achten Tag nach seiner Geburt wurde er jüdischem Brauch gemäß beschnitten und Saulus genannt. Er erhielt den Namen des ersten Königs von Israel, jenes tapferen, impulsiven und ungestümen Mannes aus dem Stamme Benjamin. Die Benjamiter waren als große Kämpfer bekannt. Sie standen immer in der vordersten Schlachtreihe. Diese Auszeichnung hatten sie sich verdient, weil sie beim Auszug der Juden aus Ägypten als erste durchs Rote Meer gegangen waren. Der Knabe bekam auch einen römischen Namen: Paulus – Paul.

Er war »ein jüdischer Mann«, aber später rühmte er sich auch, Bürger von Tarsus zu sein, »einer namhaften Stadt in Cilicien«. Es bedeutete ihm nicht nur viel, aus dem Judentum zu kommen. Sein römisches Bürgerrecht war ihm ebenfalls wichtig. Wenn auch das Jüdische in seinem Temperament vorherrschte, so blieb er sich doch stets der Ehre bewußt, als römischer Bürger geboren zu sein. Wie seine Familie sich dies Bürgerrecht erworben hatte, ist unbekannt. Vielleicht gehörte sein Vater oder Großvater zu denen, welchen Mark Anton das römische Bürgerrecht zu der Zeit verlieh, als er Kleopatra so stürmisch den Hof machte.

Römischer Bürger zu sein war keine geringe Ehre. Im Jahre 47 n. Chr. ließ Kaiser Claudius im ganzen Reich eine Volkszählung vornehmen. Die dazu abgestellten Beamten vermeldeten, daß nicht einmal sechs Millionen von insgesamt etwa achtzig Millionen römische Bürger waren. Der römische Bürger hatte nicht nur das Wahlrecht, sondern auch die Garantie, daß er ohne ordentliches Gerichtsverfahren nicht körperlich gezüchtigt werden durfte. Das römische Recht schützte ihn. Wenn er eines Kapitalverbrechens beschuldigt wurde, konnte er die höchste Gerichtsinstanz anrufen – den Kaiser selbst. Würde und Erhabenheit des Gesetzes waren die Grundlagen, auf denen das ganze Reich ruhte. Es war einzigartig in der antiken Welt. Cicero schrieb: »Ohne das Gesetz wäre der Staat wie ein Leib ohne Geist...«

Tarsus, der Geburtsort dieses römischen Juden, war die Hauptstadt der Provinz Cilicien. Tarsus lag am Cydnus-Fluß, etwa zwanzig Kilometer von dessen Mündung entfernt. Ursprünglich wohl eine griechische Siedlung, hatte die Stadt mittlerweile stark orientalischen Charakter angenommen. (Es gab eine Überlieferung, wonach Tarsus von Sardanapal, dem letzten großen König des assyrischen Reiches, gegründet worden sein soll.) Trotz griechischer Einflüsse und der von Mark Anton angeordneten Erneuerung im römischen Sinne war Tarsus eine Begegnungsstätte der Völker und Kulturen geblieben: hier kamen Juden, Kleinasier, Syrer, Perser und Phönizier, Griechen und Römer zusammen. Tarsus war vor allem wegen seines hervorragend sicheren Hafens bedeutend. Der Hafen wurde von einem See gebildet, den die Stadt umkränzte. Außerdem lag sie an einer wichtigen Karawanenstraße, die den Osten mit dem Westen verband. Sie führte übers Taurusgebirge, durch die sogenannte cilicische Pforte, einen engen, etwa hundert Meter langen Paß. Tarsus war auch der Ort, wo Kleopatra mit ihrer goldenen Barke, mit ihren Begleitbooten und Vorratsschiffen, mit einer Schaustellung ohnegleichen, einer Schaustellung von Reichtum, Luxus und Raffinement den schlichten Hartsäufer Antonius in ihren Bann schlug. Tarsus, wo Rom und Alexandrien sich begegneten, war ein Schmelztopf der Kulturen, Völker und Religionen.

Kühl durchrauschte der Fluß die Stadt. Die Bürger von Tarsus waren stolz darauf, denn trotz der großen Einwohnerzahl war das Wasser noch klar und rein – was man von den Bürgern kaum behaupten konnte. Apollonios von Tyana, ein Philosoph, aber kein Puritaner, soll sich sehr kritisch zu der geradezu ansteckenden Verworfenheit geäußert haben, die wie eine dicke Wolke über Tarsus hing. Er war zwar in Tarsus aufgewachsen, beschloß aber schon in jungen Jahren, sich aus der Stadt zurückzuziehen, und ging nach dem nahegelegenen Ägä, wo er von da an ein asketisches Leben führte. Vielleicht wies die überstarke und unverhohlene Sexualität von Tarsus Züge auf, die einem anständigen oder skrupulösen Menschen Widerwillen gegen die heidnische Welt einflößten. Und der Knabe Saul wurde nicht nur als monotheistischer Hebräer erzogen, er lernte nicht nur, daß einzig und allein sein Volk von Gott auserwählt sei, sondern er wurde in den Glaubenssätzen der strengsten jüdischen Sekte, der Pharisäer, unterweisen.
Als Pharisäer gehörte man zu einer religiösen Partei, die im eigentlichen Sinne erst im zweiten vorchristlichen Jahrhundert hervorgetreten war. Zwar gab es unter den Pharisäern oft auch Spaltungen, aber nichtsdestoweniger waren sie der wichtigste Faktor bei der Entwicklung des orthodoxen Judentums. Dazu schreibt G. H. Box: »Ihr allgemeines Ziel war die Weiterentwicklung und Vertiefung der Arbeit, die vor ihnen die *Hasidim* (die frommen Männer) geleistet hatten: die *Thora* sollte allgemein anerkannte Lebensregel des jüdischen Volkes werden. Ihr Wirken war erstaunlich erfolgreich. Sie machten die Synagoge zu einer dauerhaften und weitverbreiteten Institution des jüdischen Lebens. Hier fanden bei den wöchentlichen Versammlungen die Lesungen statt, die dann für das Volk ausgelegt wurden, hier entwickelte man die Synagogengebete und machte sie populär. Außerdem bauten die Pharisäer ein System der elementaren religiösen Unterweisung auf.« Diese Schule durchlief auch der Knabe Paulus. Doch obwohl sein Vater, seine Mutter und die strenggläubigen Juden überhaupt sich von der weiteren Umgebung, in der sie lebten, fernhielten, wuchs der Junge in einer völlig heidnischen Stadt auf.
In Tarsus fand man alle Elemente des Heidentums – vom Simplen und Plumpen bis zu den höchsten, verfeinerten Stufen. Tarsus war Universitätsstadt. Das bedeutete, daß griechische Philosophie das Leben der denkenden Minderheit durchdrang. Als Paulus noch ein kleiner

Junge war, stand der Universität Athenodorus vor, ein bedeutender Mann, der aus einem Dorf in der Nachbarschaft stammte. Athenodorus hatte dem Kaiser Augustus als vertrauter Berater und zeitweise auch als Lehrer gedient. Auf den Kaiser übte er einen starken und nachhaltigen Einfluß aus. Er soll Augustus gelehrt haben, sein heftiges Temperament zu zügeln, indem er ihm empfahl, sich das griechische Alphabet herzusagen, wenn ihn ein Wutausbruch zu überwältigen drohte. Auf ähnliche Weise erteilte er Augustus Anschauungsunterricht über die Notwendigkeit, seine sexuellen Passionen im Zaum zu halten. Augustus hatte die unangenehme Gewohnheit, jede Frau, die ihm auffiel und nach der ihm der Sinn stand, zu sich zu kommandieren. Damit sie unterwegs von niemandem erkannt werden konnte, ließ er sie in einer geschlossenen Sänfte zu seinem Palast bringen, wo er sich dann mit ihr vergnügte. Und nur allzu oft traf es die Frauen seiner Freunde und guten Bekannten. Augustus war sein ganzes Leben lang skrupellos, wenn er eine Sache oder eine Person begehrte. Athenodorus lernte diese Eigenart seines Schülers kennen, als er eines Tages einen Freund besuchte und ihn in tiefer Verzweiflung vorfand. Seine Frau hatte soeben eine Aufforderung vom Kaiser erhalten. Wie in vielen anderen Situationen war Athenodorus nicht um geeignete Maßnahmen verlegen. Er tröstete seinen Freund und sagte ihm, er brauchte sich nicht zu beunruhigen, denn er, Athenodorus, werde die Sache selbst in die Hand nehmen. Die Sänfte traf im Palast ein und wurde in die kaiserlichen Gemächer getragen. Augustus trat heran, gierig wie ein kleiner Junge, gierig auf diesen neuen »Gang« als erbarmungsloser Frauenvielfraß, der er war – als zu seiner Verblüffung sein Mentor mit gezücktem Schwert aus der Sänfte sprang. »Augustus!« rief der Philosoph. »Hast du nie Angst, daß eines Tages dich jemand so ermorden könnte?«

Zwar war der Kaiser ein notorischer Ehebrecher (und seine Gattin Livia leistete ihm oft Kupplerinnendienste), zwar konnte ihn nichts davon kurieren, aber jetzt bedankte er sich bei Athenodorus für das geglückte Exempel. Er dürfte wohl angeordnet haben, daß die Frauen, auf die er es abgesehen hatte, ohne Versteckspiel zum Palast kommen sollten. Schließlich war Athenodorus Roms müde und bestand trotz kaiserlicher Proteste darauf, nach Tarsus zurückzukehren. Dort fand er eine durch und durch korrupte Verwaltung vor, die die Stadt ausplünderte. Er machte sich die Gunst des Kaisers zunutze, vermochte so, die Ausbeuterherrschaft zu brechen, und sorgte dafür, daß Tarsus wieder gut geführt wurde. Daraus können wir ersehen, daß er nicht nur Philosoph, sondern auch ein Mann der Praxis war. Sein Leben läßt sich am besten in einer Maxime zusammenfassen, die von ihm selbst stammt: »Du bist nur dann frei von Leidenschaft, wenn du von Gott einzig das erbittest, worum du ihn auch offen bitten würdest.« Es gab also auch außer den Juden Menschen, die rechtschaffen und ehrenwert lebten.

Aber die heidnische Welt hatte noch ein anderes Gesicht, das Paulus, der in dieser Provinzhauptstadt heranwuchs, bemerkt haben muß. Wie die meisten orientalischen Städte war Tarsus ein Mittelpunkt der Fruchtbarkeitskulte, die seit undenklichen Zeiten in diesem Teil Asiens verbreitet waren. Durch die Straßen zogen Prozessionen zu Ehren der Großen Erdmutter, jener Göttin, die in der Jungsteinzeit die ganze Levante beherrscht und noch lange danach in der kykladischen und kretisch-minoischen Kultur fortgelebt hatte. Durch die Straßen schritten die Priester und Priesterinnen der Isis, einer anderen Muttergottheit, die, lange bevor die Juden in die Gefangenschaft wanderten und lange vor ihrem Auszug, Ägypten regierte. Zu den wichtigsten Kulten gehörte der Dionysos-Kult. Dionysos war nicht nur Vater und Förderer des Weines, sondern auch ein Gott, dessen Verehrung starke mystische Elemente enthielt: er versprach nämlich die Wiederauferstehung in einer neuen und besseren Welt. Als Mark Anton über die östliche Hälfte des römischen Reiches gebot, hatte er sich selbst den neuen Dionysos geheißen. Und als Dionysos begrüßten ihn die Bürger von Tarsus. Kleopatra bejubelten sie als Venus Anadyomene, als die Schaumgeborene. »Aphrodite ist gekommen, um mit Dionysos zum Wohle Asiens zu feiern«, sagte man in Tarsus.

Die Stadt wies noch mehr Züge auf, die nicht einmal einem jüdischen Schuljungen entgehen konnten. Später schrieb Paulus: »Ich aber lebte vormals ohne Gesetz, als aber das Gebot kam, ward die Sünde lebendig, ich aber starb...« Der Bezug ist etwas unklar, doch liegt hier gewiß die Vermutung nahe, daß Paulus irgendwann in seinem Leben, wahrscheinlich während seiner Jugendzeit in Tarsus, den sinnlichen Versuchungen erlag, von denen er umgeben war. Schließlich war er – so F. A. Spencer – »ein hochsensibler, mit starken Gefühlen begabter jüdischer Knabe, der in einer Stadt lebte, wo es tausend Dirnen und Lustknaben gab«.

Wie in den meisten östlichen Städten wurde in Tarsus das Laster nicht versteckt, sondern öffentlich zur Schau gestellt. Die bescheidenen jüdischen Frauen gingen nur selten außer Hauses, und wenn, dann mit Kopfbedeckung und verschleiertem Gesicht, aber die Straßenmädchen sah man überall auf Kundenfang. Sie trugen das Haar hochgesteckt und waren extravagant geschminkt. Überall trippelten auch ihre männlichen Gegenstücke einher, obszöne Gesten untereinander austauschend, parfümiert und ebenso sorgfältig frisiert und geschminkt wie ihre »Schwestern« vom ältesten Gewerbe. Im Osten betrachtete man die Homosexualität keineswegs mit Abscheu. Da die heiratsfähigen und verehelichten Frauen aus den achtbaren Familien fast ein Haremsdasein führten, war Homosexualität unvermeidlich – und ist es bis heute in vielen solchen Ländern geblieben. Wir hörten bereits, daß Apollonios sich aus der Stadt zurückzog, weil ihm die Atmosphäre einfach nicht behagte. Er meinte, ihre Bewohner seien nichts weiter als Hanswurste, die sich mehr um ausgefallene Gewänder kümmerten als um alles andere. Tarsus war in der Tat »eine namhafte Stadt«, aber hier trat nur allzu klar zutage, welche Sittenlosigkeit und welche innere Leere letzten Endes in der heidnischen Welt herrschten.
Die Eltern des Knaben dürften zur wohlhabenden Mittelschicht gehört haben. Sein Vater war Zeltmacher – ein Beruf, der in unserer Zeit kaum noch Bedeutung hat, damals jedoch unserem Wohnwagenfabrikanten oder einem Unternehmer, der Sozialwohnungen baut, entsprach. Im ganzen Osten lebten Millionen von Menschen in Zelten. Solides Haus und fester Wohnsitz waren vor allem Privilegien von Städtern. Mit sechs Jahren begann Paulus wohl im Haus des Buches zu lernen. Dies war das jüdische Unterrichtszentrum in der Synagoge, wo man im Lesen und Schreiben sowie im Gesetz unterwiesen wurde. Die dafür notwendigen Gelder stammten aus einer Steuer, die die jüdischen Ältesten der ganzen Gemeinde auferlegten.
Die Unterweisung begann mit dem ersten Kapitel des Leviticus: »Und der Herr rief Mose und redete mit ihm aus der Stiftshütte und sprach...« In den Tagen, Wochen, Monaten und Jahren religiöser Erziehung lernten der Knabe Paulus und seine Mitschüler das gesamte Gesetz auswendig – ähnlich wie sich die griechischen Sänger den ganzen Homer einprägten. Die Schriften, die sie studierten, waren auf Althebräisch abgefaßt, der Unterricht dagegen dürfte auf Aramäisch (die hebräische Umgangssprache der damaligen Zeit) oder auf Grie-

chisch erteilt worden sein. Dabei handelte es sich um ein vereinfachtes Griechisch, das überall in der Levante als *Lingua franca* diente. Paulus wuchs in einer strenggläubigen jüdischen Familie auf, aber die Welt, in der er lebte, wurde von Rom regiert und von der griechischen Sprache beherrscht – und in all das mischten sich orientalisches Volkstum und orientalische Religionen.

Paulus' Familie mochte sich zwar von ihrer Umgebung fernhalten, doch ignorieren konnte sie sie nicht. Ein Jude, der daneben römischer Bürger und Geschäftsmann war wie Paulus' Vater, konnte seine nichtjüdischen Nachbarn nicht einfach meiden – ebensowenig der Knabe. Und bei seiner Empfänglichkeit für Eindrücke wird Paulus sich nicht nur die Kenntnis des Gesetzes erworben, sondern auch ein wenig von der Atmosphäre dieser Stadt mit ihren vielen Farben und Düften in sich aufgenommen haben.

3 Stoiker und Kyniker

Friede und Sicherheit waren die zwei großen Segnungen, die Augustus der Mittelmeerwelt gebracht hatte. Trotz der Mängel seiner Herrschaft spürte fast jedermann, daß die von ihm befohlene und geschaffene *Pax Romana* eine Wohltat war, zumal nach den Schrecken der Bürgerkriege. Die ganze bekannte Welt war durch die Kämpfe zwischen Cäsar und Pompejus und danach durch die Auseinandersetzungen zwischen Augustus, Antonius und Pompejus' Sohn zerrissen gewesen. Als Augustus schließlich siegte und ein straffes autokratisches Regiment einführte, nahmen die Unruhen ein Ende. Vom goldenen Meilenstein auf dem Forum Romanum gingen etwa 5000 Kilometer hervorragende Straßen aus, die sich wie lebenspendende Arterien durchs ganze Reich verzweigten. Auf diesen Straßen marschierten die Legionäre des Augustus – sichtbares Zeichen für alle Völker, daß die römischen Waffen stets gegenwärtig waren. Auf ihnen eilten die Kuriere dahin, die die kaiserlichen Befehle weitergaben oder mit Botschaften aus den Provinzen und Depeschen von den Statthaltern in die Hauptstadt zurückkehrten. Erst im 18. Jahrhundert – und dann noch nicht einmal in ganz Europa – fand man wieder ein ähnlich effizientes Straßennetz: mit Stationshäusern, die von der Regierung unterhalten wurden, Dienstleistungen erbrachten und ausgeruhte, frische Pferde zur Verfügung stellten. Im Mittelmeer, das Pompejus zum größten Teil befriedet hatte, wurde die Handelsschiffahrt jetzt

unbehindert abgewickelt. Die Piraten, die das Mittelmeer, insbesondere das östliche Becken, unsicher gemacht hatten, waren ausgeschaltet. Auf den großen Getreideschiffen und den kleineren Frachtern brauchte man nicht mehr zu befürchten, daß plötzlich Seeräuber hinter einer Felsnase hervorgeschossen kamen.
Soweit Paulus' Vater denken konnte, hatten sich im Taurusgebirge hinter der Stadt zahllose Banditen eingenistet und den Handel gefährdet. Und Tarsus selbst war seinen Berufsvereinigungen ausgeliefert, Pseudoinstitutionen und reinen Zweckverbänden, deren Angehörige bewaffnet waren und ihre Mitbürger terrorisierten. Augustus hatte diese Verbände im ganzen Reich aufgelöst und nur die echten, eingetragenen Gilden bestehen lassen, die sich an die gesetzlichen Vorschriften hielten. Der Vater des Jungen – später auch Paulus selbst – gehörte einer solchen Gilde an, der Gilde der Zeltmacher. Die Gilden holten nicht nur durch Schlichtungsverfahren und notfalls durch Streiks Vorteile für sich heraus, sondern sie setzten obendrein die Preise und Normen fest. Sie waren eine seltsame Mischung aus Handelskammer, Gewerkschaften im heutigen Sinn und einer Art Rotary Club. Jedes Handwerk, jeder kaufmännische, akademische und freie Beruf hatte seine Gilde – die Flötenspieler und Obsthändler ebenso wie die Schneider und Ärzte. Sie wurden im ganzen Imperium gefördert, nahmen nicht nur ihre eigenen Interessen und die Interessen der Öffentlichkeit wahr, sondern wirkten auch als Stabilitätsfaktor in den vielen Städten, die jetzt in den Einflußbereich des allmächtigen Rom kamen. Eine ihrer Traditionen lebte im Mittelmeerraum bis ins 20. Jahrhundert fort: die *Fiestas*, mit denen jede Gilde ihren »Heiligen«, ihren Schutzpatron, feierte. An diesen Tagen zog die jeweilige Gilde durch die Straßen. Ihre Honoratioren schritten voraus, gefolgt von einer Musikkapelle und den übrigen Mitgliedern der Gilde, die Banner und Fahnen trugen. Wie moderne Wirtschaftsverbände hielten sie auch Tagungen ab, auf denen über Preise, Normen und Wirtschaftsfragen diskutiert wurde. Danach wurde Wein aufgetragen, und die Tänzerinnen kamen. Wie man sieht, hat sich die Natur des Menschen seither kaum geändert.
Weltbürgerliche Toleranz gehörte zu den wichtigsten und besten Zügen der augusteischen Welt. Das Griechische war Alltags- und Handelssprache, beherrschte Literatur und Philosophie und verband die Mittelmeerländer miteinander. Latein war die Sprache von Gesetz und

Verwaltung, die Sprache der Herrscher und Militärs, aber wenn die Bürger dieses großartigen und immer riesiger werdenden Reiches an ihr Tagwerk gingen, bedienten sie sich des Griechischen. Am wichtigsten war die religiöse Toleranz; alle Götter und alle Glaubensbekenntnisse galten gleich viel, und obwohl einige Götter doch »gleicher« waren als andere, gab es keine Diskriminierung der einen oder anderen Religion. Nur die Juden hielten sich von ihren heidnischen Nachbarn fern und hielten die Behauptung aufrecht, daß sie das auswerwählte Volk des einen und einzigen Gottes seien, die anderen dagegen irregeleitete Götzendiener.

Viele Jahre vor Paulus' Geburt war das Alte Testament ins Griechische übersetzt worden (er zitierte selbst aus der griechischen Ausgabe). Man nannte diese Fassung Septuaginta, weil sie in Alexandrien von einem aus siebzig Rabbinern bestehenden Gremium übersetzt worden sein soll. Die Septuaginta war in großen Teilen der antiken Welt frei verfügbar. Jeder interessierte Nichtjude konnte sich ohne weiteres mit Glauben und Gesetz der monotheistischen Hebräer vertraut machen. Wie andere orientalische Religionen, etwa der Isis-Kult, hatte auch die Religion Jahwes ihre Konvertiten unter den Griechen und Römern. Dies wurde dadurch erleichtert, daß übers ganze Reich verstreut Juden lebten, die in allen Städten, wo es eine jüdische Gemeinde gab, Synagogen errichteten.

Oberflächlich betrachtet mutet die römische Welt, die Augustus aufgebaut hatte, erstaunlich geglückt an – sie war es auch in mancher Hinsicht. Trotzdem fanden sich Kritiker. Ihre Ansichten gibt Tacitus wieder. Obwohl er erst ein Jahrhundert nach Augustus schrieb, formulierte er vielleicht am besten die Enttäuschung, die freiheitlich denkende, an der alten Überzeugungskraft der Republik festhaltende Männer empfanden. »Nachdem er das Heer mit Geschenken und die Plebs mit der Verteilung billigen Essens verführt hatte, nahm er alle durch die langersehnte Gabe des Friedens für sich ein. Doch mit der Zeit dehnte er seine Machtbefugnisse aus und griff in die Aufgaben von Senat und Beamtenschaft, schließlich auch ins Gesetz ein. Widerspruch regte sich nicht. Die Beherzten und Geistvollen waren entweder auf der Walstatt geblieben oder durch Justizmord beseitigt worden. Wer vom Adel überlebt hatte, wurde für sklavische Ergebenheit geldlich und politisch reich entlohnt. Man war in der Zeit der Unruhen glimpflich davongekommen und schätzte selbstverständlich die augenblickliche Sicherheit hoch, wenn man auf die Gefahren und Wechselfälle der früheren Herrschaftsverhältnisse zurückblickte...« Tacitus sagt jedoch auch, daß man in den Provinzen das Augusteische System der sterbenden Republik vorzog, die von Gefahren, Ungewißheit, Unsicherheit und dem völligen Versagen des Rechts gekennzeichnet war.

Im ganzen Reich hatten sich damals die meisten denkenden Menschen die Philosophie der Stoa zu eigen gemacht. Ihre Auffassung vom Leben war edel und streng. Sie anerkannten die Herrschaft eines einzigen Gottes und näherten sich in mancher Hinsicht dem jüdischen Monotheismus, den der junge Paulus tagtäglich in der Synagoge in sich aufnahm. Viele von den besten Geistern Roms standen im Banne des Stoizismus. Dazu schreibt R. D. Hicks: »Die Einführung des Stoizismus war die bedeutendste von den vielen Änderungen, die Rom erfuhr. Nach dem ersten harten Zusammenstoß mit der Mißgunst der Autoritäten wurde er bereitwillig akzeptiert und fand rasch Eingang bei den vornehmsten Familien. Sehr treffend wurde einmal bemerkt, daß die alten Helden der Republik unbewußte Stoiker waren, durch ihre Gründlichkeit, Strenge, Schlichtheit und Pflichterfüllung für den fast semitischen Ernst dieser neuen Lehre geeignet. In Griechenland erwies es sich als fataler Mangel, daß der Stoizismus für die Künste und das verfeinerte Leben so unempfänglich war, doch bei den gewandten Weltmännern, die sich als Advokaten oder Juristen hervortun wollten, verhielt es sich ganz anders.«

Die wichtigste Glaubensregel der Stoiker lautete, der Mensch habe die Pflicht, tugendhaft zu sein. In allen Wechselfällen des Lebens müsse er seinem Gewissen folgen und auf diese Weise werde er Gottes Willen erfüllen. Jedermann auf dieser Welt habe seine Bestimmung: Der Herrscher soll regieren, der Künstler schaffen, der Bauer für seine Mitmenschen das Feld bestellen, der Gesetzgeber Recht sprechen. Etwa dreihundert Jahre vor Paulus' Geburt verlieh der stoische Philosoph Kleanthes in seiner großartigen Hymne an Zeus, den Schöpfer aller Dinge, religiösen Gefühlen Ausdruck, die selbst der orthodoxeste Jude kaum mißbilligt hätte:

»Ruhmreichster der Unsterblichen, o Zeus der vielen Namen, allmächtig du und ewig, der Herrscher der Natur, der du alles dem Gesetz gemäß lenkest, dir gebührt's, daß alle Sterblichen sich an dich wenden... Dir gehorcht das Weltall, das sich um die Erde dreht, gehorchet alledem, was du befiehlst, und unterwirft sich freudig deiner Macht. Ein göttlich Werkzeug hältst du in der Hand, den zwiegezackten, feurigen, ewigen Donnerkeil, vor dem die Natur erzittert. Kein Werk auf Erden wird ohne dich geraten, o Herr, und keins im göttlichen Äther und keines auf dem Meer; und ohne dich geschieht nur das, was die Verworfenen in ihrer eigenen Narrheit tun. Fürwahr, du weißt das Rauhe sanft zu machen, weißt Ordnung aus dem Chaos zu schaffen, und Widriges wird angenehm vor deinen Augen. Denn so hast du die Dinge gemacht, das Gute neben das Böse gestellt, auf daß ein ewiges Gesetz über allem walte... Erlöse die Menschen von der Unwissenheit. Banne sie, Vater, aus des Menschen Seele, gib ihm die Weisheit, mit der du alles gerecht regierest.«

Der bedeutendste Geist im Rom jener Zeit war Seneca, ein Mann, der durch seine Schriften weitreichenden Einfluß ausübte. Er vertrat einen verfeinerten Stoizismus, bezog auch ältere Lehren mit ein und gelangte so zu Konzepten, wie er sie in seiner Abhandlung *Über die Vorsehung* ausführte. Darin heißt es, daß dem Weisen kein wirkliches Unglück zustoßen kann. Das Unglück ist nur scheinbar und von Gott gesandt, um den Menschen zum Leben zu erziehen, um ihn zu lehren, äußere Umstände gering zu achten. Der Leib ist nichts weiter als eine Hülle, ein Gefäß – das Gefängnis der Seele, und erst nach dem leiblichen Tod kann die Seele wahrhaft zu leben beginnen. Seneca tötete sich auf Befehl Neros. Er hatte den jungen Nero unterrichtet und erzogen und alles getan, was er vermochte, um die lasterhaften Neigungen des zukünftigen Kaisers zu zügeln. Doch das schlug fehl – wahrscheinlich wäre es keinem Menschen gelungen. Unter der Herrschaft Neros starb auch Paulus. Einiges vom stoischen Gedankengut scheint Paulus geläufig gewesen zu sein. Er verwandte diese Ideen später für seine eigenen Zwecke.

Neben den Stoikern gab es die Kyniker. Sie waren zwar anders geartet, stellten aber ein Bindeglied zwischen den Stoikern und dem großen Sokrates dar. Paulus hat die Kyniker gewiß auf dem Marktplatz von Tarsus gesehen. Die Stoiker versuchten ihre Philosophie im alltäglichen Leben zu verwirklichen, die Kyniker hingegen machten eine Schau aus ihrer Verachtung für die damalige Gesellschaft. Heutzutage würde man sie »Ausgeflippte« nennen. Ihre äußere Erscheinung war gewiß der des modernen »Kommunarden« ähnlich. Um ihren Abscheu gegen die Gesellschaft und die Welt im allgemeinen zu betonen, trugen sie lange Haare und Bärte. Sie waren stolz auf die Läuse in ihren Locken, hatten schmutzige, ungeschnittene Fingernägel, hüllten sich in Lumpen, stützten sich auf grobe Knüttel, verschmähten jede Bequemlichkeit und riefen die Menschen zu Reue und Umkehr auf – fort von der Künstlichkeit der Konvention.

Der Begründer der kynischen Philosophie, Antisthenes, war ein Schüler des Sokrates. Er zog aus dem Wort seines Lehrmeisters: »Tugend ist Wissen« den logischen, aber extremen Schluß, es zähle nichts als das Harmonieren der Moral mit der Vernunft. Alles andere sei zu verachten. Die Freuden des Lebens sind schädlich, weil sie die Willenstätigkeit störend beeinflussen. Macht und Reichtum korrumpieren, weil sie die Seele an das Künstliche statt an das Natürliche gewöhnen. Also zurück zur Natur, ohne Heimat umherschweifen, auf der nackten Erde schlafen und eben die Leute um ein Stück Brot bitten, die man verachtet. Der gute Mensch braucht nichts. »Man muß Weisheit erlangen – oder sich einen Strick kaufen«, hatte Diogenes bemerkt. Armut und geringes Ansehen sind Vorteile, denn dadurch wird der Mensch aus der Gesellschaft herausgezwungen und auf sich selbst verwiesen, und nur er selbst kann lernen, wie man ohne Äußerlichkeiten auskommt und Reinheit des Geistes erreicht. Der stoische Philosoph Epiktet, der ebenfalls zur Zeit Neros lebte, bezeichnete die Kyniker bewundernd als »Athleten der Redlichkeit«. Sie waren in mancher Hinsicht den Stoikern verwandt. Der Dichter Juvenal sagte: »Der Kyniker unterscheidet sich vom Stoiker nur durch sein Gewand.« Das zerschlissene und beschmutzte Gewand des Kynikers war, wie die Kleidung des modernen »Ausgeflippten«, eine Art offiziöses Merkmal, Zeichen dafür, daß er seiner materialistischen, dem Konsum verfallenen Welt überlegen war.

Doch wie manche seiner Nachfolger neigte der Kyniker zu einem großen Irrtum. Indem er die animalische Seite des Lebens, »die Rückkehr zur reinen und schlichten Natur«, überbetonte, brachte er sich selbst unweigerlich um viele Vorteile, wenn nicht sogar Tugenden der Kultur, die er verschmähte. Tugend ist Wissen – aber man muß dann wohl fragen: Wissen wovon? Für viele von den einfältigeren Anhängern der Kyniker lautete die Antwort darauf: Rückkehr zu einer Steigerung von Rousseaus »edlem Wilden«. Die Kultur mußte ihren Abschied

nehmen, glücklich waren die Tiere (sofern sie nicht vom Menschen beherrscht und von ihm nach Belieben getötet wurden). Sie träumten einen sehr ähnlichen Traum wie die Anarchisten des 19. Jahrhunderts, sie glaubten naiverweise, der Mensch sei von Grund auf gut und bedürfe, sich selbst überlassen, keiner gesellschaftlichen Gesetze.
Auf dem Schulweg muß Paulus sie oft gesehen und gehört haben. Als strenggläubiger Jude (und römischer Bürger, der neben dem Gesetz Gottes auch das römische Gesetz anerkannte) wird er ihre Lehre kaum gebilligt haben. Doch in gewissem Sinne mag ihn ihre Verweigerung, ihre Verachtung für das bequeme Leben auch angesprochen haben. Sie waren Wanderer – wie er später auch. Sie hatten keine feste Bleibe. Sie sagten, die Wahrheit stünde über allem, es sei unwichtig, woher die nächste Mahlzeit käme. Sie waren *frei*, weil sie der Welt entsagt hatten.

4 Kaiserverehrung

Die Verehrung des regierenden Monarchen und seiner Gattin geht bis auf die Zeit der Pharaonen zurück. Auch sonst hatten die Ägypter Götter in Hülle und Fülle, aber der Herrscher der beiden Nilkönigreiche wurde stets als göttliches Wesen angesehen und anerkannt. Dem Menschen unserer Zeit, der gewohnt ist, streng zwischen Göttlichem und Sterblichem zu trennen, erscheint dieses Konzept merkwürdig, obwohl man es gar nicht so befremdlich nennen kann. Wenn man zu den Göttern oder Göttinnen betet, etwa zur Isis, der Himmelskönigin, oder zu ihrem Gemahl Osiris oder zu ihrem Sohn Horus, folgt darauf kein unmittelbar ersichtliches Ergebnis. Diese Götter sind weit entrückt. Sie können Trost spenden oder scheinbar auf eine Gabe antworten, doch für gewöhnlich ergibt sich aus den Gebeten kein faßbares Resultat. Den Pharao dagegen sieht man, zumindest ist seine Herrschaft für jeden deutlich wahrnehmbar. Man kann es ihm zuschreiben, wenn die Zeiten gut sind, wenn im Lande Friede, Recht und Ordnung herrschen. Kommt es aber zu Hungersnot oder Dürre, tritt der Nil über die Ufer, so kann einzig und allein der Pharao veranlassen, daß die königlichen Kornspeicher geöffnet werden und das Volk mit Nahrung versorgt wird. Durch sein Leben und seine Taten lenkt er die Aufmerksamkeit auf sich, und seine Macht steht jedem vor Augen. Er kann zum Tod verurteilen, und er kann Gnade walten lassen. Er hat alle Gewalt über seine Untertanen. Wenn nun die mei-

sten dieser Untertanen ungebildete Bauern sind, nimmt es nicht wunder, daß der Pharao, glanzvoll entrückt, von Priestern und Ratgebern umringt, durch das Heer, über das er gebietet, ins Riesenhafte gesteigert, durch die Werke erhöht, die Baumeister und Künstler für ihn geschaffen haben, gottgleiche Qualitäten erlangte.
Die Römer der alten Republik waren von Herzen froh, daß es keine römischen Könige mehr gab. Für sie wäre die Vergötterung eines lebenden Menschen undenkbar und unerträglich gewesen. Doch das begann sich schon vor Augustus zu ändern. Julius Cäsar war nach seinem Tode zur Gottheit erhoben worden, und von da an wurde die Kaiserverehrung fester Bestandteil des römischen Systems. Das mag sich organisch entwickelt haben, aber es paßte ganz und gar nicht zu den altrömischen Vorstellungen. In gewisser Weise war die Kaiserverehrung zum großen Teil von Ägypten entlehnt, durch Cäsar aus seiner Liebschaft mit Kleopatra übernommen. In Ägypten, genauer gesagt, im hellenistischen Alexandrien, hatte Cäsar die Aura von Göttlichkeit beobachten können, die die ägyptische Königin umgab. Die makedonischen Herrscher Ägyptens hatten sich das Vorbild der Pharaonen zu eigen gemacht. Um den Ägyptern zu zeigen, daß sie ebenso Götter und Göttinnen seien wie die alten Herrscher, hatten sie sogar den Brauch des königlichen Inzests übernommen – denn ein Gott konnte sich natürlich nicht mit gewöhnlichen Sterblichen vereinigen. Cäsar erkannte mit politischem Scharfblick, wie zweckdienlich es für einen Herrscher war, wenn sein Volk ihn als etwas Übermenschliches betrachtete. Da er behauptete, über die julische Linie von der Venus abzustammen, war es für ihn recht selbstverständlich, sich als potentiellen Gott zu sehen. Schließlich hatte man auch Alexander den Großen als Gott bejubelt, und waren Cäsars Taten den seinen nicht ebenbürtig?
Nach Cäsars Tod setzte Mark Anton diese Mystik fort. Er behauptete, von Herakles abzustammen – daraus leitete er seine Körperkräfte und seinen Erfolg bei Frauen ab. Doch wie wir bereits hörten, ging er noch weit darüber hinaus. Als er zusammen mit Oktavian Regent des römischen Imperiums war, übernahm er nicht nur das Ostreich, sondern erbte sozusagen auch Kleopatra.
Schon bevor er der Königin in Paulus' Geburtsstadt Tarsus begegnet war, hatte er sich übermenschliche Charakteristika zugeschrieben – er behauptete, der neue Dionysos zu sein, ein Gott, mit dem ihn beson-

ders seine heftige Liebe zum Wein verband. Doch politisch war es durchaus gerechtfertigt, sich diesen Titel anzumaßen. Die Völker des Ostens – und nicht nur die Ägypter – pflegten ihre Herrscher den Göttern gleichzusetzen, und Mark Anton wollte sich einen guten Stand bei ihnen schaffen, also war es klug, Anspruch auf einen göttlichen Rang zu erheben. Schließlich hatte sich schon Kleopatras Vater, Ptolemäus XII., als neuen Dionysos bezeichnet. Auch im Hinblick auf Mark Antons Beziehung zu der Königin (der drei Kinder entsprossen) war es vernünftig, einen ebensolchen göttlichen Status zu fordern. Gewiß erwarteten das auch die Ägypter von ihm, war er doch der Vater von den Kindern ihrer Königin. Und so wurde die Tradition begründet, daß auch ein Römer – wie ein orientalischer Potentat – göttliche Ehren für sich beanspruchen konnte.

Die Kaiserverehrung, die seit der augusteischen Zeit ein fester Bestandteil des römischen Imperialismus wurde, diente dem nützlichen politischen Zweck, die zahllosen Völker unter römischer Herrschaft zusammenzuschließen. Obwohl Augustus zum Schein die glanzvolle republikanische Idee wahrte (er sprach immer von der »Wiederherstellung der Republik«) und obwohl viele Römer, froh über den Frieden, den er ihnen gebracht hatte, bereit waren, ihm zu glauben, betrachteten die Völker des Ostens den Kaiser im allgemeinen als Gott. Wenn sie ihn sahen, was selten oder nie geschah, hatten sie den Beweis für seine Macht klar vor Augen. Das einzige Volk, das sich weigerte, die Göttlichkeit des Kaisers anzuerkennen, waren natürlich die Juden. Sie konnten die Vorstellung nicht ertragen, daß ein Mensch den Platz verließ, der ihm auf Erden zugewiesen war, und gar behauptete, er sei mehr als ein Sterblicher und den Gesetzen des einen und einzigen Gottes keineswegs unterworfen.

Obwohl Friede herrschte, nachdem Augustus sich durchgesetzt hatte, war es eine Zeit der gefühlsmäßigen Unruhe, ja Not. Im ganzen Mittelmeerraum suchten die Menschen nach einem Zeichen, nach einem Erlöser, nach Sinn und Berechtigung für ihr Leben. Die Astrologie florierte, und kaum jemand ließ sich auf ein wichtigeres Unternehmen ein, ohne seinen Wahrsager befragt zu haben.

Hören wir dazu Juvenal:

»Die reichen Damen befragen den eigenen phrygischen Augurn,
Schöpfen den Rahm ihrer Sterndeuter ab oder suchen sich Alte,

Die selbst den Donnerkeil unschädlich machen: Doch Zirkus und
Wall sind
Orte, wo niedriger Schicksal gekündet wird. Hier, bei den Delphin-
Säulen und Plätzen des Volkes, da kommen die älteren Huren,
Nacktschultrig, Goldkettchen um ihre Hälse, und bitten um Rat-
schlag:
Soll'n sie den Schankwirt verlassen, um des Kleidhändlers Gattin zu
werden?«

Das Fatum und die Sterne beherrschten alles und jedes. Plinius der Ältere schrieb im ersten nachchristlichen Jahrhundert, auf der ganzen Welt, an jedem Ort und zu jeder Stunde »wird nur Fortuna angerufen, einzig ihr Name genannt«. Und da es schien, als werde die ganze Welt vom Zufall oder von der Fortuna regiert, wandten sich eben die meisten Menschen an diese Göttin. Jede Stadt mußte ihre eigene Tyche oder Fortuna haben, und in vielen Privathäusern stand eine Statuette von ihr. Auf Münzen dieser Zeit findet man »Die Fortuna des Augustus« abgebildet, Symbol seines Kaisertums und der besonderen Beziehung, die er zur blinden Göttin hatte, die die Welt lenkte.
Und wie stand es nun mit diesem Mann, der über die *sichtbare* Welt gebot? Er war ein bemerkenswert guter Politiker und Staatsmann. Selbst der klatschhafte Sueton konnte nicht umhin, sein Leben mit einer gewissen Bewunderung zu beschreiben. Denn Sueton vermochte es nicht, dem Augustus unnatürliche Lasterhaftigkeit vorzuwerfen – im Gegensatz zu Cäsar, Mark Anton und vielen späteren Kaisern –, und es war nicht möglich zu behaupten, Augustus sei von der Gewalttätigkeit und dem Sadismus besessen, der so viele seiner Nachfolger kennzeichnete. Kurz, er war trotz seiner promiskuösen Neigungen im Innersten doch Puritaner. Er pflegte bescheiden zu essen und »bevorzugte die Speisen der arbeitenden Klasse, insbesondere grobkörniges Brot, Fische, frischen Käse und grüne Feigen ...«. In einem Brief an seinen Nachfolger Tiberius schrieb er: »Nicht einmal ein Jude nimmt es am Sabbat mit dem Fasten so genau wie ich heute. Bis es dunkel war, habe ich nichts angerührt. Erst im Bade, bevor ich mich mit Öl einreiben ließ, aß ich zwei Bissen Brot.« (Hier irrt Augustus insofern, als die Juden am Sabbat nicht fasteten; vielleicht liegt hier eine Verwechslung mit dem Versöhnungsfest vor.)

Seine gelassene und wirkungsvolle Leitung des Riesenreiches, eines Reiches, das zum ersten Mal die mittelmeerische Welt einigte, führte schließlich und unausweichlich dazu, daß er zum Gott erhoben wurde. Die Handelsstraßen waren sicher; und so konnte er seine »Politik des billigen Brotes« verfolgen, die die Bürger von Rom zufriedenstellen sollte. Außerdem erwarb er sich ihre Gunst noch auf andere Weise: durch Zirkusspiele. Stolz schrieb er: »In meinem eigenen Namen habe ich dreimal eine Gladiatorenschau veranstaltet, im Namen meiner Söhne oder Enkel fünfmal. An diesen Darbietungen wirkten etwa zehntausend Mann mit.« Dann zählt er weitere Spiele auf, die er dem Volk bot: »Im Zirkus, auf dem Forum und im Amphitheater habe ich sechsundzwanzigmal für das Volk Jagden auf wilde Tiere aus Afrika veranstaltet, wobei um die 3500 Tiere getötet wurden. Außerdem bot ich dem Volk das Schauspiel einer Seeschlacht nahe beim Tiber.«*
Den Unterbau des römischen Reiches bildeten Trümmer und Knochen – die Trümmer der Reiche und Staaten, die Rom zerstört hatte, und die Knochen von Hunderttausenden, die getötet worden waren, weil sie für ihre Freiheit gefochten hatten. Doch selbst im Frieden hielt man es für nötig, die gräßlichsten und blutrünstigsten Schauspiele darzubieten, um nicht nur die Massen, sondern jede Bevölkerungsschicht – einschließlich des Kaisers selbst – zu unterhalten. Augustus verdammte die Spiele nicht; im Gegenteil, er förderte sie. Sie waren das Symbol einer Welt voll unendlicher Grausamkeit. In dieser Welt gab es letzten Endes keine Hoffnung für den Menschen. Und all das wurde durch eine Lehre in Frage gestellt, die für Augustus und die Römer seiner Zeit praktisch unvorstellbar war – daß nämlich jedes Individuum einzigartig ist, in den Augen des Schöpfers seinen eigenen Wert besitzt und eine Seele hat. Es dauerte noch Jahrhunderte, bis die schrecklichen Spiele im ganzen Imperium abgeschafft wurden. Doch bis dahin gab es in allen großen Städten des römischen Reiches gutbesuchte Arenen. Hinter soviel Gleichgültigkeit dem menschlichen Leben gegenüber stand eigentlich die Tatsache, daß diese ganze Welt als Grundlage die Sklaverei hatte. Dazu bemerkt Michael Grant in seinem Werk *The World of Rome:* »Obwohl die Sklaverei in der antiken Welt allgemein verbreitet war, kann man sich, von den Assyrern vielleicht abgesehen, kaum ein altes Volk denken, das die römischen Sklavenhalter übertroffen hätte. Die meisten waren von fühlloser Brutalität...« Aus die-

* Dafür ließ er eigens einen See anlegen. (A. d. Ü.)

sem Menschenreservoir wurde das Reich gespeist. »Widerwärtig, brutal und kurz« war das Leben der meisten Sklaven. Die einzige Ausnahme bildeten wohl jene begabten und gebildeten Griechen, die als Privatsekretäre, Schreibgehilfen oder Hauslehrer arbeiteten. Doch für die Sklaven, die auf dem Land Frondienste leisteten oder, schlimmer noch, sich in den Minen abrackerten, aus denen Rom so viel von seinem Reichtum gewann, dürfte die Lebenserwartung nicht einmal fünfundzwanzig Jahre betragen haben. Im ganzen Imperium, das, seltsam genug, so viele christliche Historiker mit Bewunderung erfüllt hat, waren alle nur möglichen Arten von Brutalität und Perversität verbreitet. Und den Mächten dieser harten, unendlich grausamen Welt sollte dereinst der jüdische Knabe entgegentreten, der jetzt in Tarsus aufwuchs.

5 Als Student in Jerusalem

Der Junge war intelligent, die Familie strenggläubig. Paulus machte so gute Fortschritte beim Studium, daß man annehmen konnte, er sei zu Höherem berufen als zum Zeltmacher. Vielleicht hatte er sich schon das ehrgeizige Ziel gesteckt, Rabbi zu werden; jedenfalls bewies er durch seine Gesetzeskenntnis, daß er es verdiente, bessere Unterweisung zu erhalten, als das in Tarsus möglich war. Möglicherweise dachte der Vater auch, es sei ohnehin besser, einen so klugen und empfindsamen Jungen von der verderbten Gesellschaft von Tarsus fernzuhalten.

Betrachtet man die spätere Lebensgeschichte, dann möchte es scheinen, daß Paulus bereits jetzt ein ungewöhnliches Interesse für die nichtjüdischen Gemeinden zeigte, für die Menschen, die nach der festen Übezeugung seines Vaters nichts als die Hölle zu erwarten hatten. Paulus mußte also Tarsus verlassen. Und das Schönste, was ein liebender und fürsorglicher Vater tun konnte, war, ihn nach Jerusalem zu schicken. Dort, in der heiligen Stadt, würde sein Sohn das rechte Denken und Handeln lernen. Er hatte die besten jüdischen Lehrer der Welt um sich und zudem reichlich Gelegenheit, seinen Geist und seine Seele zu bilden. Wir wissen so gut wie nichts über Paulus' Vater, nicht einmal seinen Namen, aber er war zweifellos ein guter Vater. Außer Paulus hatte er nur noch ein Kind, eine Tochter. Und so schickte er seinen einzigen Sohn um der höheren Bildung willen nach Jerusalem, was bedeutete, daß er vielleicht einmal große Bedeutung erlangen würde – allerdings gab es jetzt auch niemand, der das Familiengeschäft übernahm. Der Vater handelte in der Tat aufopferungsvoll, und deswegen sollte man seiner gedenken.

Paulus dürfte etwa fünfzehn Jahre alt gewesen sein, als er zum ersten Mal eine Seefahrt auf dem Meer unternahm, das er später so gut kennenlernen sollte. Zweifellos ließ der Vater ihn nicht alleine fahren, sondern gab ihn in die Obhut eines Freundes, vielleicht eines Rabbi, der zurück nach Jerusalem mußte. Schon in jungen Jahren wird Paulus von Jerusalem gehört haben; er wußte auch, daß es jetzt, wie ganz Judäa, unter römischer Herrschaft stand. Augustus hatte im Jahre 6 n. Chr. Archelaos, den korrupten und lasterhaften Sohn Herodes' des Großen, in die Verbannung geschickt und Judäa, Samaria und Idumäa einem Prokurator unterstellt, dessen Vorgesetzter wiederum der Statthalter der Provinz Syrien war. In der Burg Antonia, der Festung des Herodes oberhalb vom Tempelplatz, wurde eine römische Garnison einquartiert – den Orthodoxen stetes Ärgernis und dauernde Herausforderung. Provokanterweise war jetzt auch nicht mehr Jerusalem die Hauptstadt, sondern die große Küstenstadt Cäsarea. Herodes der Große nannte sie so zu Ehren des Cäsar Augustus. Außerdem hatte er die Hafenanlagen erweitern und einen herrlichen Palast erbauen lassen, in dem jetzt der römische Statthalter residierte. Wie immer die Juden darüber denken mochten – Cäsarea zur Hauptstadt zu machen zeugte von politischem Taktgefühl und strategischer Klugheit. Denn auf diese Weise lastete die Anwesenheit der Römer nicht zu schwer auf dem empfindlichen und hochexplosiven Jerusalem.

Die Römer waren damals sehr darauf bedacht, die religiösen Gefühle der Juden nicht zu verletzen. Mancher Prokurator und Statthalter wird sich sehnlichst eine andere Provinz gewünscht haben – irgendeinen Weltteil, wo es die Leute mit der Religion nicht gar so genau nahmen, wo ein kosmopolitisches, friedliches Durcheinander von Göttern und Göttinnen herrschte. Obwohl der Prokurator für politische Delikte die Todesstrafe verhängen konnte und für die Eintreibung der Steuern verantwortlich war, wurde die Stadt de facto von den Juden regiert. Der Hohepriester, die ehemaligen Hohenpriester, Mitglieder von Priesterfamilien und der Sanhedrin (der Hohe Rat, bestehend aus 71 Mitgliedern) sprachen Recht und erhoben die Tempelsteuer. Der Sanhedrin, die höchste jüdische Staatsbehörde, durfte nur eines nicht:

nämlich die Todesstrafe verhängen. Dazu bedurfte es der Zustimmung des Prokurators.

Dies verwickelte System aus militärischen, politischen, religiösen und zivilen Elementen erwartete den jungen Mann aus Tarsus. Das Schiff, auf dem sich er und seine Reisegenossen befanden, dürfte die syrische Küste abgefahren und die berühmten Städte Sidon und Tyrus passiert haben, um schließlich Cäsarea anzulaufen. Obwohl Paulus von Kindesbeinen an mit der römischen Welt vertraut war, wird er erst jetzt, in Cäsarea, wirklich gemerkt haben, wie allgegenwärtig das römische Heer, die römische Flotte und die römische Verwaltung im gesamten Mittelmeerraum waren. Zwar duldete, ja akzeptierte man im römischen Reich alle Völker und Religionen. Doch letzten Endes hielt nur die eiserne Hand Roms, das Legionärsschwert, dieses Menschenkonglomerat zusammen, dieses Riesenreich, das sich von den Hochebenen Kleinasiens über alle Inseln und Länder des Mittelmeers zum fernen Gallien und Spanien und noch weiter hinauf bis zum regnerischen, nebligen Britannien erstreckte.

Angesichts von soviel Macht schien es völlig ausgeschlossen, daß ein winziges Volk wie die Juden, mochten sie sich auch für Gottes auserwähltes Volk halten, die Welt verändern konnte. Die riesigen Galeeren in Cäsarea, die am Kai vertäut lagen, die Kauffahrteischiffe, größer als alle, die Paulus in Tarsus gesehen hatte, der Trompetenschall, wenn Soldaten an Land gingen, die Frachtgüter, die aus- und eingeladen wurden, all das zeugte überdeutlich vom Imperium, von der Macht, von der Herrschaft, vom Reich. So stark und gefestigt war es, daß es unangreifbar schien.

Die Juden auf dem soeben eingetroffenen Küstenfahrzeug zog es in das 55 Kilometer weiter gelegene Jerusalem. Jerusalem bedeutete ihnen mehr als alle Macht Roms. Gewiß hat auch der Junge so empfunden, wenngleich ihn die Konfrontation mit der römischen Herrschaft erschreckt haben mag. Jerusalem war mehr als jeder andere Ort – eine geistige Entität, ganz anders als weitaus größere Städte wie Rom oder Alexandrien. Eines Tages würde Paulus auch Rom sehen, diesen dampfenden Hexenkessel, die Metropole, von der aus die Welt regiert wurde; doch einstweilen war er unterwegs zu den heiligen Stätten seiner Väter, unterwegs zum Tempel, wo er studieren sollte. Dort würde er zu erlernen versuchen, welchen einzig wahren und gerechten Weg der Mensch in seinem Leben beschreiten mußte.

»Zentral, aber doch abseits gelegen, verteidigungsfähig, aber nicht dominierend«, schreibt G. A. Smith in *Jerusalem*, »abgeschnitten von den Hauptströmungen der Weltgeschichte, war Jerusalem nichts weiter als eine kleine Stadt im Hochland, für die Felsen, Ölbäume und Wüste typisch waren. Der Berg Zion, die Felsenburg, Olivet und Gethsemane, die Ölpresse, der Herden-Turm und die Wüste der Hirten – all diese Namen kennzeichneten das Jerusalemer Leben, und bis zum heutigen Tage sind die Dinge, die hinter diesen Namen stehen, die materielle Substanz der Geschichte dieser Stadt geblieben. Doch Jerusalem wurde die Braut der Könige und die Mutter der Propheten.«
Die Wüste reichte fast bis an die Stadtmauern heran. Jerusalem lag zwischen Meer und Wüste. Wasser und Holz waren knapp, den wichtigsten »Exportartikel« der Stadt stellte die Religion dar.

Augustus behauptete von Rom, »er hinterlasse eine Stadt von Marmor, während er eine Stadt von Backsteinen vorgefunden habe«, und Herodes der Große versuchte Ähnliches in Jerusalem zu leisten. Er und Salomo waren die bedeutendsten Wohltäter der Stadt, zumindest vom Architektonischen her gesehen. Herodes ließ den Tempel völlig wiederherstellen und den Tempelbezirk um das Doppelte vergrößern. Nun gehörte der Bau zu den großartigsten architektonischen Schöpfungen der Welt. Kein Heide durfte ihn betreten. Vor derartigen Verunreinigungen wurde der Tempel durch die »mittlere Trennungsmauer« geschützt, wo griechische und lateinische Inschriften dem Nichtjuden unter Todesstrafe verboten, weiter vorzudringen. Paulus versuchte später, in diese – wenn auch verinnerlichte – Mauer eine Bresche zu legen.

Außerdem ließ Herodes die Befestigungsanlagen ausbessern und machte Jerusalem zu einer der bestgeschützten Städte der Welt. Die bereits vorhandenen Umwallungen und Türme ergänzte er durch die große Burg Antonia (benannt nach seinem Freund Mark Anton). Sie erhob sich etwa dreißig Meter hoch auf einem Felsen. Ihre Mauern waren mit glatten Steinen verkleidet, damit weder Fuß noch Hand des Angreifers Halt finden konnten. An drei Eckpunkten erhoben sich drei gleich große, etwa dreißig Meter hohe Türme, am vierten stand der fast fünfunddreißig Meter hohe Königsturm. Von hier aus ließ sich der ganze Tempelbezirk überblicken. Und das bedeutete, ob beabsichtigt oder nicht: »Euer Gott mag der größte sein, wie ihr behauptet, aber seht her, Roms Macht schaut auch auf ihn herab!« Als Gefangener

sollte Paulus eines Tages eine unangenehme Bekanntschaft mit dem Inneren der Burg und ihren Verliesen machen.
Daneben ließ Herodes nach griechisch-römischer Manier ein Theater und ein Gymnasion errichten. Eine Arena dagegen gab es nicht – das wäre nicht geduldet worden. Das Schmuckstück der Stadt war sein neuer Palast. Im Sonnenlicht schimmernd, erhob er sich auf dem Westhügel Jerusalems, und seine Springbrunnen plätscherten selbst im trockenen, glühendheißen Sommer. All das dürfte unser Neuankömmling mit einer gewissen Ehrfurcht wahrgenommen haben. Tarsus war Provinz dagegen, seine weltbürgerliche Einwohnerschaft schien nicht der Rede wert neben dem bunten Völkergemisch, das sich in den engen Straßen Jerusalems drängte: Menschen aus aller Herren Ländern. Der junge Jude, der all das zum ersten Mal erblickte, muß empfunden haben, daß dies *seine* Stadt sei, und er muß ungeheuer stolz auf sie gewesen sein. Kamen doch alle Völker der Erde hierher – um Geschäfte zu machen, um zu beten oder einfach, um alles anzustaunen. Wenn aber Soldaten unter der Führung ihres Zenturio mit wippenden Federbüschen und schimmernden Rüstungen an ihm vorbeimarschierten, das römische Schwert umgegürtet, das die Welt besiegt hatte, wurde er daran gemahnt, daß Jerusalem geknechtet war. Doch es gab einen Ort, den zwar er betreten durfte, zu dem aber selbst den allmächtigen römischen Eroberern der Zugang verwehrt war. Er konnte die Mauer passieren, die Welt der Nichtjuden vergessen und das Haus betreten, in dem Gott wohnte. Er konnte sich von der Geschichte seines Volkes gefangennehmen lassen, die Gegenwart der Propheten fühlen und den Herzschlag des Gottes hören, der die Welt regierte. Das Innere Heiligtum war von einer mehr als dreizehn Meter hohen Mauer umgeben. Neun Portale führten hinein, und drinnen enthüllte sich die ganze Pracht des Tempels – als würde man ein Kästchen öffnen und vom unerwarteten Glanz zahlloser Juwelen geblendet. Überall weißer Marmor, Goldverzierungen, scharlachne Wandbehänge aus Tyrus, Weihrauch in der Luft und alles überhallt von Geräuschen: den Rufen der Geldwechsler, dem Brüllen der Opfertiere, die zum Verkauf bereit standen, den Stimmen von Leuten, die um Preise feilschten. Und dieser merkantile Aspekt versetzte vierzehn oder fünfzehn Jahre später einen jungen Mann aus Nazareth in heftigen, aber gerechten Zorn. Mochte Gott auch in der tiefen, von Wohlgerüchen geschwängerten Stille des Allerheiligsten wohnen – der Be-

zirk davor ähnelte einer Mischung aus Börse, Geschäftskonferenz, Wechselstube und Metzgerei. Denn Jahwe forderte wie die heidnischen Götter stets seinen Tribut an Brandopfern.

Jahwe wies noch sehr viele Züge auf, die an einen Stammesgott erinnerten. Obwohl das Gesetz und die Propheten systematische Verhaltensregeln vorschrieben, die allen anderen Bestimmungen dieser Art in der übrigen antiken Welt weit voraus waren, hätten die Zeremonien, mit denen Jahwe geehrt wurde, durchaus auch in den Tempel des kapitolinischen Jupiter gepaßt. Vor dem Tempelvorhang (der das Allerheiligste verbarg) stand ein goldener Altar, auf dem zu Beginn des Gottesdienstes Weihrauch verbrannt wurde. Die dunkle Wolke, die dann emporstieg, trug nach allgemeinem Glauben einen Teil der Sünden des Volkes mit sich fort. Tempeldiener entzündeten die Kerzen auf dem siebenarmigen Leuchter (er verkörperte symbolisch die sieben Planeten) und trugen Sorge dafür, daß das Feuer kräftig und rein brannte. Dann zogen sie sich zurück. Und nun stieg der Priester, der durch Losentscheid dazu bestimmt worden war, das Opfer vorzunehmen, die Stufen zum Altar empor und legte ausgesuchte Teile des Opfertiers ins Feuer. Blut und Wein wurden über das Fleisch gegossen. Prasselnd und zischend verbrannte die Opfergabe in der Feuerglut, fetter Rauch stieg auf, und der Priester wandte sich den Gläubigen zu und erteilte den Segen: »Der Herr segne dich und behüte dich. Der Herr lasse sein Angesicht leuchten über dir und sei dir gnädig. Der Herr erhebe sein Angesicht auf dich und gebe dir Frieden.« Und die Gemeinde antwortete: »Ehre sei dem Herrn, dem Gott Israels, von Ewigkeit zu Ewigkeit.« Dann sang der Chor den Psalm des Tages. Die Gemeinde erhob sich. Man hatte seiner Pflicht genügt, konnte wieder ins gewohnte Leben zurückkehren und seinen Geschäften nachgehen. Der einzelne durfte aber auch außerhalb der Opfergottesdienste seine eigene Opfergabe bringen, um eine Sünde oder Schuld zu sühnen, ja, man ermutigte ihn sogar dazu. Was Gott nicht geopfert wurde, blieb den Priestern vorbehalten. Nur sie durften vom Fleisch der Tiere essen, die die Sünden wiedergutmachen sollten. Sie hatten noch weitere Privilegien, darunter auch das Recht, sich in dem Gewölbe, das unter dem Hof der Weiber lag, als Bankiers zu betätigen. Viele von ihnen besaßen stattliche Ländereien; außerdem standen ihnen und ihren Familien bestimmte Anteile an den Votivgaben zu. Obwohl das Ritual ihr Leben einschränkte, waren sie bedeutende und mächtige Männer. Als Diener des Herrn erfreuten sie sich eines Lebensstandards, der weitaus höher war als bei den meisten Juden. Die Priester der heidnischen Welt, in der es so unendlich viele Götter gab, führten auf ähnliche Weise ein angenehmes Dasein – indem sie die Unwissenheit und den Aberglauben ihrer Schäflein ausbeuteten. Und auch die Priester Jahwes lebten recht behaglich: sie ernährten sich von den Sünden des Volkes.

6 Jüdische Welt

Später erinnerte sich Paulus mit Stolz daran, daß sein Lehrer ein Mann gewesen war, der höchsten Ruf als Gesetzesautorität genoß. Er hieß Gamaliel und hatte eine führende Stellung im Sanhedrin inne. Damals folgte der Pharisäismus im wesentlichen zwei ideologischen Richtungen: der strengen und strikt orthodoxen Tradition des Schammai und dem liberaleren Ansatz Hillels. Diese beiden bedeutenden Rabbiner waren Zeitgenossen und lebten, als Herodes regierte. Gamaliel war Hillels Enkel. Hillels Lehre trug schließlich den Sieg davon. In der kleinen Stadt Jabne, in die sich die Rabbiner nach der Eroberung Jerusalems und der Zerstörung des Tempels (70 n. Chr.) zurückgezogen hatten, entschieden sie sich für die Schule Hillels.

Wenn jemand das Glück hat, in seiner Jugend gute Lehrer zu haben, dann werden die Vorschriften, die ihm in diesen formbaren Jahren eingeschärft wurden, höchstwahrscheinlich das ganze Leben lang tief in seinem Charakter verwurzelt bleiben. Es ist interessant, einen Blick auf die Unterweisungen zu werfen, die Paulus von seinem Lehrer erhalten haben könnte. Von den vielen Aussprüchen, die dem großen Hillel zugeschrieben werden (und die Gamaliel weitergegeben haben dürfte), ähneln so manche der Lehre Christi. Typisch sind die folgenden: »Richte deinen Nachbarn nicht, bevor du an seiner Stelle bist«; »Wer die Worte der Lehre errungen hat, hat das Leben in der Welt errungen, die da kommen wird«; »Wenn ich mich zerknirsche, werde ich erhoben«; »Wer sich einen Namen machen will, verliert seinen Namen; wer sein Wissen nicht mehrt, mindert es; wer nicht lernt, ist des Todes schuldig; wer um einer Krone willen arbeitet, ist verloren«; »Was dir widerwärtig ist, das füge deinem Nachbarn nicht zu; dies ist das ganze Gesetz, alles andere ist nur Erläuterung desselben.« Nach seinem Tode klagte man um Hillel als »den Demütigen, den Frommen, den Schüler des Esra«.

Die Tradition will wissen (irrt sich hier jedoch aller Wahrscheinlichkeit nach), daß Gamaliel seinem Vater als Nasi oder Vorsitzender des Sanhedrin nachfolgte. Jedenfalls zählte er sicherlich zu den einflußreichsten Männern und erlauchtesten Geistern seiner Zeit. Als Paulus studierte, gehörten etwa tausend Schüler zum Haus der Auslegung, dem Kolleg der Rabbiner. Es spricht für Gamaliels Liberalismus, daß neben dem Gesetz und den Propheten auch griechische Literatur (vermutlich in sorgfältiger Auswahl) gelesen wurde. Gamaliel war gewiß ein bemerkenswerter Mann, der erste übrigens, der den Titel *Rabban* (Meister) erhielt. Wie man aus der Apostelgeschichte ersieht, rettete er Petrus und andere Apostel vor der Hinrichtung. Er beschwor die Mitglieder des Sanhedrin, keine Maßnahmen gegen diese Anhänger Jesu zu ergreifen: »Und nun sage ich euch: Lasset ab von diesen Menschen und lasset sie gehen! Ist der Rat oder das Werk aus den Menschen, so wird's untergehen; ist's aber aus Gott, so könnt ihr sie nicht hindern; auf daß ihr nicht erfunden werdet als solche, die wider Gott streiten wollen.« Sein Ruf war so groß, daß es in späteren Jahren hieß: »Als Rabban Gamaliel der Ältere starb, sank die Achtung vor der Thora, Reinheit und Frömmigkeit schwanden dahin.« Ein übertriebenes Kompliment vielleicht, aber es zeigt den hohen Stand des Mannes an, der Paulus' Lehrer war.

Um die Denkweise zu verstehen, die Paulus und seine Mitstudenten während der Adoleszenz und der frühen Mannesjahre in sich aufnahmen, ist es nötig, die Grundlagen der Thora zu betrachten. (Sie wirkt heute noch in einem Gutteil des westlichen Denkens nach, auch wenn dieses Denken mittlerweise verweltlicht ist.) Thora wird definiert als: »Die Lehren und Unterweisungen sowie die gerichtlichen Entscheidungen, welche die althebräischen Priester als Offenbarung des göttlichen Willens bezeichneten; das mosaische oder jüdische Gesetz; daher auch der Name für die Bücher des Gesetzes, den Pentateuch.« Dem jüdischen Glauben nach offenbarte sich in der Thora Gottes Wille. Die

Pharisäer behaupteten, sie umgriffe alle Lebensbereiche, das Nationale wie das Persönliche. Es gebe keine Situation, der man nicht mit einer korrekten Auslegung der Thora gerecht werden könne. Das hatte natürlich lebhafte und unaufhörliche Debatten über die Auslegung des Gesetzes zur Folge. Die Studenten verbrachten eine Menge Zeit mit haarspalterischen Definitionen und Argumenten, die ebenso spitzfindig und verschachtelt, ja bizarr waren wie jene, die Jahrhunderte später die byzantinischen Gelehrten und Geistlichen verwirren sollten.

Eine derart totale religiöse Philosophie führte unvermeidlich zur Einengung, zu einer Art geistiger Zwangsjacke. Die Einzelheiten des Gesetzes wurden so minutiös ausgelegt, daß es selbst für den strenggläubigsten Lehrer oder Schüler fast unmöglich war, allen seinen Anforderungen gerecht zu werden. Es hieß sogar, wenn auch nur ein einziger Jude ein völlig rechtschaffenes Leben führen und sich nur einen einzigen Tag buchstabengetreu ans Gesetz halten würde, werde man den Regenbogen – Gottes Zeichen für seinen Bund mit den Menschen – nicht mehr sehen und der Messias selbst werde auf der Stelle erscheinen. Das war zwar scherzhaft gemeint, enthielt aber mehr als nur ein Quentchen Wahrheit. Es war in der Tat praktisch ausgeschlossen, die Anforderungen des Gesetzes in allen Einzelheiten zu erfüllen. Außerdem lebten die Juden, ob es ihnen nun zusagte oder nicht, selbst in Jerusalem in einer heidnischen Welt, und diese Welt schwelgte in allen fleischlichen Genüssen und Lüsten.

Aus diesem Grunde zogen sich bestimmte jüdische Gruppen völlig von der Welt zurück. Sie glaubten, alles sei derart verpestet, daß man nur in einer hermetisch abgeschlossenen Gemeinschaft Gottes Gesetz gemäß leben könne, ja, sie verschmähten sogar den Kontakt zu anderen Juden. Eine solche Gruppe waren auch die Essener. Sie siedelten sich in Qumran an. Heute sind sie die bekannteste derartige Gemeinschaft, weil die Entdeckung der Schriftrollen vom Toten Meer uns ziemlich viel von ihren Regeln offenbarte. Wißbegierigen Studenten – zu denen zweifellos auch Paulus gehörte – dürfte die Existenz dieser Gruppen kaum entgangen sein, auch wenn ihre Lehre streng geheimgehalten wurde. Außer den Glaubenssätzen, die sich in den Schriftrollen finden, stammt das Wenige, was wir über sie wissen, von dem jüdischen Historiker Josephus, von Philon – einem Philosophen des 1. Jahrhunderts – und von Plinius dem Älteren. Ihr seltsamster und für das Ju-

dentum völlig ungewöhnlicher Zug war, daß sie zölibatär lebten. In verschiedenen östlichen Mysterienreligionen gab es zwar sexualfeindliche Tendenzen – einige Anhänger von Kybele und Attis gingen sogar so weit, sich selbst zu entmannen –, aber den Juden waren Heirat und das Zeugen und Gebären von Kindern vom Gesetz her vorgeschrieben. Ein unverheirateter Rabbi zum Beispiel war undenkbar.
Der Stand der Ehelosigkeit, den die römisch-katholische Kirche Jahrhunderte später ihren Priestern auferlegte, wäre den Juden als krasser Widerspruch zu Gottes Gebot »Seid fruchtbar und mehret euch« erschienen. Das Judentum handelte klug, wenn es Heirat und Kindererziehung mit Segen bedachte, denn so wurde sichergestellt, daß nicht nur die Allgemeinheit, sondern auch die überragenden Köpfe erhalten blieben. Die Essener dagegen zogen den Zölibat vor. In den Gräbern von Qumran lagen zwar auch zwei Skelette von Frauen und Kindern, aber weitaus die meisten stammen doch von erwachsenen Männern. Josephus schrieb von den Essenern: »Sie haben der Lust entsagt, weil sie dieselbe mit dem Laster gleichsetzen, und üben sich in Mäßigkeit und Selbstbeherrschung. Sie verschmähen die Heirat, adoptieren aber anderer Menschen Kinder, solange diese noch jung und formbar sind, nehmen sie als die ihren an und bilden sie ihren Grundsätzen gemäß heran.« Dann fährt er fort: »Sie verdammen die Ehe nicht grundsätzlich... aber sie wollen sich vor der Lüsternheit der Frauen schützen.« Und Philon bestätigt: »Kein Essener heiratet, denn die Frau ist ein selbstsüchtiges und sehr eifersüchtiges Geschöpf... Wer durch Liebe oder natürliche Ursachen einer Frau fest verbunden ist, sorgt vor allem für seine Kinder und kann nicht so sein wie die anderen. Ohne es zu wissen, ist er ein anderer Mensch geworden; kein Freier mehr, sondern ein Sklave.« Philon merkt außerdem an, daß die Essener dem Reichtum abgeschworen haben, nur die einfachste Kost essen und ihre Kleider und Schuhe so lange tragen, bis sie völlig zerschlissen sind – erst dann werden sie ausgewechselt.

Spurenelemente der essenischen Lehre kann man zweifellos im Urchristentum nachweisen. Jesu Gebot, seine Anhänger sollten ohne Frau, Brüder, Eltern oder Kinder sein, wäre einem guten Juden Anathema gewesen, denn für ihn waren Familie, Familienbande und familiäre Verpflichtungen äußerst wichtig im Rahmen des Gesetzes. Es überrascht, daß offenbar weder Jesus noch Paulus geheiratet haben. In den Augen eines strenggläubigen und gottesfürchtigen Juden

stellte ihre Ehelosigkeit keineswegs eine Tugend dar, sie handelten vielmehr dem Willen Gottes zuwider.
Warum zogen der Meister und sein zukünftiger begeisterter Anhänger die Ehelosigkeit vor? Man kann nur zwei Gründe dafür vermuten. Zum einen – und dies ist nicht unwahrscheinlich – könnten sie irgendwann in ihrem Leben die Lehre der Essener kennengelernt haben oder sogar mit einer essenischen Gemeinschaft verbunden gewesen sein. Zum anderen glaubten sie wohl beide so fest ans nahe Weltende, daß es ihnen widersinnig schien, eine geregelte Institution wie die Ehe überhaupt ins Auge zu fassen. Aber selbst wenn Jesus und Paulus sich einmal essenischem Gedankengut verbunden fühlten, liegt es auf der Hand, warum sie dann beide das essenische Grundprinzip, das Sich-Abschließen vor der Welt, verwarfen. Jesus wußte, daß er seine Sendung »unter Zöllnern und Sündern« erfüllen müsse, und das unterschied ihn völlig von der Selbstgerechtigkeit der engstirnigen und letzten Endes unergiebigen Lehrsätze der Essener. Der Meister und Paulus wiesen diese starre Exklusivität zurück. Jesus verstieß recht oft und bewußt gegen die Dogmen des jüdischen Gesetzes. Paulus ging noch weiter. Er sagte später, die Beschneidung (jener Ritus, der den Juden so unermeßlich wichtig war) sei für bekehrte Heiden nicht unerläßlich. Er lebte unter Heiden und behauptete immer wieder, daß nicht nur die Juden Gottes auserwähltes Volk seien, sondern daß alle durch den Glauben und durch Gottes Gnade zu den Auserwählten zählen könnten. Möglicherweise wurde der Keim zu dieser Auflehnung durch die intellektuelle und haarspalterische Sophisterei, mit der er sich tagtäglich im Haus der Auslegung auseinandersetzen mußte, in sein Herz gesenkt.
Man darf aber auch einen weiteren Einfluß, dem dieser eifrige junge Student ausgesetzt war, nicht unberücksichtigt lassen: den Glauben an das Kommen des Messias. Er würde das auserwählte Volk vom römischen Joch befreien, er würde das Unrecht wiedergutmachen, unter dem sie litten, das zu bekämpfen sie jedoch nicht die physische Stärke hatten. Die geistige Lage der damaligen Zeit mit ihrer unablässigen Hoffnung, der Herr werde das Gleichgewicht wiederherstellen, hat Dr. Parkes so zusammengefaßt: »Seit vielen Jahrhunderten gab es den jüdischen Glauben an einen letzten Tag, den ›Tag des Herrn‹, an dem menschliche Ungerechtigkeiten ausgeglichen würden und Gott selbst sein Volk regieren und erlösen würde; zahlreiche Erwartungen dieser

Art schlossen die Gewißheit mit ein, daß ihm dann alle Völker untertan seien... die Machtlosigkeit des winzigen Judäa, das sich von riesigen Weltreichen feindlich umgeben sah, führte so manchen dahin, eher einen Tag des göttlichen Strafgerichts als einen Tag der göttlichen Verheißung zu erwarten. Aus dem Messias, der die Welt ursprünglich in Frieden und Gerechtigkeit lenken sollte, wurde eine himmlische Gestalt, die mit Jupiters Donnerkeilen bewehrt war. Das Schrifttum, das diesen Vorstellungen Ausdruck verlieh, war ohne Ausnahme pseudonymisch. Die Ideen selbst ›offenbarten‹ sich in ›Visionen‹, und so wurde diese Literatur als *pseudepigraphische* oder *apokalyptische* bekannt. Da all dies um das Thema des Weltendes kreiste, nannte man die Richtung *Eschatologie*. Gefährlich war sie insofern, als sie sich ohne weiteres als Inspiration für den politischen Extremismus und Terrorismus verwenden ließ. Man erwartete, Gott werde die ungleichen Machtverhältnisse zwischen Juden und Römern aufheben. Und so schien auch der bewaffnete Kampf gegen die Römer möglich und wünschenswert. In dem Halbjahrhundert, das dem offenen Krieg vorausging, schuf die apokalyptische Messiaserwartung eine ständige innere Unruhe, die durch Terrorismus, Krawall und Meuchelmord gekennzeichnet war.«

Judäa wies Züge auf, die uns heute sehr vertraut sind: die Züge eines von fremden Eindringlingen besetzten Landes, das fest entschlossen ist, seine Freiheit wiederzuerlangen. Die Lage wurde noch komplizierter durch die Tatsache, daß die Juden sich für das auserwählte Volk des Schöpfers aller Dinge hielten. Ihr Begehren war nicht nur die gewöhnliche Sehnsucht des Menschen nach Freiheit und Ende der Unterdrückung. Dazu kam die Überzeugung, daß der Jude in seiner Art (wenn auch nicht in seiner Qualität) von den Mitmenschen verschieden sei – wie das Wirbeltier Mensch sich von allen anderen Tieren unterscheidet. Und solche Gedankengänge können nur zu Tragödien führen.

7 Römische Welt

Es gab noch eine andere Welt. Die kleine und vergleichsweise unbedeutende Enklave von Juden, die in der winzigen Provinz Judäa lebte und so oft und so sehr die Aufmerksamkeit der ganzen Welt auf sich zog, war nur ein Teilchen aus einem riesigen Puzzlespiel. Judäa gehörte zu den Problemgebieten. Und Unruhe stiftete nur ein nicht allzu großer Bevölkerungsteil in einer Stadt, die lediglich eine von vielen Städten des römischen Weltreichs war. Als die Römer schließlich genug gereizt waren, vernichteten sie mit einem Handstreich Jerusalem, versklavten die Juden, zerstreuten sie übers ganze Imperium und nötigten ihnen eine Kapitulation ab, die bis ins 20. Jahrhundert hinein währte.

Etwa ein Jahr bevor Paulus nach Jerusalem ging, war Kaiser Augustus gestorben. Auf ihn folgte Tiberius, der Sohn von Augustus' Gattin Livia. Tiberius' Vater hingegen war einer von Julius Cäsars Offizieren. Augustus hatte keine Söhne. Livia, für die er in hemmungsloser Leidenschaft entbrannt war, wurde ihm vom Vater des zukünftigen Kaisers abgetreten, als sie bereits mit dem jüngeren Bruder des Tiberius, mit Drusus, schwanger ging. Tiberius kam 42 v. Chr. zur Welt und war 56 Jahre alt, als er den Kaiserthron bestieg. Sein voller Name lautete Tiberius Claudius Nero Cäsar. Einer der Gründe dafür, daß er in späteren Jahrhunderten so sehr geschmäht wurde, ist vielleicht darin zu suchen, daß zu seiner Regierungszeit weit hinten in Judäa ein obskurer Jude, der sich für den Messias ausgab, zusammen mit zwei noch obskureren Verbrechern gekreuzigt wurde. Kreuzigungen waren, wie später Hinrichtungen durch den Strang, routinemäßige Justizangelegenheiten.

Tiberius stellt sich uns als ungewöhnlicher Charakter, als hervorragender Soldat und fähiger Regent dar. Das Bild, das Tacitus von ihm zeichnet, ist allerdings entsetzlich, und man muß argwöhnen, daß der römische Historiker hier etwas voreingenommen und tendenziös war. Wenn man jedoch das Reich danach beurteilt, wie es während seiner Regierungszeit (freilich bevor er sich nach Capri zurückzog) geführt wurde, kann man nicht behaupten, Tiberius sei unfähig gewesen. Von 22 bis 6 v. Chr. und von 4 bis 10 n. Chr. diente er fast ausschließlich als Soldat, erst in Spanien, dann in Armenien und dann in Gallien. Im Gegensatz zu Augustus, der seine Kriegszüge zu Wasser und zu Land von dem überragenden Agrippa, seiner rechten Hand, dirigieren ließ, war Tiberius dank seiner militärischen Erfahrungen an den Fronten des Reiches bestens mit dem Soldatenhandwerk vertraut. Zusammen mit seinem Bruder Drusus unterwarf er die Stämme zwischen Rhein- und Donauquelle und gewährleistete damit die Sicherheit der Nachschub- und Verbindungswege zwischen Italien und Gallien. Danach besiegte er die Pannonier (die ein Gebiet zwischen der Donau und den Ostalpen besetzt hielten). Nach dem Tode seines Bruders Drusus (9 n. Chr.) wurde er in Rom als der bedeutendste Krieger, als würdiger Nachfolger des Julius Cäsar betrachtet.

Doch der zukünftige Kaiser hatte noch mehr aufzuweisen als seine beachtlichen Fähigkeiten auf militärischem Gebiet. Allem Anschein nach konnte er innig lieben und tiefe Zuneigung empfinden. Er heiratete Vipsania Agrippina, die Tochter des Marcus Agrippa. Sie gebar ihm einen Sohn, Drusus. Die Verbindung war glücklich und von Tiberius' Seite gewiß eine Liebesehe. Der große Kummer seines Lebens traf ihn, als ihn Augustus der Staatsräson wegen zwang, sich von seiner Gattin zu trennen und Augustus' Tochter Julia zur Frau zu nehmen. Tiberius kannte Julias Charakter nur zu gut – sie war eine hemmungslose Ehebrecherin. Das Elend dieser Verbindung konnte auch nicht durch die Ehren wettgemacht werden, mit denen man Tiberius überhäufte: zwei Triumphe, der eine 7 v. Chr., der andere 9 n. Chr., Quästoren- und Prätorenamt, zweimaliges Konsulat und schließlich Volkstribun auf fünf Jahre. Trotz all dieser Beweise dafür, daß Kaiser und Volk ihn und seine Fähigkeiten hochschätzten, fühlte sich Tiberius durch seine Frau gedemütigt, die er, so Sueton, »weder anzuklagen noch zu verstoßen wagte«.

Die einzige Lösung sah Tiberius darin, sich aus dem öffentlichen Leben zurückzuziehen und Augustus' Enkeln Gaius und Lucius das Feld zu überlassen. So begründete er jedenfalls seinen Abschied von Rom, aber man muß vermuten, daß ihn größtenteils doch persönliche Gründe bewogen. Er ging nach Rhodos, »wohin ihn die Schönheit und gesunde Luft der Insel zogen, die er bei seiner Rückkehr aus Armenien vorübergehend besucht hatte. Hier ließ er sich an einer mäßigen Stadtwohnung und einem nicht viel größeren Landsitze genügen und führte ein überaus bürgerliches einfaches Leben, ging ohne Liktor oder Staatsboten zuweilen im Gymnasium spazieren und hielt geselligen Verkehr mit den so tief unter ihm stehenden Griechen fast auf gleichem Fuße.«

Es kann kaum Zweifel daran geben, daß der Aufenthalt auf Rhodos zu den sonnigsten Zeiten eines Lebens gehörte, dem nicht viel Glück beschieden war. Schließlich mußte selbst Augustus die wahre Natur seiner Tochter erkennen – ihre Unmoral, ihre Ehebrüche erregten selbst das skandalgewohnte Rom. Julia wurde verbannt, während Tiberius noch auf Rhodos weilte. Nicht lange darauf mußte auch ihre Tochter, die ebenfalls Julia hieß, in die Verbannung gehen. Augustus hatte kein Glück mit seinen Kindern. Es mutet mehr als ironisch an, daß er 18 v. Chr. ein Gesetz verabschieden ließ, daß darauf abzielte, die Sittlichkeit in der Stadt wiederherzustellen – kraft dieses Gesetzes hätten seine Tochter und seine Enkelin zum Tode verurteilt werden können. Zur selben Zeit wie Julias Tochter und ihr Geliebter wurde Ovid verbannt, dessen Gedicht *Liebeskunst* schon seit längerem die sittenstrengen Gemüter der Hauptstadt empört hatte. Es erteilte gute Ratschläge zur Kunst der Verführung, und das in Wendungen, die keinen sonderlichen Aufwand an Phantasie erforderten. Ovid starb in der abgelegenen, reizlosen Kleinstadt Tomi in der Nähe der Donaumündung (18 n. Chr.). In diesem Jahr studierte der Gegner all dessen, wofür er eintrat, bereits im Haus der Auslegung zu Jerusalem.

In der ersten Zeit seiner Regierung scheint Tiberius sich recht gemäßigt und umsichtig betragen zu haben. Er legte größten Wert darauf, daß dem nunmehr vergotteten Augustus alle Ehre erwiesen wurde, außerdem förderte er den Kaiserkult in allen Ländern, die unter römische Herrschaft kamen. Im Elend seiner frühen Jahre hatte er sich die einsame Selbstbeobachtung angewöhnt, und dazu gesellte sich eine von Natur aus schweigsame Art – beides machte ihn für das römische Volk nicht eben anziehend. Seine Frau Julia, die Augustus aus der Verbannung zurückgeholt hatte (nichtsdestoweniger weigerte er sich, sie öffentlich zu empfangen), wurde eingesperrt und soll bald darauf am Hunger und an der schlechten Behandlung, die man ihr zuteil werden ließ, gestorben sein. Das ist gut möglich. Tiberius war stolz und empfindlich, und sie hatte ihn durch ihr Verhalten und ihre dauernde Untreue gequält. Wie Augustus besaß wohl auch Tiberius einen gewissen Hang zum Puritanismus, was ausgeschlossen scheint, wenn wir Suetons Bericht über sein späteres Leben auf Capri Glauben schenken wollen. Einer der Gründe für seine Unbeliebtheit war, daß er so viele strenge Gesetze erzwang. Sie richteten sich gegen Ausschweifungen im allgemeinen, gegen Ehebruch (der oft mit dem Tod bestraft wurde) und selbst gegen so harmlose Handlungen wie Küsse in der Öffentlichkeit. Außerdem ließ er etliche Tempel, die berühmtberüchtigt als Stelldichein waren, dem Erdboden gleichmachen, wodurch er sich nicht gerade die Liebe der Gläubigen gewann – von den Prostituierten und ihren Freiern, die sich dort getroffen hatten, ganz zu schweigen.

Tiberius war sein Leben lang starker Trinker. Daher ist es möglich, daß er in späteren Jahren nicht nur einen moralischen, sondern auch einen physischen Zusammenbruch erlitt. Sicherlich hat er Rom gehaßt. Sobald sich die Gelegenheit dazu bot, überließ er die Stadt dem Sejan, einem brutalen Untergebenen, und zog sich auf die Insel Capri zurück. Zuvor hatte er noch andere Schichten der Bevölkerung vor den Kopf gestoßen, indem er einen Angriff gegen alle fremden Götter unternahm, die im Zuge der Erwerbungen im Osten nach Rom eingedrungen waren. Besonders verabscheute er die ägyptischen Kulte und das Judentum. Viele Juden wurden exiliert, weil sie sich weigerten, den Gesetzen des Kaisers zu gehorchen (sie sollten nämlich ihre liturgischen Gewänder und sonstigen Kultgegenstände verbrennen), andere wurden zur Armee zwangsverpflichtet und absichtlich in die Malariagebiete auf Sardinien geschickt. Tiberius fand, es sei »kein Verlust, wenn sie dem ungesunden Klima zum Opfer fielen«. Er stand nicht alleine da mit seinem Glauben, die Anhänger der östlichen Religionen seien eine Bedrohung für Rom und die Oberhoheit des Kaisers. Für die

Väter waren die alten römischen Götter gut genug gewesen – als einziger Ergänzung bedurfte es jetzt nur noch der Kaiserverehrung.
Man weiß nicht recht, wie man Suetons Beschreibung von Tiberius' Charakter und die Beschreibung seiner sexuellen Ausschweifungen in der Zurückgezogenheit auf Capri einordnen soll. Wenn ihn nach Orgien verlangte, warum dann nicht Rom? Viele seiner Nachfolger, darunter auch Nero, fanden, daß die Hauptstadt alle Ingredienzien enthielt, die man für jede nur erdenkliche Spielart sinnlicher und sexueller Lüste brauchte. Jedes Ding und jede Person waren der Laune des Kaisers unterworfen. Weil seine Praktiken derart widerwärtig waren, sagte Sueton, mußte sich der Kaiser auf eine abgelegene Insel zurückziehen, wo er sich benehmen konnte, wie es ihm behagte, und doch vom Großteil des Volkes unbeobachtet blieb.
»In seiner Abgeschiedenheit zu Capri aber erdachte er gar sein Sofazimmer als Sitz geheimer Ausschweifungen, in welchem Scharen von überall zusammengebrachten Mädchen und Lustknaben und Erfinder von unnatürlichen Beischlafweisen, die er ›Spintrier‹ zu nennen pflegte, zu dreien verbunden miteinander Unzucht treiben mußten, während er zuschaute, um durch den Anblick die abgestumpften Begierden aufzustacheln. Seine verschiedenen Schlafgemächer schmückte er mit den malerischen und plastischen Darstellungen lasziver Szenen und Figuren und versah sie mit den Schriften der Elephantis*, damit es niemand beim Ausüben der Wollust an einem Muster der vorgeschriebenen Weise fehlen möchte. Auch in Parks und Gehölzen legte er an vielen Stellen sogenannte Venusplätze an, wo in Grotten und Felshöhlen junge Leute beiderlei Geschlechts als Panisken und Nymphen verkleidet zur Wollust einluden. Daher pflegte man ihn denn auch bereits ganz öffentlich und allgemein mit Verdrehung des Namens der Insel, mit dem Beinamen Caprineus** zu benennen.«
Sueton fährt fort: »Noch Ärgeres und Schmählicheres ist ihm nachgesagt worden, was sich kaum erzählen oder anhören, geschweige denn glauben läßt: als habe er Knaben vom zartesten Alter, die er seine ›Fischchen‹ nannte, angeleitet, ihm beim Baden an den Hüften herumzuschwimmen und zu spielen, ihn zu lecken und zu beißen ...«
Suetons Darstellung von Tiberius' pervertierten Sitten, seinem Sadis-

* Griechische Schriftstellerin, die u. a. auch erotische Themen behandelte (A. d. Ü.)
** »Der Ziegenbockige«, der Bock. Im Namen Capri ist das Wort *caper* (Ziegenbock) enthalten. (A. d. Ü.)

mus und seiner starken Neigung zur Oralerotik ist mehr als deutlich. Nach so vielen Jahrhunderten läßt sich nicht sagen, was an Suetons Darstellung glaubwürdig ist und was nicht; jedenfalls weiß man mit Sicherheit, daß er dreißig Jahre lang unter der Herrschaft der Cäsaren lebte. Ein Gutteil dessen, was er über Tiberius und seine Nachfolger berichtet, bezog er von deren Zeitgenossen und von Augenzeugen. Außerdem hatte er Zugang zu den kaiserlichen und Senats-Archiven. Im allgemeinen erscheint er als ein Mann, der seine Fakten überprüfte und nicht mit der Voreingenommenheit eines Tacitus Geschichte schrieb.

Es fällt schwer, alle Vorwürfe zurückzuweisen, die man gegen Tiberius erhob. Selbst wenn man einige davon fallenließe, blieben noch genügend übrig, insbesondere, was seine irrwitzige Grausamkeit und seinen Sadismus betrifft. Sueton berichtet: »Noch jetzt zeigt man auf Capri die Stätte seiner Henkerei, von wo er die Verurteilten nach langen, ausgesuchten Martern in seiner Gegenwart ins Meer hinabstürzen zu lassen pflegte, während unten ein auf sie wartender Haufe von Matrosen die Leichname mit Stangen und Rudern vollends zerschmetterte und ihnen den letzten, etwa noch übrigen Lebenshauch austrieb. Unter den Marterarten hatte er auch die ganz eigentümliche ausgedacht, daß er hinterlistigerweise die Leute sich stark mit Wein beschweren ließ und ihnen dann plötzlich das Schamglied dergestalt unterbinden ließ, daß sowohl die straff angezogenen Schnüre als der zurückgehaltene Urin ihnen die furchtbarsten Schmerzen machten.« Das war der Mann, der auf dem Gipfel der Macht saß. Das war der Kaiser und Gott, vor dessen Statuen tagtäglich Weihrauch verbrannt und Hunderte von Tieren geopfert wurden. Selbst wenn sich die Hälfte der Geschichten, die über ihn in Umlauf waren, als unwahr erwiese, stünde vor uns das Bild eines Monstrums. Wenn Actons Ausspruch zutrifft, dann muß man in Tiberius die absolute Korrumpierung durch die absolute Macht sehen.

Es schien unmöglich, daß eine unterworfene Nation oder gar ein einzelner etwas gegen seine Legionen, gegen Macht und Reichtum Roms, gegen die unzähligen Frachtschiffe auf den Handelsstraßen in aller Welt, gegen die kaiserliche Kriegsflotte, gegen die Feldherren, die Belagerungsmaschinen, die Geheimpolizei, die Statthalter und Verwaltungsbeamten vermochte.

8 Missverständnisse

Dem Reichtum, der Macht, Oberhoheit und uneingeschränkten Handlungsfreiheit Roms im ersten nachchristlichen Jahrhundert hatten nur wenige Menschen etwas entgegenzusetzen. Dumpfes Sichfügen schien das Gebot der Stunde. Die Territorien, die Hitler im 20. Jahrhundert besetzte, konnten eher Widerstand leisten, denn außer diesem Pseudoreich gab es freie Länder, die kriegstüchtig waren und über wissenschaftliche und intellektuelle Kenntnisse verfügten. Doch neben Rom existierten nur noch Wilde, Barbaren oder völlig in die Knie gezwungene Völker wie die Gallier, über die Julius Cäsar gesiegt hatte, indem er ein Blutbad nach dem anderen anrichtete. Griechenland hatte bei der Zivilisierung Roms geholfen, half nach wie vor und lehrte die grobschlächtigen Eroberer seine unvergleichliche Kultur – doch zu dieser Kultur legte der Römer nur Lippenbekenntnisse ab, denn sie stammte von einem Untertanenvolk. Kleopatra, Ägyptens letzte Königin, hatte Geist und Körper eingesetzt, um ihrem Land größtmögliche Unabhängigkeit zu bewahren, doch nun lag auch Ägypten am Boden, hinters Licht geführt von kriecherischen Priestern, alexandrinischen Griechen und römischen Beamten, die dem Volk vorspiegelten, der herrschende Cäsar sei ein Gottkönig wie die Pharaonen. Und in diesem ungeheuren Reich widerstand nur das kleine und recht unbedeutende Ländchen Judäa ungebrochen dem Regiment der Kaiser.

Eine erstaunliche Situation, die damit endete – was Männern wie Tiberius und seinem Statthalter nicht deutlich wurde, nicht deutlich werden konnte –, daß Rom sich Jahrhunderte später einer fremden Religion unterwarf, einer völlig ausgefallenen Ideologie, die lehrte, ein gekreuzigter Verbrecher sei mächtiger als alle Cäsaren. Es war, als würde das System unserer Welt mit den Großmächten Amerika, Rußland und China eines Tages von einem obskuren Menschen gesprengt, der eines Kapitalverbrechens wegen hingerichtet worden ist. Jesus stellte sich als Messias dar und offenbarte sich damit als Staatsfeind. Sein Anhänger der junge Paulus, löste schließlich eine Revolution aus, die alle nachfolgenden Revolutionen als relativ unbedeutend erscheinen läßt. Und überall verbreitete sich der Einfluß eines Reiches, »das nicht von dieser Welt ist«, verbreitete sich weiter und schwerwiegender, als es die römischen Cäsaren je wissen oder ahnen konnten.
Als junger Mann war Paulus sicherlich ein äußerst puritanischer Pharisäer – was angesichts der liederlichen Welt, gegen die er eines Tages antreten sollte, nicht wundernimmt. Später zeigten seine Schriften, daß er zu den größten Dichtern der Weltliteratur gehörte. Doch das lag noch in ferner Zukunft. Erst mußte er einmal lernen, und dabei hatte er die strenge Zucht auf sich zu nehmen, die das jüdische Erziehungssystem den Schülern des Gesetzes zur Pflicht machte. »Heiliger als du« – das wurde ihnen eingeschärft, und eben diese Einstellung erzürnte die Römer und Griechen so sehr. Die Griechen, das intelligenteste und kultivierteste Volk des Mittelmeerraums, waren der Ansicht, daß sie von diesem semitischen Stamm aus der Levante, den einst ihr großer Alexander unter seine Obhut genommen hatte, nicht belehrt zu werden brauchten. Den Ritus der Beschneidung betrachteten sie mit einer Mischung aus Erheiterung und Verachtung. Sich teilweise zu entmannen – so sahen sie es nämlich –, das schien ihnen Mal und Makel eines Volkes, das von Natur aus zu niederem Rang bestimmt war. Warum gingen sie den Weg nicht konsequent zu Ende und machten es so wie die Eunuchenpriester des Attis?
Doch in Wirklichkeit wurde die Beschneidung durchaus nicht nur von den Juden geübt. Das Ab- oder Einschneiden der Vorhaut war ein bei vielen alten Völkern verbreiteter Ritus. Auch heute ist er außer bei den Juden noch bei anderen Völkern gebräuchlich. Die Ägypter kannten die Beschneidung bereits 3000 v. Chr. Möglicherweise haben die Juden sie sogar während der ägyptischen Gefangenschaft von ihnen über-

nommen. In Ägypten pflegte man die Jungen während oder kurz vor der Pubertät zu beschneiden. Dazu schreibt Frater Roland de Vaux in *Ancient Israel*: »Ursprünglich scheint die Beschneidung allgemein ein Initiationsritus vor der Ehe gewesen zu sein. Daher führte sie den Mann auch in das Gemeinschaftsleben des Familienverbandes ein. Dies gilt sicherlich für viele afrikanische Stämme, die den Brauch noch heute üben, und trifft höchstwahrscheinlich auch für Altägypten zu...«

Die Zeremonie ist eindeutig in einem Tempel zu Karnak abgebildet, und die meisten männlichen Mumien, die man untersucht hat, waren beschnitten. Da der Ritus später bei Paulus' Kampf mit dem orthodoxen Judentum eine so bedeutende Rolle spielte, müssen wir uns mit der Frage befassen, ob der Beschneidung auch andere als rituelle Bedeutungen zukamen. Betrachtet man die primitive Natur der Völker, bei denen sie verbreitet war und ist, so scheint es zweifelhaft, ob hygienische Gründe dabei mitspielten. Die Beschneidung diente wohl eher als eine Art von »Tätowierung«, als Zeichen der Stammeszugehörigkeit und Legitimation dafür, daß der Beschnittene an den religiösen Riten teilnehmen durfte. Bei Hesekiel findet man beispielsweise erwähnt, daß ein Mann, der stirbt, ohne beschnitten worden zu sein, nicht »zu den Vätern versammelt« wird, die ihrerseits das Zeichen der Initiation tragen. An dieser Stelle wollen wir festhalten, daß neben den Ägyptern auch die Nachbarstämme Israels die Beschneidung praktizierten, darunter die Edomiter, die Moabiter und die Ammoniter. Laut Herodot waren die Phönizier und die in Palästina lebenden Syrer ebenfalls beschnitten. Und aus den Schriften der vorislamischen Dichter geht hervor, daß auch die alten Araber beschnitten waren. Bemerkenswerterweise wird nur ein einziges Volk, mit dem die Israeliten in unmittelbaren Kontakt kamen, ausdrücklich als unbeschnitten bezeichnet: die Philister. Dieses Attribut, das ihnen verächtlich beigelegt wurde, reicht aus, sie auch dann zu identifizieren, wenn ihr eigentlicher Name nicht genannt wird. Dagegen werden zum Beispiel die Kanaaniter nie als Unbeschnittene bezeichnet, und daher muß man vermuten, daß sie dasselbe Ritual vollzogen wie die Hebräer. Professor S. M. Zarb hat auf die interessante Tatsache hingewiesen, daß unser Wort Circumcision, vom lateinischen *circumcisio* stammend, zur Bezeichnung der chirurgischen Operation verwendet wird, während es »in den semitischen Sprachen die eigentliche Bedeutung des Ritus ausdrückt. Seine Wurzel ist *hatan*, wovon sich auch die Wörter Bräutigam, Schwiegersohn, Schwiegervater, ja sogar Ehering ableiten, der laut einigen Autoren nichts anderes war als die Vorhaut, die in Form eines Ringes um den Finger getragen und später durch einen Ring aus Metall ersetzt wurde.«

Die Beschneidung gewann für die Juden eine solche Wichtigkeit wohl deshalb, weil die Völker, unter deren Herrschaft Israel nach dem Auszug aus Ägypten lebte, die Babylonier und Perser, sie nicht praktizierten. In dieser Zeit erhielt die Beschneidung ihre religiöse Bedeutung. Sie war das Zeichen des Bundes zwischen Gott und seinem auserwählten Volk, das sich dadurch von seinen Unterdrückern abhob. Später, als sie den Griechen und dann den Römern unterworfen waren – die für dieses Ritual nur Hohn und Spott übrig hatten –, klammerten sich die Juden noch stärker daran, daß dies das Merkmal sei, das sie von den fremden Herrschern unterscheide. Der Streit, der zwischen Paulus und den Orthodoxen entbrannte, muß im Licht der jüdischen Geschichte gesehen werden. Paulus betonte, die »wahre Beschneidung« sei eine Sache des Herzens, Bekehrte, die nicht dieses jüdische Kastenzeichen trügen, könnten ebenfalls in den Neuen Bund aufgenommen werden.

Doch das jüdische Volk und die jüdische Religion wiesen noch mehr Züge auf, die die meisten Heiden irritierten. Schlimm genug, daß die Juden die Nichtjuden so offensichtlich verachteten und es sogar schwierig fanden, Konvertiten zu akzeptieren. Was gänzlich absurd schien, waren ihre komplizierten rituellen Diätvorschriften. Zum Beispiel verschmähten sie eines der besten Fleischgerichte, das es in einer Welt gab, wo Fleisch Luxus war. Was war verkehrt mit dem »Anderen«, wie die Juden das Schweinefleisch nannten? Und die Weigerung, den Statuen des Kaisers die gebührende Ehre zu erweisen – was ja nicht einmal hieß, daß man die Oberhoheit Roms anerkannte! –, kam anderen Nationen nicht nur unhöflich, sondern einfach töricht vor. Schließlich standen die Juden, wie sie auch, unter römischer Herrschaft. Es schien, als seien sie stolz, hochmütig und halsstarrig, ein Volk mit merkwürdigen Gesetzen und tiefernstem Betragen, das das Leben nicht schätzte. Und das Leben war doch kurz! Warum sollte der Mensch in dieser knappen Zeitspanne nicht ein wenig die angenehmen Seiten des Daseins genießen? Eines Tages war alles vorbei, eines Tages würde ihn das Dunkel verschlingen.

Es sah so aus, als dächten die Juden ganz anders. Sie schränkten sich selbst mit einem Verhaltenskodex ein, der kaum ein normales Leben ermöglichte. Zum Beispiel hieß es, ihre Gesetze, die von einem gewissen Volksführer aus der alten Zeit namens Mose stammten, enthielten mehr als 600 spezifische Ge- und Verbote, die jeder Jude einhalten mußte. Aber es kam noch verrückter – an ihrem heiligen Tag, den sie Sabbat nannten, waren den Strenggläubigeren, den Pharisäern etwa, genau 1521 Dinge untersagt. Wie konnte man nur so leben? Eins war trotzdem klar – daß sie sich nämlich ihren Frauen keineswegs verweigerten. Schließlich vermehrten sie sich wie die Kaninchen; es gab Tausende von ihnen im ganzen Reich! Aber dennoch schienen sie auf irgendeine Weise die sexuellen Freuden zu mißbilligen, betrachteten sie doch mit Entsetzen und Verachtung die Prozessionen der Großen Göttin und die Fruchtbarkeitsriten, die doch nur die Fortdauer der Menschen und der Tiere und die Wiederkehr des Frühlings mit seinen Blumen und keimenden Saaten sichern sollten.

Wenn die Juden also die Nichtjuden geringschätzten, beeilten sich die Nichtjuden, diese Gefühle zu erwidern. Von Josephus, Tacitus, Cicero und anderen wissen wir, was der Römer vom Juden hielt. Er hatte von ihm eine ebenso niedrige Meinung wie Paulus von den Kretern. Hier einige von den Bezeichnungen, die man ihnen zudachte: »Sie hassen die Menschen, sie sind so bösartig, daß sie dem Fremden nicht einmal den Weg zu einer Quelle weisen; abergläubische Anbeter eines Schweine-Gottes (darum, so meinte man, dürften sie kein Schweinefleisch essen); schmutzige, übelriechende Aussätzige.« Im *Satiricon*, dem Sittenroman des Petronius, der zur Regierungszeit Neros entstand, sagt der Neureiche Trimalchio spöttisch von einem seiner Sklaven: »Er hat nur zwei Fehler. Er schnarcht, und er ist beschnitten.« Nein, der Jude war nicht beliebt im römischen Reich – »ein Volk von umherstreifenden Krämern« und, was schlimmer war, »jeder Regierung gegenüber ungebärdig und verräterisch«.

Wenn so die Allgemeinheit dachte, nimmt es nicht wunder, daß Tiberius sie aus Rom verjagte und Nero bei der Suche nach einem Sündenbock für den großen Brand von Rom auf die radikalste jüdische Sekte verfiel, die selbst von den meisten Juden gehaßt und verachtet wurde: auf die Christen.

Wir wissen nicht, wie lange Paulus als Student in Jerusalem weilte. Wenn er mit fünfzehn Jahren ins Haus der Auslegung kam, hätte er,

um Rabbi werden zu können, mindestens fünf Jahre dort bleiben müssen. Es ist etwas zweifelhaft, ob er sozusagen »seinen Abschluß machte«, sonst fänden wir das wohl an irgendeiner Stelle erwähnt. Interessant, einmal darüber zu spekulieren, ob er tatsächlich ein gescheiterter Student war. Das könnte vielleicht seinen Haß gegen die Christen erklären (die ihren absurden Messias verkündeten, während er, Paulus der Versager, das Gesetz gut genug kannte, um zu wissen, daß sie Unsinn redeten). Außerdem mag es auch in seinen späteren Auseinandersetzungen mit dem orthodoxen Judentum eine gewisse Rolle spielen – vielleicht hatte er das Gefühl, viele Jahre im Schatten der restriktiven Orthodoxie vergeudet zu haben. Doch im allgemeinen sind solche Spekulationen ebenso fruchtlos wie die meisten modernen Versuche, eine psychologisch fundierte Paulus-Biographie zustande zu bringen. Man kann sich nicht auf unumstößliche Behauptungen versteifen, wenn es um einen Mann geht, der seit fast zweitausend Jahren tot ist. Man kann nur Vermutungen anstellen, muß dann aber auch zugeben, daß sie hypothetischen Charakter haben.
Zu der Zeit, da Paulus entweder noch in Jerusalem studierte oder sich wieder dem väterlichen Zeltmachergewerbe zugewandt hatte, im selben Jahr, da Tiberius sich auf die Insel Capri zurückzog, bekam Judäa einen neuen Landpfleger. Pontius Pilatus trat sein Amt 26 n. Chr. an und bekleidete es zehn Jahre lang. Das muß man schon als Leistung ansehen, denn es war, wie wir bereits hörten, ein undankbares Geschäft, Judäa zu regieren. Es scheint ihm gelungen zu sein, die *Pax Romana* recht erfolgreich während seiner Amtszeit zu wahren. Pontius Pilatus stammte aus dem Ritterstand und war der fünfte Prokurator von Judäa und Samarien. Trotz einiger Mißgriffe dürfte er kaum schlechter als seine Vorgänger und Nachfolger gewesen sein, eher besser. Einen seiner ärgsten Fehler beging er, als er der Tempelkasse Geld entnahm, um ein Aquädukt nach Jerusalem zu bauen; er meinte zweifellos, zum Wohle der Bürger zu handeln, aber die Bürger waren empört – es kam zu Tumulten. Pilatus verstand das jüdische Temperament eben nicht – welcher Römer tat das schon – und fand unzweifelhaft, sie seien ein Volk, das einen rasend machen könne.
Bereits bei seiner Ankunft in Jerusalem unterlief ihm der erste politisch-religiöse Fehler: er marschierte bei Nacht mit seinen Leuten in Jerusalem ein. Die Legionsstandarten (die mit dem Abbild des Cäsaren versehen waren) ließ er ausgerechnet in der Nähe des Tempels

aufpflanzen. Zum ersten Mal in seiner Amtszeit wurden die Juden aufrührerisch, was ihn wohl nicht unbedingt judenfreundlich stimmte. Lukas berichtet, später habe er galiläische Pilger, die gerade opferten, massakrieren lassen; doch hier muß man argwöhnen, daß es sich nicht ganz so einfach verhielt. Vielleicht wurde diese harte Reaktion herausgefordert, weil das Ganze einem Aufstand oder anderen Ruhestörungen gleichsah.

Lange Zeit ist über die Rolle diskutiert worden, die Pilatus beim Tode Jeschuas, des Christus und Judenkönigs, gespielt hat. Die Urkirche neigte dazu, ihn zu entlasten. Sie gab den Juden die Schuld. Und nach dem dritten und vierten Evangelium möchte es tatsächlich so scheinen, als habe Pilatus getan, was er konnte, um diesen Mann zu retten, an dem er keine Schuld zu finden vermochte, als habe er den Gefangenen nur widerwillig überantwortet. Im Jahre 36 n. Chr. wurde Pilatus von seinem Posten abberufen. Man warf ihm ungeschicktes Vorgehen und Mißwirtschaft vor. Zu diesen Anklagen sollte er sich äußern. Später erzählte man sich viele Geschichten über sein Ende. Die meisten davon sind von äußerst ungewisser oder geradezu apokryphischer Natur. Er soll Selbstmord begangen haben; einer anderen Version zufolge mußte er in die Verbannung nach Vienne an der Rhone gehen. Seine Frau, Claudia Procula, wurde von der Ostkirche kanonisiert, weil sie ihn gebeten hat, den Messias nicht zum Tode zu verurteilen. Die koptische Kirche, die ihre Generallinie von den frühen Christen übernahm, hat sogar Pilatus für den Versuch, Jesu Leben zu retten, kanonisiert. Er ist keine abstoßende Gestalt; außerdem muß man ihn im Licht seiner Zeit sehen: ein Römer, der den unbequemsten Posten im ganzen Reich innehatte. Im selben Jahr, da Pilatus nach Rom abberufen wurde, kehrte Paulus nach einem längeren Aufenthalt in Arabien und in Damaskus nach Jerusalem zurück, um es gleich wieder zu verlassen, weil sich die Juden gegen ihn verschworen hatten. Weder Römer noch Juden fanden viel Frieden in Jerusalem. Doch zu dieser Zeit folgte Paulus schon dem Messias nach, der unter der Herrschaft des scheidenden Statthalters den Kreuzestod gestorben war.

9 Zwang und Abscheu

Es ist sehr unwahrscheinlich, daß Paulus in Jerusalem war, als Jesus gekreuzigt wurde. Dieser Mann sprach völlig ehrlich über seine Beteiligung an der Verfolgung der frühen Christen. Und deshalb kann man kaum annehmen, daß er nicht zugegeben hätte, er habe sich damals in Jerusalem befunden oder gar seinen späteren Meister gesehen, wenn dem so gewesen wäre. Er war weder Augenzeuge der Kreuzigung noch der Vorgänge, die zur Kreuzigung führten. Das erhellt aus seinen Schriften. Undenkbar, daß er etwas Derartiges unterschlagen hätte. Die Berechtigung zum Verkünden der »frohen Botschaft« scheint er einzig und allein aus seinem Erlebnis auf der Straße nach Damaskus abgeleitet zu haben. Man könnte fast sagen, daß diese Vision, man mag sie betrachten, wie man will, für Paulus notwendig war – einfach, weil er Christus nie »dem Fleische nach« gekannt hatte. Zur Zeit der Kreuzigung (29 oder 30 n. Chr.?) weilte Paulus möglicherweise in seiner Heimatstadt Tarsus. Ob er sich nun tatsächlich als Rabbi qualifiziert hat, ist unerheblich. Man erwartete übrigens auch von einem Rabbi, daß er sich durch ein achtbares Handwerk oder ehrlichen Handel selbst ernährte. Paulus konnte nur den Beruf ausüben, den er von seinem Vater erlernt hatte. Das Judentum kannte kein Konzept, das einen Menschen davon entband, sich sein Brot selbst verdienen zu müssen, nur weil er gründlich im Gesetz bewandert war. Bei den Tempelpriestern in Jerusalem verhielt es sich etwas anders, doch

die Rabbiner der normalen Synagogen hatten sich und ihre Familie selbst zu erhalten.
Paulus war, als er mit etwa 30 Jahren nach Jerusalem zurückkehrte, wahrscheinlich nicht verheiratet. Damit stellte er bei den Juden eine Ausnahme dar. Wenn sein Ehrgeiz ein Sitz im Sanhedrin war, so blieb ihm dies verwehrt, weil er keine Familie hatte. Sollte er aber in diesen Jahren doch geheiratet haben, dann kann man nur vermuten, daß seine Frau jung starb, vielleicht bei der Geburt – was Paulus' zärtliche Gefühle für Timotheus erklären würde, den er behandelte wie einen Sohn (den er nie hatte oder vielleicht auch verlor). Paulus war kein Frauenfeind, wie es spätere Kritiker immer wieder behaupteten. Sie machten den Fehler, seine Vorstellungen über das richtige und würdige Betragen der Frau mit Misogynie gleichzusetzen. Doch Paulus' Verhaltensvorschriften für Frauen haftet kaum etwas oder gar nichts an, was nicht auch ein Rabbi einer strenggläubigen Familie gesagt haben könnte. Außerdem waren die Menschen, die Paulus bekehrte, in der heidnischen Welt mit ihren Myriaden von Göttern und Göttinnen aufgewachsen, in einer Welt, die selbst in den Augen eines nicht allzufrommen Juden dem Untergang entgegensteuerte. Deshalb war es nötig, die Konvertiten über die Gegensätze zwischen heidnischer und jüdischer Lebensweise zu belehren. Paulus wandelte zwar später das jüdische Gesetz hinsichtlich der Beschneidung ab, aber in anderen Fragen blieb er unerbittlich. Manche paulusfeindliche Äußerungen späterer Jahrhunderte sind aus der Unfähigkeit ihrer Urheber erwachsen, die Gesellschaft des 1. nachchristlichen Jahrhunderts zu begreifen. Tiberius, Nero und Caligula waren keine Einzelfälle. Viele andere reiche und mächtige Männer führten ein ähnliches Leben.
Es ist unwahrscheinlich, daß Paulus in der Zeit, von der wir nicht wissen, ob er sie mit Predigtdienst in einer unbedeutenden syrischen oder cilicischen Synagoge oder in seiner Heimatstadt Tarsus zugebracht hat, nicht auch vom Tode eines gewissen Jeschua (latinisiert: Jesus) erfuhr, der sich für den Messias ausgegeben hatte und schimpflich am Kreuz gestorben war. In der jüdischen Welt traten fast ständig Männer auf, die für sich in Anspruch nahmen, der Messias zu sein. Hören wir dazu Günther Bornkamm: »In den 30er Jahren des 2. Jahrhunderts, als Kaiser Hadrian regierte, erklärte der damals geschätzteste Lehrer des Gesetzes, Rabbi Akiba, der Anführer des letzten jüdischen Aufstandes gegen die Römer, Bar Kochba, sei der Messias.«

Die Nachricht, daß wieder einmal ein Messias-Anwärter sein Ende gefunden hatte, dürfte Paulus kaum überrascht haben. Das Ende selbst hätte für ihn jedoch diesen Messias als den pathetischsten und am meisten irregeleiteten ausgewiesen. Man kann sich kaum vorstellen, wie demütigend und beschämend die Kreuzestafel »König der Juden« für die Juden gewesen sein muß. Nehmen wir an, Britannien sei unter Hitler besetzt worden. Die königliche Familie flieht oder kommt ums Leben. Immer wieder flackern Aufstände gegen das Besatzerregime auf, die von Thronanwärtern angeführt werden. Und nun stelle man sich vor, welche Beleidigung und Demütigung es für das besetzte Land gewesen wäre, wenn man den Leiter einer erfolglosen Revolte hingerichtet und über Presse und Rundfunk gemeldet hätte: »Heute wurde der König von England gehenkt. Mit ihm starben seine beiden Genossen, gewöhnliche Verbrecher wie er.« Doch in Judäa war es noch schlimmer. Denn man glaubte, der erwartete Messias sei mehr als jeder gewöhnliche Mensch und königlicher als jeder König. Er war der Gerechte, der von Gott Erwählte, der Hochbetagte. Sein Kommen kündigte das Weltende und das Gericht über alle Völker und Nationen an. Die höhnische Inschrift am Kreuz bedeutet nicht nur: »Hier hängt euer König, schaut, was wir von ihm halten!«, sondern obendrein: »Hier hängt euer Gott, schaut, was wir von ihm halten!«
Vielleicht haßte Paulus die frühen Christen auch deshalb, weil sie nicht nur das jüdische Volk dem Spott preisgaben, indem sie einen ganz gewöhnlichen Mann, der als Verbrecher gestorben war, zu ihrem Herrn kürten, sondern weil sie Jahwe selbst dem Spott preisgaben. Denn sie hatten es den Römern ermöglicht, den wahren Sachverhalt zu verdrehen und zu behaupten, nicht einmal der König der Könige könne ihre Macht brechen, er sei etwas Verächtliches, Totes. Jupiter dagegen vermöge keiner ans Kreuz zu schlagen, denn er throne über den Wolken, dem Schicksal alles Sterblichen entrückt. So stand es also mit dem jüdischen Gott und Heiland – weggekarrt wie viele andere im gesamten Reich, weggekarrt wie ein Klumpen toten Fleisches! Es war ein propagandistischer Triumph, ein Triumph, bei dem einem Juden das Herz brechen konnte vor Scham.
Und jetzt machten die ersten Gerüchte die Runde – Geschichten, die seine Anhänger verbreiteten: sie hätten ihn nach dem Ableben gesehen, er sei gar nicht gestorben, er habe den Tod überwunden. Unglaublich! Dennoch – wenn seine Behauptung, er sei der Messias,

überhaupt etwas besagen sollte, mußten die Geschichten einfach stimmen. Die Juden glaubten als fast einziges Volk der Antike an die Auferstehung des Fleisches. Zwar versprachen auch einige Mysterienreligionen des Ostens ihren Anhängern ein Leben jenseits des Grabes, aber ein völlig anderes Leben. Alle einschlägigen Doktrinen lehrten, der Leib des Toten werde vergehen, der Geist werde triumphieren und in den Genuß der Freuden und Wohltaten einer verwandelten Welt kommen. Manche Philosophen sahen den Geist als Funken, der sich mit der Schöpfersonne oder mit dem großen Urfeuer, das alle Dinge gemacht hat, vereinigte – was der buddhistischen Vorstellung ähnelte, der Vorstellung vom »Tautropfen, der ins Meer rinnt«. Griechen, die noch in homerischen Begriffen dachten, wußten, daß sie sich in einer trüben Welt zwischen Asphodelen wiedertreffen würden – als Schatten nur, die den Tagen in der sonnenhellen Welt droben nachtrauerten, als sie noch Meer und Berge und Wildblumen gesehen und Wein und Wollust genossen hatten.

Spuren der Idee von der Auferstehung des Fleisches, die später ein spezifischer Bestandteil der christlichen Lehre wurde, findet man in der persischen Zoroaster-Religion und im späteren Judentum. Bestritten wurde dies immer wieder von den Rivalen der Pharisäer, den Sadduzäern. In den älteren hebräischen Schriften steht nichts von der Auferstehung des Fleisches, obwohl behauptet wird, bei Jesaja und besonders bei Hesekiel (im Kapitel 37 über die Wiederbelebung der verdorrten Gebeine) werde darauf angespielt. Im letzten Kapitel des Buches Daniel heißt es unmißverständlich: »Und viele, die unter der Erde schlafen liegen, werden aufwachen, die einen zum ewigen Leben, die andern zu ewiger Schmach und Schande.«

Im 1. Jahrhundert hatte sich diese Doktrin bei den Pharisäern allgemein durchgesetzt, möglicherweise auch bei einem Großteil des jüdischen Volkes. Man könnte also vermuten, daß Paulus an die Auferstehung des Fleisches glaubte. Allerdings streiten sich die Gelehrten noch heute darüber, wie dieser Glaube genau beschaffen war. Für die gebildeten Griechen – etwa die Philosophen, denen Paulus später in Athen begegnen sollte – hatte die Vorstellung etwas Lächerliches. Ein Scherz, nicht mehr. Die Auferstehung des Fleisches paßte zu der Torheit von Fanatikern wie diesem einen hier, der aus dem Osten kam und über die wahre Natur des Lebens und des Universums nicht unterrichtet war. Wie konnte man die unzähligen alten Gebeine, mit denen allein schon Griechenland übersät war, wieder zusammensetzen? Und wenn man es tat, zu welchem Ende? Die Menschenmassen hätten ja nicht einmal Platz zum Stehen!

Über diesen Gegenstand muß bereits bei den Juden unendlich viel spekuliert worden sein: welches Alter des verflossenen Lebens würde der Auferstandene haben, würden Kinder immer Kinder und Großväter immer Großväter bleiben? Scholastische Gedankengänge wie die berühmte Frage, wieviel Engel auf einer Nadelspitze Platz fänden, waren geradezu harmlos, verglichen mit den intellektuellen Geduldsspielen, die viele Juden betrieben. Die alexandrinische Schule hatte mit der ihr eigenen Subtilität die schlichteren Vorstellungen der Vergangenheit verfeinert und behauptete, am Tage des Jüngsten Gerichts werde der Körper neu und verwandelt auferstehen. Paulus scheint ähnlicher Meinung gewesen zu sein. Im 1. Korintherbrief schreibt er: »Es wird gesät ein natürlicher Leib und wird auferstehen ein geistlicher Leib.« Und dies begründet er folgendermaßen: »Gibt es einen natürlichen Leib, so gibt es auch einen geistlichen Leib.« Es nimmt nicht wunder, daß solche Annahmen die Philosophen und Intellektuellen von Athen zum Lachen reizten, daß sie Paulus heruntermachten und ihn schließlich mit seinen absurden Ansichten – über die zu diskutieren sich nicht lohnte – einfach stehen ließen.

Doch das lag noch in der Zukunft. Wo immer Paulus sich zur Zeit der Kreuzigung aufhielt, er muß gehört haben, daß die Anhänger des Jeschua überall verkündeten, sie hätten den Mann tatsächlich gesehen und sogar gesprochen. Vielleicht war er, bevor er starb, vom Kreuz abgenommen worden? Solche Fälle waren nicht ungewöhnlich. Wenn ein römischer Statthalter oder Eroberer sich gnädig erweisen wollte, ließ er die Delinquenten manchmal am Kreuz hängen, bis er sie als genügend bestraft erachtete, und gab sie dann frei. Er wußte genau, daß die Delinquenten, selbst wenn sie sich jemals wieder vollständig erholten, nach so viel Pein nie mehr Schwierigkeiten machen würden. Der Kreuzestod war langsam und qualvoll. Die Verurteilten vegetierten oft noch tagelang dahin. Als Julius Cäsar Piraten zum Tode verurteilte, die ihn einmal gefangengenommen hatten, hielt er es für eine Gnade, daß er ihnen die Kehle aufschlitzen ließ. Paulus hat gewiß von den Kreuzigungen gehört, vielleicht hat er auch welche gesehen. Jedenfalls kannte man diese Hinrichtungsart im Osten, lange bevor die Römer kamen. Die Phönizier und Karthager kreuzigten sowohl, um

Verbrecher zu bestrafen, als auch, um ihrem höchsten Gott, dem Baal, ein Opfer darzubringen. So ließ der karthagische General Malcus, der sich eine besondere Gunst erbitten wollte, seinen Sohn Cartalo in königliche Gewänder hüllen, ihm eine Krone aufs Haupt setzen und ihn dem Baal opfern.
Die einfachste und vermutlich älteste Form des Kreuzes (der römischen *crux*) war ein Pfahl. Der Verurteilte blieb entweder daran festgebunden, bis er starb, oder er wurde darauf aufgespießt (Pfählung). Meist wurde am Pfahl ein Querbalken *(patibulum)* befestigt. Daran band man die Arme oder nagelte man die Hände des Delinquenten, oder beides. Es gab drei Varianten des Kreuzes: der Querbalken war in horizontaler Lage unter dem höchsten Punkt des Pfahls *(crux immissa)* oder auf dem höchsten Punkt des Pfahls angebracht *(crux commissa)* oder Pfahl und Querbalken waren gleich lang und lagen schräg *(crux decussata)*. Der römische Offizier, der die Hinrichtung leitete, ließ normalerweise Namen und Vergehen des Verurteilten verlesen oder auf eine Tafel *(album)* schreiben, die am Kreuz befestigt wurde.
Paulus muß das alles gewußt haben. Auch dürfte ihm die schmachvolle, entehrende Inschrift zu Ohren gekommen sein, die besagte, Jeschua sei der Judenkönig gewesen und darum hingerichtet worden. Beleidigung über Beleidigung! Und nun behaupteten seine kläglichen Anhänger, er sei der Messias und von den Toten auferstanden. Es waren einfache Leute, wie er gehört hatte, der Abschaum von Galiläa, gewöhnliches Pack, primitive, abergläubische, ungebildete Bauern. Kein wahrer Pharisäer, kein Mann von Geist konnte solchen Menschen verzeihen, die Schande über das jüdische Volk gebracht hatten, indem sie diesen Verrückten unterstützten.

10 Feuer – und Steine

Messianische Bewegungen der Vergangenheit, die darauf abgezielt hatten, Israel vom römischen Joch zu befreien, waren nach ihrem Scheitern schnell in Vergessenheit geraten. Die neue hingegen breitete sich aus. Verstärkt wurde sie dadurch, daß die galiläischen Anhänger Jeschuas steif und fest behaupteten, sie hätten nicht nur das versiegelte Grab leer vorgefunden, sondern den Gekreuzigten auch gesehen. Für die Juden und Heiden war das Geheimnis um den verschwundenen Leichnam schnell gelöst. Einige seiner Leute, die in ihrer Einfalt all das wortwörtlich glaubten, was er über die Auferstehungen gesagt hatte, mußten den Toten über Nacht gestohlen haben. Als schwieriger erwies es sich, der zweiten Behauptung entgegenzuwirken. Sie waren so restlos davon überzeugt, ihn gesehen zu haben, daß sie sich nicht etwa angstvoll in ihre Heimatdörfer verkrochen, sondern in Jerusalem öffentlich verkündeten, er sei von den Toten auferstanden.

Juden und Römer wären froh gewesen, wenn diese Leute ihrer Wege gegangen und auf Nimmerwiedersehen verschwunden wären. Die Sadduzäer und die Verwalter des Tempels (die auf einen gewissen *modus vivendi* mit den Römern bedacht sein mußten) fürchteten, es könne eine noch größere Verwirrung entstehen. Spätere Kommentatoren sind mit den Sadduzäern hart ins Gericht gegangen, aber sie waren gewiß keine »Quislinge«, sie wollten weder ihre Religion noch ihr

Vaterland verraten. Sie waren konservativ, in mancher Hinsicht konservativer als die Pharisäer, und ihre Interessen kreisten in erster Linie um den Tempel. Solange sich die Römer nicht in die Angelegenheiten dieses Herzens des Judentums einmischten, waren die Sadduzäer bereit, ihre weltliche Oberhoheit zu akzeptieren. Doch bei den Massenbewegungen spielte immer die Furcht mit, daß die Römer ihre Politik des Wohlwollens ändern könnten. Und das brachte den Tempel in Gefahr. Die Vorgänge des Jahres 70 n. Chr. zeigten dann, wie recht die Sadduzäer daran getan hatten, sich um gute und freundschaftliche Beziehungen zu den Römern zu bemühen.

Doch die neue religiöse Bewegung verbreitete sich wie ein Lauffeuer. Dazu kamen die außerordentlichen Ereignisse, die sich etwa zwei Monate nach dem Passahfest begaben. Am Fest der Wochen (dem jüdischen Erntedankfest) hatten sich Anhänger des toten Mannes versammelt. Und bei dieser Gelegenheit war angeblich Feuer vom Himmel gefallen, das sie zum Zungenreden befähigte. Glossolalie, wie es fachlich heißt, die Gabe nämlich, in Sprachen zu reden, die der Sprechende – zumindest theoretisch – nicht kennt, war im Osten durchaus kein einzigartiges Phänomen. Bei den Bacchus-Riten gaben die Gläubigen, angeregt vom Wein und von der Hysterie, wilde Schreie und unverständliche Laute von sich, die man als Beweis dafür wertete, daß sie vom Geist Gottes erfüllt seien. Auch bei den Attis- und Kybelemysterien kam es zu ähnlichen Erscheinungen. Die Priester und Altardiener gerieten in Ekstase, geißelten sich bis zur Raserei, fügten sich mit Messern Verletzungen zu, und von ihren Lippen strömten inspirierte Worte und unartikuliertes Gestammel, was oft ähnliche Reaktionen bei der Zuschauermenge auslöste.

Doch anders als üblich hatte der Anführer dieser Leute, ein Mann namens Petrus, die Worte, die ihm eingegeben wurden, zusammenhängend und verständlich wiedergegeben. Er sagte der Menge, die sich um das Haus versammelt hatte, wo sich das ganze Durcheinander abspielte, sie müßten alle Buße tun, seinen Meister als Erlöser und Messias annehmen und sich taufen lassen. Und der wilde Enthusiasmus erstarb nicht so schnell wie nach einem Bacchanal oder einer Prozession der Großen Mutter Kybele, im Gegenteil, die Bewegung zog immer weitere Kreise. Tausende drängten sich zur Taufe, Tausende wollten diesen Jesus als Messias verehren. Im Tempel herrschte Verwirrung, denn auch dort stiftete der harte Kern der Revolutionäre Un-

ruhe (sie riefen alle zur Buße auf). Doch damit nicht genug. Die Neubekehrten, von denen die meisten wohl nicht genau wußten, was sie da eigentlich predigten, hielten jeden an, der ihnen über den Weg lief, und redeten auf ihn ein. Genau das hatte die jüdische Obrigkeit gefürchtet: Unruhe in der Stadt, dann Unruhe im Tempel, schließlich und logischerweise eine Intervention der Römer. Es nimmt nicht wunder, daß der Sanhedrin zu einer Notsitzung zusammentrat und Petrus sowie Johannes, einen weiteren Rädelsführer, schnellstens verhaften und vorführen ließ. Es drehte sich um eine religiöse Angelegenheit, und da ein Todesurteil oder eine Hinrichtung nicht zur Debatte stand, handelte der Sanhedrin völlig rechtmäßig.
Als man Petrus aufforderte, er möge sich dem Hohen Rat erklären, hatte dieser die Stirn zu behaupten, ein lahmer Bettler, den er angeblich kuriert habe, sei »in dem Namen Jesu Christi von Nazareth, welchen ihr gekreuzigt habt, den Gott von den Toten auferweckt hat«, gesund geworden. Man kann den Zorn der Tempelältesten verstehen. Sie waren im Gesetz geschult, waren Schriftgelehrte, die besten Köpfe des Judentums – und hier wollte sie ein ungebildeter Bauerntölpel beleidigen und obendrein auch noch belehren. Außerdem wurden sie unangenehmerweise daran erinnert, daß sie und nicht die Römer auf Jeschuas Tod bestanden hatten.
Sie befahlen, man solle die Gefangenen erst einmal abführen. Dann berieten sie, was zu tun sei. Die einzig vernünftige Lösung schien, diese Leute dazu zu bringen, daß sie friedlich blieben, nie mehr »diesen Namen« erwähnten – denn die Mitglieder des Sanhedrin weigerten sich, den Namen Jesus über ihre Lippen kommen zu lassen – und daß sie aufhörten, das Volk aufzuwiegeln. Mehr konnte der Sanhedrin kaum unternehmen, denn draußen – und selbst im Tempel! – schwärmte der Pöbel herum. Schweigen, möglichst totschweigen – das schien die einzig richtige Antwort. Doch die beiden Männer sagten mit erstaunlicher Frechheit, sie hätten die Absicht, Gott zu gehorchen und nicht den Menschen. Sie fuhren fort, allen, die es hören wollten, vom Leben ihres Meisters vor und nach dem Tode zu erzählen. Und die Bewegung erhielt noch mehr Zulauf. Die Anhänger des Nazareners formierten sich, bildeten eine Art von kommunistischer Gemeinschaft und teilten alle Güter miteinander. Das war allerdings schon seit langem bei den Essenern üblich.
Man munkelt auch, zwei Mitglieder der neuen Sekte, ein Mann na-

mens Ananias und dessen Frau Saphira, hätten versucht, Geld aus dem gemeinsamen Fundus zu entwenden. Ihrer Sünde wegen seien sie auf der Stelle vom Schlag getroffen worden. Im Osten schwirrte es stets von Gerüchten, aber niemals in solchem Ausmaß wie in jenen Tagen der Inbrunst, da eine Woge von religiösem Wahn das immer stürmisch bewegte Herz der Stadt durchbrauste. Was die Strenggläubigen außerdem störte, war die Tatsache, daß die Anhänger des Nazareners nach dem Nachtessen ein Abendmahl feierten – zum Andenken an ihren Meister, zum Andenken an das Passah-Mahl, das er zusammen mit seinen vertrautesten Schülern eingenommen hatte, bevor er in den Tod ging. Der Sache haftete eigentlich nichts Ungewöhnliches an. Es war bekannt, daß auch die Essener, ihrer Regel gemäß, ein ähnliches Mahl zelebrierten: »Wenn der Tisch zum Essen gedeckt und der neue Wein aufgetragen ist, soll der Priester als erster die Hand ausstrecken und die Erstlinge des Brotes und des Weines segnen.« Man betrachtete das rituelle Mahl an sich als harmlos. Aber es lief ein häßliches Gerücht um... Das essenische Abendmahl leitete sich vom jüdischen Erntedankfest ab und sollte die Essener eigentlich nur in ihren Gelübden festigen. Die neue Sekte hingegen setzte den gekreuzigten Unruhestifter unverhohlen mit dem Messias gleich, das hieß mit Jahwe selbst. Es nimmt nicht wunder, daß der Sanhedrin und alle gläubigen Juden die Anhänger des Nazareners nicht nur mit Argwohn, sondern mit Abscheu und Haß betrachteten. Sie machten einen zu Recht abgeurteilten Verbrecher Gott gleich. Natürlich mußten sie vernichtet und mit Stumpf und Stiel ausgerottet werden. Gewiß würden die rechtgläubigen Juden bald Gelegenheit haben, an diesen Leuten ein Exempel zu statuieren.

Doch zuvor wurden Petrus und Johannes noch einmal zur Einvernahme vor den Hohen Rat gebracht. Sie hatten der Anordnung, »diesen Namen« nicht mehr zu erwähnen, zuwidergehandelt und weiterhin im Tempelbezirk gepredigt. Hassenswert! Daraufhin hatte man sie zum zweitenmal einsperren lassen. Sie konnten aber entkommen. Entweder hatten sie die Gefängniswärter bestochen oder zu ihrem Sklavenglauben bekehrt (der Kerkermeistern anscheinend ebenso gut anstand wie Bauerntölpeln). Sie hatten nicht einmal versucht, sich in Sicherheit zu bringen oder zu fliehen, sondern in aller Ruhe wieder im Tempel gepredigt. Viele Mitglieder des Sanhedrin waren verständlicherweise erzürnt, als die entwischten Gefangenen zum zweitenmal vorgeführt wurden. Sie hatten die richterlichen Anordnungen mißachtet und damit sicherlich den Tod verdient. (Das Urteil mußte selbstverständlich vom römischen Landpfleger bestätigt werden, aber der wollte gewiß ebensowenig wie sie, daß es zu Unruhen in Jerusalem käme und die Juden verwirrt würden.) Nur die bedachtsamen und klugen Worte von Paulus' Lehrer Gamaliel hielten die Ältesten davon ab, um das Todesurteil zu ersuchen. Er führte aus, daß diese Männer nichts erreichen könnten, wenn es ihnen an Gottes Beistand mangelte. Wenn dagegen das, was sie sagten, Gott wohlgefiele oder gar von ihm inspiriert sei, würde der Sanhedrin, indem er sie bekämpfte, »wider Gott streiten«.

Pilatus dürfte die ganze Angelegenheit neutral, aber doch interessiert verfolgt haben. Er wollte keinen Unfrieden. Rom war daran gelegen, daß Steuern in die Staatskasse flossen, daß die Länder überall im Reich gut gediehen, daß Ruhe herrschte (denn dann brauchte kein Römer sein Leben zu lassen, um aufrührerische Völker wieder in die Knie zu zwingen). Der Hohe Rat schloß sich schließlich Gamaliels Meinung an und ließ die beiden Abweichler laufen – vorher aber noch gründlich durchprügeln. Man sah ein, daß sich nur noch mehr Geheimnisse um diesen Gekreuzigten gerankt hätten, wenn man wegen der Todesstrafe an den Statthalter herangetreten wäre. Besser, sie stahlen sich so weg, Blut und Schrunden als Denkzettel auf dem wehen Rücken. Sollte die ganze Bewegung sich doch totlaufen, verschwinden wie Wasser, das man in den Wüstensand schüttet!

Der erste krasse Gewaltakt – an dem die Römer übrigens nicht beteiligt waren – ereignete sich etwa drei Jahre nach Jeschuas Kreuzestod, der die Gemüter so sehr aufgewühlt und die Lage so bedrohlich gemacht hatte. Und jetzt erscheint auch Paulus wieder auf der Szene. Er hatte sich längere Zeit außerhalb von Jerusalem aufgehalten, nun war er wieder zurück, und bald darauf würde er wieder verschwinden – bis zu jenem Jahr, da Pilatus nach Rom zurückberufen wurde. Es ist sehr wahrscheinlich, daß Paulus – wie so viele andere – dem Sanhedrin als Werkzeug diente. Der Hohe Rat selbst konnte gegen diese widerlichen Anhänger des Galiläers keine Gewaltmaßnahmen ergreifen, denn das hätte den Römern womöglich einen Vorwand geliefert, sich in die Tempelangelegenheiten einzumischen. Aber warum sollte man nicht die Hitzköpfe unter den jungen Juden dazu ermutigen, die Sache selbst in die Hand zu nehmen und gegen diese lästige Dissidentensekte vorzugehen? Es würde auch die Römer samt ihrem Statthalter erfreuen, wenn die ungute Atmosphäre in Jerusalem und im ganzen Land dahinschwände. Die Interessen des orthodoxen Judentums und des römischen Reiches überschnitten sich. Wie oft geschah es später in der Geschichte anderer Reiche, daß die Herrschenden nicht eingriffen, sich blind und taub stellten, während gewisse Bürger ihrer Kolonien Handlungen unternahmen, die ihnen zwar genehm, aber nicht gestattet waren.

Akut wurde das Problem durch die Tätigkeit eines jungen Mannes (diese Bezeichnung umfaßte jedes Alter zwischen 20 und 40) namens Stephanus. Er war zum Diakon oder Almosenpfleger der neuen Kirche gewählt worden. Als Almosenpfleger hatte er die Pflicht, die karitativen Aktivitäten zu überwachen und Streitfälle in der Gemeinde zu schlichten. Stephanus gehörte zwar nicht zu den Aposteln, fand aber besondere Beachtung wegen seiner Beredsamkeit und seiner rhetorischen Fähigkeiten. Und so wurde er ausgesandt, um das Wort des Messias unter dem jüdischen Volk zu verbreiten. Er war ungemein erfolgreich – weshalb ihn der Sanhedrin natürlich auf die schwarze Liste setzte. Ungeschliffene Redner ohne Überzeugungskraft konnte man dulden, aber ein Mann, der Verse und ganze Kapitel aus der Schrift zu zitieren vermochte, um den orthodoxen Juden zu beweisen, daß Jesus tatsächlich der Messias war – ein solcher Mann mußte beseitigt werden.

Man schrieb das Jahr 33 n. Chr. (?), das vierte Passahfest seit dem Tode Christi. In ganz Jerusalem rüstete man sich auf diesen Tag zu. Lämmer blökten, überall standen die Frauen am Herd, machten Brot und zerstießen Kräuter, und in der Stadt wimmelte es von Juden aus allen Teilen des Reiches, die anläßlich des Festes eigens hierhergekommen waren. Stephanus verwandte den Jahrestag der Passion seines Herrn natürlich dazu, neue Gläubige zu gewinnen, und wurde auf Befehl des Sanhedrin von der Tempelpolizei verhaftet. Der Hohe Rat beschuldigte ihn, wider Mose und Jahwe gepredigt zu haben. Man brachte falsche Zeugen bei, die versicherten, sie hätten Stephanus sagen hören, Jesus werde den Tempel niederreißen und die mosaischen Gesetze von Grund auf ändern. Auch jetzt, da er sich der Macht des Sanhedrin gegenübersah, war Stephanus nicht um Worte verlegen. Er widersprach sogar, machte sich Feinde, indem er ausführte, die Juden hätten ihre großen Männer stets verraten, führte Joseph und Mose als

Beispiele an und behauptete, sie hätten seinen Herrn und Meister Jesus Christus auf dem Gewissen. Bei der Anklage, Christus werde den Tempel zerstören, wolle er sich gar nicht lange aufhalten. Der Tempel an sich sei gar nichts. Stünde denn nicht bei Jesaja geschrieben, der Himmel sei Gottes Thron und die Erde seiner Füße Schemel? Der Allerhöchste wohne nicht in Tempeln, die Menschen gebaut hätten. Sollte Stephanus den Tod gesucht haben, so ist ihm das ganz und gar geglückt. Jedes Wort, das er sprach, war dazu angetan, seine Zuhörer gegen sich einzunehmen. Unter ihnen – vermutlich saß er bei den Studenten – befand sich auch Paulus.
Der Höhepunkt von Stephanus' Rede waren die Worte, die sein Schicksal endgültig besiegelten. Er blickte nämlich »voll heiligen Geistes« zum Himmel auf und sprach: »Siehe, ich sehe den Himmel offen und des Menschen Sohn zur Rechten Gottes stehen.« Das war eine unerträgliche Blasphemie. »Sie schrien aber laut und hielten ihre Ohren zu und stürmten einmütig auf ihn ein...«
Ihr Zorn war so groß, daß sie ihn beinahe noch im Tempel ermordet hätten. Doch die Klügeren setzten sich durch. Man stieß Stephanus zur Stadt hinaus, damit sein Blut nicht über Jerusalem komme. Er wurde gesteinigt. Die Steinigung war seit alters die grausame Strafe für alle schweren Sünden gegen das Gesetz. Wenn man dabei mitwirkte, war man als einzelner nicht am Tod des Verurteilten schuld. Jeder, der den Vorwürfen beipflichtete, die gegen den oder die Angeklagte (auch Ehebrecherinnen steinigte man) vorgebracht wurden, hatte ebenfalls daran teil, daß der Delinquent zu Tode kam. Diejenigen, die als Zeugen gegen den Verurteilten ausgesagt hatten, warfen die ersten Steine.
Sie nahmen die Mäntel ab, um mehr Bewegungsfreiheit zu haben. Zur Aufbewahrung legten sie sie »zu den Füßen eines Jünglings, der hieß Saulus«. Er gehörte nicht zu den Zeugen, aber er hatte die Gotteslästerung vernommen. Er hatte sich mit dem Mob zusammengetan, um Stephanus aus dem Tempel zu jagen und ihn an diesem öden Platz seinem Schicksal zu überantworten. Hier lagen Schmutz, Kehricht und Staub von Jahrhunderten und gemahnten an das Alter der Stadt, die, theoretisch wenigstens, ein schwacher Abglanz des ewigen Jerusalem droben im Himmel war. Der Gotteslästerer blieb eine Zeitlang aufrecht im Steinhagel stehen und lästerte immer noch, indem er diesen Jesus anrief, er möge seinen Geist aufnehmen. Die Steine zerfetzten

ihm die Haut, zerschmetterten ihm die Knochen. Und schließlich ging er in die Knie. Vor den blutunterlaufenen Augen der Zuschauer hauchte er sein Leben aus. Die letzten Worte, die er noch sprach, bevor ihm die Steine für immer den Mund verschlossen, lauteten: »Herr, behalte ihnen diese Sünde nicht!« Er lästerte Gott noch im letzten Moment! Und der Mann, zu dessen Füßen die Kleider lagen, blickte ungerührt auf den zusammengekrümmten Haufen Fleisch. Er »hatte Wohlgefallen an seinem Tode«.

11 »Ein Licht ...«

Wie bei vielen Menschen stellt sich auch bei Paulus die Frage, ob er den Tod anderer *absolut* gebilligt oder nur momentan gutgeheißen und sich dann später krank und unglücklich gefühlt hat. Es gräbt sich ins Gedächtnis ein und wirkt nach, wenn man Zeuge eines gewaltsamen Todes wird. Und man kann Paulus durchaus nicht empfindungslos nennen. Aber er war ein gewalttätiger Mann. Das zeigen uns die Ereignisse vor seiner Bekehrung. Erst danach änderte sich sein Charakter, suchte seine Dynamik sich neue Bahnen – es war, als hätte jemand in seinem Inneren urplötzlich eine Weiche umgestellt. Erst danach wurde er der Mensch, von dem F. W. Myers schreiben konnte:

> »Die Wogen der Verzweiflung, die Seelenqual der ganzen Welt
> Ergoß sich in ein einzig Herz.«

Doch vorerst kehrte sich seine ganze Energie, seine ganze Leidenschaft gegen die Anhänger dieses falschen Messias. Paulus und der Mob, der ihm hinterherlief, begannen mit einer systematischen Christenverfolgung. Und dieses extreme Verhalten ist für den Beobachter ein Zeichen der Unruhe, die in Paulus gärte. Seine Reaktion auf die Vorstellung, Christus sei der Messias, war in der Tat pathologisch. Sie überstieg bei weitem die Abneigung und Verachtung, welche die meisten Juden für den betrüblichen, wenn auch gefährlichen und zersetzenden Glauben empfanden, daß der Messias bereits gekommen, den Tod eines Verbrechers gestorben und wiederauferstanden sei. »Denn jeder tötet, was er liebt«, schrieb Wilde einmal. Dies Element läßt sich, so möchte es scheinen, ohne weiteres in den Handlungen des Paulus nach Stephanus' Steinigung nachweisen. Eins kann man ihm allerdings nicht vorhalten – daß er ein Feigling gewesen wäre. »Der Feigling tut's mit einem Kuß / Der Tapf're mit dem Schwert« – und mit gezücktem Schwert, an der Spitze einer Rotte von Mördern und *sicarii* (den Messerstechern, die der Tempel manchmal heimlich einsetzte, um nicht genehme Leute aus dem Weg zu räumen) fiel Paulus über die Anhänger des Gekreuzigten her. Möglicherweise gehörten zu seinen Helfershelfern auch Mitglieder jener extremistischen Gruppe, die wir unter dem Namen Zeloten kennen.

Sie waren fanatische Juden, die auf Aramäisch *Quanna* (die Eiferer) und auf Griechisch *Zelotai* hießen, und zwar wegen des verbissenen Eifers, mit dem sie die Befreiung Israels vom römischen Joch forderten. Die Zeloten erwarteten einen kämpferischen König, der das jüdische Volk in einen Befreiungskrieg führte – die römischen Unterdrücker würden vertrieben werden, und Israel würde mit seinem Messias die Welt erobern. Verständlicherweise betrachteten die jüdischen Parteien, die bereit waren, die weltliche Oberhoheit Roms anzuerkennen, solange der Tempel und ihr Glaube unangetastet blieben, sie mit Mißtrauen und Furcht.

Die Zeloten waren als politisch-militärische Gruppe mit einem Schlag ins Licht der Öffentlichkeit gerückt, als sie gegen eine Volkszählung protestierten, die der erste Prokuratur von Judäa 6 bis 7 n. Chr. veranstaltete. Ihr Aufstand wurde niedergeschlagen, die Anführer wurden getötet, alle Zeloten zersprengt. Trotzdem blieben sie dabei, daß die einzige Lösung für Israels Probleme der bewaffnete Kampf sei. Die letzte, fatale Rebellion, die zur Eroberung Jerusalems und zur Zerstörung Jerusalems führte, war zum großen Teil ihrer Initiative zuzuschreiben. Man versteht ohne weiteres, warum sich so mancher von diesen Extremisten an der Verfolgung jener abtrünnigen Juden beteiligte, die da behaupteten, der Messias sei schon gekommen. Wie, ein Mann vom Land, gekreuzigt mit zwei Dieben? Nichts hätte die Zeloten mehr erzürnen können als der Gedanke, daß der große Kriegsherr, der Abkömmling Davids, von dem sie erwarteten, er werde Israel befreien und die Römer mit Feuer und Schwert vernichten, lediglich ein schwächlicher Verbrecher gewesen sei, jawohl, schwächlich, starb er doch als erster von den drei Verurteilten.

Der Sanhedrin hielt die Zeloten zwar für Unruhestifter, aber für noch schlimmer hielt er die Christen. Womöglich würden die Römer ihretwegen intervenieren, und so sah der Hohe Rat es aus begreiflichen politischen Gründen nur gerne, daß die neue Sekte verfolgt und aus Jerusalem vertrieben wurde. Sollten sie doch zurück nach Galiläa gehen, in die unbedeutenden Nester, wo sie herkamen! Dort würde sich die Bewegung wie üblich früher oder später in winzige Fraktionen aufsplittern und schließlich versanden. Paulus war *der* Mann des Sanhedrin, Paulus, der leidenschaftliche Pharisäer mit den glühenden Augen und der unerbittlichen Entschlossenheit zur Vernichtung – nicht der Ketzerei, denn der Glaube an einen Messias, mochte er auch noch so irrig sein, galt nicht als Häresie –, sondern zur Vernichtung dieser Unruhestifter, die die Sicherheit der Juden und ihrer Religion gefährdeten.

Einige wenige Christen waren bereit zu widerrufen. Doch die meisten klammerten sich hartnäckig an ihren Glauben. Dafür wurden sie ins Gefängnis geworfen oder gegeißelt. Die Geißelung fand öffentlich statt und war äußerst schmerzhaft. Dem Delinquenten wurden neununddreißig Hiebe verabreicht, die zu schweren Verletzungen führen konnten. Es gehörte zu den gerichtlichen Befugnissen des Sanhedrin, diese Strafe zu verhängen. Wenn wir dem Verfasser der Apostelgeschichte (mag es sich um Lukas oder um einen anderen, uns unbekannten Autor handeln) Glauben schenken dürfen, dann sagte Paulus später: »Zwar meinte auch ich bei mir selbst, ich müßte viel zuwider tun dem Namen Jesu von Nazareth, wie ich denn auch zu Jerusalem getan habe, wo ich viele Heilige ins Gefängnis brachte, wozu ich Vollmacht von den Hohenpriestern empfangen hatte; und wenn sie getötet wurden, half ich das Urteil sprechen. Und in allen Synagogen peinigte ich sie oft und zwang sie zu lästern; und war überaus unsinnig auf sie, verfolgte sie auch bis in die fremden Städte.«

Ein Satz springt sofort ins Auge: »Und wenn sie getötet wurden, half ich das Urteil sprechen.« Der Sanhedrin durfte keine Todesstrafen verhängen, das stand allein dem römischen Prokurator von Judäa zu. Also müssen entweder Paulus oder der Verfasser der Apostelgeschichte übertrieben haben – oder Pilatus gab seine Zustimmung zu den Todesurteilen. Wenn wir nun annehmen, daß weder Paulus noch der Verfasser der Apostelgeschichte in diesem Punkt Dinge behaupteten, die nicht stimmten, dann ist die einzige Lösung die, daß Pontius Pilatus mit der Ausrottung der Christen einverstanden war. Das ist recht wahrscheinlich. Schließlich hatte er, wenn auch widerwillig, seine Zustimmung zur Kreuzigung des »Judenkönigs« gegeben. Er hatte gehofft, das würde der ganzen Sache ein Ende machen. Und nun sah er, wie es in Jerusalem gärte; Unruhe überall, Unruhe, weil dieser Mensch angeblich von den Toten auferstanden und seinen vertrautesten Anhängern erschienen war. Wenn der Sanhedrin mit aller Entschiedenheit behauptete, diese Sekte von Abtrünnigen sei des Todes schuldig, dann gab es keinen Grund, weshalb der Römer, der die Verantwortung für Recht und Ordnung in der Provinz trug, ihnen widersprechen sollte. In den Grenzen der Vernunft alles tun, damit Ruhe und Frieden gewahrt werden – so etwa müssen die Römer gedacht haben, die zu ihrem Mißvergnügen die Geschicke des hitzigen Kleinstaats Judäa lenken mußten.

Und was widerfuhr Paulus in dieser Zeit des Terrors? Das Verhalten der Menschen, die er verfolgte, erschütterte seinen eigenen Glauben bis ins Innerste. Sie taten es dem Stephanus nach. Sie wurden gegeißelt oder sie starben – und sie vergaben ihren Feinden.

Das Überraschendste an dem oben aufgeführten Zitat aus der Apostelgeschichte ist die Tatsache, daß Paulus von den Hohenpriestern beauftragt wurde, die Säuberungen auch jenseits der Landesgrenzen von Judäa vorzunehmen. Er sollte nach Damaskus reisen, um über die Synagogen in Erfahrung zu bringen, ob es dort Anhänger des neuen Glaubens gab. Wenn das der Fall war, sollte er sie gefangennehmen und nach Jerusalem eskortieren. Nun gehörte Damaskus zu den wichtigsten Städten der Levante – aber es lag in Syrien. Die Gerichtsbarkeit des Sanhedrin reichte nicht so weit. Trotzdem blieb die Tatsache bestehen, daß alle übers römische Reich verstreuten Synagogen Jerusalem als geistige Heimat betrachteten und den Sanhedrin als oberste Autorität in sämtlichen Fragen des Gesetzes anerkannten – infolgedessen gehorchte man einem Mann, der mit Befehlen von den Kirchenältesten kam. Fraglich erscheint nur, ob Paulus wirklich imstande gewesen wäre, gefangene Christen über die Grenze und nach Jerusalem zu bringen. Wenn dem so war, dann kann kein Zweifel daran bestehen, daß Pilatus als Mitschuldiger an dieser Affäre zu betrachten ist. Vielleicht war Paulus bevollmächtigt, die Christen vor ihren Heimatsynagogen zur Rechenschaft zu ziehen, sie geißeln oder aus der jüdischen Gemeinde verstoßen zu lassen. Das wäre eine rein lokale und religiöse Angelegenheit gewesen, die lediglich die jüdischen Einwohner von Damaskus betraf und dem römischen Statthalter von Syrien keine Unannehmlichkeiten bereitete. Sei dem, wie es wolle, Paulus machte sich mit einigen Gesinnungsgenossen auf den Weg, um dafür zu sorgen, daß die kleinen Christengemeinden außer Landes vernichtet wurden.

Die Gruppe ritt auf Eseln. Wahrscheinlich hatten sie ein Kamel dabei, das ihr Gepäck trug. Sie ließen die alten Stadtmauern hinter sich und kamen an dem Ort vorbei, wo Stephanus gesteinigt worden war. Sie mußten nach Norden. Sie wußten bereits, daß viele von denen, die sie suchten, in andere Teile von Judäa und Samarien geflohen waren – und sie wußten, daß die Christen sich nicht ruhig verhielten, wie man gehofft hatte, sondern recht tätig waren, um ihre Mitmenschen zu ihrem aberwitzigen Glauben zu bekehren.

Der Zorn, den Paulus gegen diese Gemeinschaft abtrünniger Juden hegte, kommt einem unvoreingenommenen Betrachter nicht mehr normal vor. Wenn es sich hier also um ein paranormales Phänomen handelt, kann man auch die Vorgänge auf der Wüstenstraße nach Damaskus als paranormal ansehen. Es sind zahllose Theorien über das unverhoffte und schwerverständliche Bekehrungserlebnis entwickelt worden. Plötzlich war ein jüdischer Ketzerverfolger davon überzeugt, alles, was er bis dahin geglaubt hatte, sei falsch. Die Geschichte hat uns immer wieder gezeigt, daß Bekehrungserlebnisse tatsächlich etwas Paranormales sind. Seele und Verstand erleben einen abrupten Umschwung, oder, um einen alltagssprachlichen Begriff zu gebrauchen, »alle Sicherungen brennen durch«. Außerdem muß etwas geschehen, das diesen Prozeß in Gang setzt. Unter normalen Umständen kommt ein solcher Gefühlssturm nicht zustande. Aber Paulus hatte nicht unter normalen Umständen gelebt: er war ein Hexenjäger gewesen, ein Mann, der von einem furchtbaren Zwang getrieben wurde – vergleichbar vielleicht den Schergen Hitlerdeutschlands, die die jüdische Bevölkerung vergasten und verbrannten.

Dr. Hugh Schonfield hat die interessante Theorie aufgestellt, Paulus sei nicht nur ein extremer Pharisäer, sondern auch ein Mystiker gewesen, der so weit ging, daß er schließlich glaubte, selbst zum Messias bestimmt zu sein. Und daher wurde sein Zorn aufs äußerste entfacht, als er auf diese Gruppe von Juden stieß, die behaupteten, der Messias sei bereits gekommen. Man hatte ihm seine Rolle entrissen! Er konnte sich nicht zu den Aposteln zählen, die den Erlöser persönlich gekannt und mit ihm gesprochen hatten, und so blieb ihm gewissermaßen nichts anderes übrig, als eine Begegnung zu erfinden. Und das konnte nun niemand bestreiten. Behaupteten nicht die Apostel selbst, sie hätten den Messias nach dem Kreuzestod auf Erden wandeln sehen? Doch das Temperament, das ein Bekehrungserlebnis erfährt (und sich dadurch völlig ändert), bedarf keines logischen oder pragmatischen Grundes. Es ist immer ein leidenschaftliches Temperament – für gewöhnlich ohne viele Prämissen, aber fast ausschließlich vom Gefühl geleitet. Arthur Rimbaud, der französische Dichter des 19. Jahrhunderts, der sich einmal vorstellte, er sei Gott geworden, kannte das blendend helle Licht der Offenbarung:

Elle est retrouvée.
Quoi? – L'Eternité.
C'est la mer alliée
*Avec le soleil.**

Vielleicht sollte man nach keinem weiteren Beweis für die Erfahrung Paulus' auf der Straße nach Damaskus suchen, sondern sich an die schlichte Feststellung halten: »(Es) umleuchtete ihn plötzlich ein Licht vom Himmel.« Doch da so viele ihre Zeit darauf verwandt haben, Erklärungen zu finden, die für die Vernunft und für materialistische Auffassungen gleichermaßen annehmbar sind, müssen wir hier untersuchen, was neben dem mystischen Erlebnis an sich als Möglichkeit in Betracht kommt. Es bietet sich eine schlichte meteorologische Erklärung an: die Gruppe geriet in ein Sommergewitter (was in diesem Teil der Welt keineswegs unwahrscheinlich ist), und Paulus wurde vom Blitz getroffen. Eine kleine Schar von Berittenen, die die Wüste durchquert, erzeugt eine Säule von feuchter Hitze, die leicht eine elektrische Entladung anzieht – ähnlich wie bei einer Herde auf der Weide.

* »Sie ist wiedergefunden.
Was? – Die Ewigkeit.
Es ist das Meer verbunden
Mit der Sonne in eins.«
(Übers. von Walther Küchler)

Man kann mit gutem Recht vermuten, daß ein Mensch, der unablässig über eine bestimmte Frage nachgegrübelt und Menschen getroffen hat, die mit demjenigen lebten und sprachen, den sie den Messias nennen, wenn er sich von seiner physischen Erfahrung erholt, diese physische Erfahrung mit dem Gegenstand seines Grübelns gleichsetzt. Wir müssen uns vergegenwärtigen, daß wir als Beweis für das Erlebnis nur den Bericht des Verfassers der Apostelgeschichte haben. Man darf annehmen, aber nicht mit Sicherheit behaupten, daß diese Worte ihm von Paulus selbst mitgeteilt wurden. Was man gern hätte, aber nie bekommen wird, wäre die Aussage eines Mannes aus der Gruppe, die Paulus begleitete. War die Erfahrung nun subjektiv oder objektiv? Hatten die anderen (»... sie hörten die Stimme, aber sahen niemand«, berichtet die Apostelgeschichte) tatsächlich ein derartiges Erlebnis, oder spielte sich der Vorfall ausschließlich in Paulus' Innerem ab?
Neben der einfachen Hypothese, es habe sich um ein Sommergewitter gehandelt, gibt es die Theorie, daß Paulus Epileptiker war. Heute sind die Experten geneigt, diese Theorie zu verwerfen. Sie halten wenig von ihren Vorgängern aus dem 19. Jahrhundert, die beflissen versuchten, eine rationale Erklärung für die Vision des Paulus zu finden. Mit Epilepsie geht oft sehr hohe Intelligenz einher. Als Beispiele nennen wir Julius Cäsar, Napoleon Buonaparte, Mohammed, Peter den Großen, den Dichter und Maler Edward Lear und den Romancier Dostojewski. J. A. C. Brown bezeichnete Dostojewski seiner Gewalttätigkeit, seines Mystizismus, seiner Impulsivität und seiner Verfolgungsideen wegen als »typisch epileptischen Charakter«. Bemerkenswerterweise wird Paulus von diesem Fachmann nicht zusammen mit denen genannt, die vermutlich Epileptiker waren – vielleicht ist dieser Gegenstand mittlerweile peinlich geworden. Doch wenn man zugibt, daß der Stifter des Islam an epileptischen Anfällen litt, warum sollte man dann ausschließen, daß der Mann, der der dreizehnte Apostel wurde, Epileptiker war? Wie seine Lebensgeschichte zeigt, war er gewalttätig, mystizistisch, impulsiv und von Verfolgungsideen heimgesucht. Niemand bestreitet, daß Julius Cäsar von seinen epileptischen Anfällen nicht daran gehindert wurde, ein Reich zu regieren und gute lateinische Prosa zu schreiben. Und muß man den Koran als unbrauchbar beiseite legen, weil ein Epileptiker ihn verfaßt hat? Viele Millionen sind keineswegs dieser Meinung.
Und nun lassen wir eine Beschreibung dieser »chronischen funktiona-

len Erkrankung des Nervensystems« folgen. Bei der schweren Form oder dem eigentlichen epileptischen Anfall (dem *grand mal*, wie die Franzosen sagen) »stößt der Patient oft unversehens einen seltsamen, unartikulierten Schrei aus und *fällt wie vom Blitz getroffen* (Hervorhebung von mir. E. B.) zu Boden. Normalerweise hat er keine Zeit mehr, sich zu schützen, stürzt und prallt gegen Gegenstände, die sich in seiner Umgebung befinden, wobei er sich manchmal schwere Verletzungen zuzieht. Auch kann er ins Feuer oder ins Wasser fallen. Er wird totenblaß, der Körper wird steif, der Rücken ist hochgekrümmt, die Gesichtszüge sind starr, die Atmung setzt aus. Bald ändert sich jedoch die Hautfarbe, das Gesicht überzieht sich mit lebhaftem Rot, die Halsadern schwellen an und pulsieren, die Augäpfel treten hervor, ein kehliges Röcheln ist zu vernehmen, der Tod scheint einzutreten. Doch fast unmittelbar darauf setzt die Atmung wieder ein, und der ganze Körper verfällt in aufeinanderfolgende krampfartige Zuckungen... Nach etwa zwei oder drei Minuten hören die Zuckungen auf, der Patient liegt eine Weile erschöpft und in einem komatösen Zustand am Boden. Dann öffnet er die Augen, blickt mit benommenem Ausdruck um sich und legt sich schlafen. Beim Erwachen ist ihm nicht bewußt, was geschehen ist; möglicherweise hat er starke Kopfschmerzen oder ist verdrossen und reizbar, in seltenen Fällen fühlt er sich geistig wesentlich freier als vor dem Anfall... Zwischen den Anfällen liegen für gewöhnlich Intervalle, die von einigen Stunden bis zu mehreren Monaten dauern; ein sehr schwerer Zustand (der *Status epilepticus*) tritt dann ein, wenn ein Anfall auf den anderen folgt, bevor das komatöse Stadium vorbei ist. Den Attacken kann eine deutliche ›Warnung‹ oder *Aura* vorausgehen... Die Auren haben eine große Variationsbreite, doch im allgemeinen geht immer dieselbe Aura dem Anfall voraus. Dabei treten besondere Sensationen auf, etwa Aufblitzen von Lichtern, Farbwahrnehmungen, starke Gerüche, seltsame Geschmacksempfindungen, Klänge und Geräusche oder Visionen verschiedener Art.«

Zitieren wir die Apostelgeschichte:

»Und als er auf dem Wege war und nahe an Damaskus kam, umleuchtete ihn plötzlich ein Licht vom Himmel; und er fiel auf die Erde und hörte eine Stimme, die sprach zu ihm: Saul, Saul, was verfolgst du mich?

Er aber sprach: Herr, wer bist du?

Der Herr sprach: Ich bin Jesus, den du verfolgst. Stehe auf und gehe in die Stadt; da wird man dir sagen, was du tun sollst.«
Ein späterer Bericht, den Paulus vor dem König Agrippa abgegeben haben soll, lautet: »Und als ich nach Damaskus reiste mit Vollmacht und Befehl von den Hohenpriestern, sah ich mitten am Tage, o König, auf dem Wege ein Licht vom Himmel, heller als der Sonne Glanz, das mich und die mit mir reisten umleuchtete. Als wir aber alle zur Erde niederfielen, hörte ich eine Stimme reden zu mir, die sprach auf hebräisch: Saul, Saul, was verfolgst du mich? Es wird dir schwer sein, wider den Stachel zu löcken.«
Er fragte, wer zu ihm redete. Es kam die Antwort, Jesus sei's, er habe ihn zu seinem Diener berufen. Nach dem ersten Bericht sahen Paulus' Begleiter nichts, hörten aber eine Stimme. Wessen Stimme? Fast mit Sicherheit die des Paulus. Gewitter oder nicht, unnatürliches Ereignis oder nicht, jedenfalls ist der Anblick eines epileptischen Anfalls äußerst erschreckend – zumal wenn es zum *Status epilepticus* kommt, der sich über mehrere Stunden hinzieht und bei dem die Anfälle »so rasch aufeinanderfolgen, daß es den Anschein hat, der Patient befände sich immer noch im ersten«.
»Saulus aber richtete sich auf von der Erde; und als er seine Augen auftat, sah er nichts. Sie nahmen ihn aber bei der Hand und führten ihn nach Damaskus; und er war drei Tage nicht sehend und aß nicht und trank nicht.«

12 Wahrheit

Damaskus, hieß es, sei die älteste Stadt der Welt. Ihre Ursprünge verlieren sich im dunkeln. Man kann aber mit einigem Grund annehmen, daß Damaskus die älteste unter den Städten ist, die heute noch von Menschen bewohnt werden. Damaskus lag mehr als achtzig Kilometer weit vom Meer entfernt, etwa auf halber Strecke zwischen den großen Häfen Sidon und Tyrus, an einer der wichtigsten Handelsrouten der damaligen Zeit und war daher natürlich ein Hauptumschlagplatz für Güter aller Art. Die Stadt wird im Buche Genesis erwähnt. Im Krieg der Könige soll Abraham seine Widersacher geschlagen und bis nach Hoba, »das nördlich der Stadt Damaskus liegt«, gejagt haben.

Damaskus war lange Zeit die Hauptstadt des unabhängigen Königreichs Syrien. Später wurde es nacheinander von den Assyrern, Babyloniern, Persern, Griechen und Römern erobert. Die Stadt lag in einer sehr fruchtbaren Gegend und war schon sehr früh für ihre Früchte und Blumen und handwerklichen Erzeugnisse bekannt. (Heute noch gibt es die Bezeichnungen Damaszener Pflaume und Damaszener Rose.) Unter den römischen Kaisern war die Stadt für die Qualität der dort hergestellten Waffen berühmt, daher unser Wort Damaszener Klinge. Viele Jahrhunderte, nachdem der mit Blindheit geschlagene Paulus nach Damaskus geführt wurde, sagte der Stifter einer anderen Religion, der Kaufmann Mohammed, er werde Damaskus nie betreten, falls er der Schönheit dieser Stadt wegen das eigentliche Paradies im Himmel vergessen sollte.

Paulus' Gefährten dachten zweifellos, er sei dem Tode nah. Deshalb brachten sie ihn unverzüglich in das Haus eines prominenten jüdischen Bürgers namens Judas. Höchstwahrscheinlich gehörte Judas zu den Synagogenältesten und war die Kontaktperson des Sanhedrin. Er wohnte in der Geraden Gasse, der wichtigsten Durchgangsstraße der Stadt, wo alle bedeutenden Kaufleute und Händler ihre Häuser und Geschäfte hatten. Nachdem Paulus' Begleiter ihren kranken Anführer bei Judas untergebracht hatten, scheint sich die Gruppe aufgelöst zu haben. Jedenfalls findet sich nirgendwo ein Hinweis darauf, daß nun irgendwelche Maßnahmen gegen die Judenchristen zu Damaskus ergriffen wurden. Das zeigt uns, welche Kraft und Autorität von Paulus ausging – alles verlief sich, weil er zu sterben schien.

Die Nachricht von der Ankunft des Christenverfolgers muß sich bei den Juden sehr schnell herumgesprochen haben. Damals konnte man nur durch bewachte Tore in die Städte gelangen, und wenn jemand Einlaß begehrte, wurden seine Identität und sein Reiseziel festgestellt. Nicht einmal unter dem ehrfurchtgebietenden Schutze Roms war die Welt sicher. In jeder Stadt konnte es zu Volkserhebungen kommen, jede Stadt konnte dann und wann von außen angegriffen werden. Das Eintreffen eines so berühmt-berüchtigten Mannes wie Paulus – der sich obendrein in einem recht merkwürdigen Zustand befand – wird wohl kaum unbemerkt geblieben sein. Die Neuigkeit wanderte von Mund zu Mund. Bald wußten es alle in der großen jüdischen Gemeinde zu Damaskus: der Mann, der die Anhänger des Messias in Jerusalem verklagt und verfolgt hatte, war angekommen.

Leicht verständlich, daß auch ein prominenter Angehöriger der neuen Sekte erfuhr, Paulus befände sich im Hause des Judas in der Geraden Gasse. Der Überlieferung nach hatte Ananias eine Vision. Gott sprach zu ihm und sagte, ein Mensch »namens Saul von Tarsus« bedürfe seiner Hilfe, und teilte ihm mit, wo er zu finden sei.

Plötzliche Bekehrungen kamen zu allen Zeiten vor – Bekehrungen zu einer Religion, aber auch Bekehrungen zu materialistischen Ideologien. Im 20. Jahrhundert gab es im Westen etliche Männer und Frauen von Geist, die sich in der Zeit der Weltwirtschaftskrise vor dem Zweiten Weltkrieg zum Kommunismus bekannten, ihn danach aber als gescheiterte Utopie betrachteten, völlig ablehnten und überzeugte Christen wurden. Professor Starbuck belegte in seinem Werk über Religionspsychologie statistisch, wie viele echte Bekehrungen in der Adoleszenz auftreten. Paulus befand sich schon in reiferen Jahren. Doch er war ein Mann von hochsensiblem und leidenschaftlichem Temperament – der Typus, der so häufig zu Bekehrungen neigt.

In *The Varieties of Religious Experience (Die religiöse Erfahrung in ihrer Mannigfaltigkeit)* führt William James eine Reihe von schriftlich festgehaltenen Bekehrungen an, die auf die eine oder andere Weise dem Erlebnis des Paulus entsprechen. »Die wunderbarste Bezeugung einer plötzlichen Bekehrung, die ich kenne«, schreibt James, »stammt von Herrn Alphonse Ratisbonne, einem freidenkenden französischen Juden, der in Rom 1842 zum Katholizismus übertrat. In einem Brief, den er einige Monate später an einen geistlichen Freund schrieb, berichtet er mit bewegten Worten über die begleitenden Umstände...« James zitiert den Brief ausführlich, doch selbst ein kleiner Auszug genügt, um uns eine gewisse Vorstellung von diesem Bekehrungserlebnis zu vermitteln. Ratisbonne hatte zufällig eine Kirche betreten, nicht aber, um zu beten, sondern nur, um sich ein wenig darin umzusehen. »Die Kirche San Andrea war ärmlich, klein und leer; es war wohl niemand weiter anwesend. Kein Kunstwerk fesselte meine Aufmerksamkeit, und ich ließ meine Augen mechanisch im Innern umherschweifen, ohne daß mich irgend etwas besonders gefesselt hätte. Ich kann mich nur noch an einen schwarzen Hund erinnern, der vor mir hin und her lief, während ich meinen Gedanken nachhing. Plötzlich war mir der Hund verschwunden, die ganze Kirche war mir verschwunden, ich sah nichts mehr...« Dann beschreibt er die blendend helle Offenbarung, die ihn überkam, und seine geistige Verfassung, als ihn ein Freund vom Boden aufhob, wo er bewußtlos und in Tränen gebadet gelegen hatte: »Ich wußte nicht, wo ich war, noch, wer ich war, ob Alphonse oder jemand anders. Ich fühlte mich verändert und glaubte, ich sei ein anderer. Ich suchte mich in mir selbst und fand mich nicht. Im tiefsten Inneren meiner Seele fühlte ich ein Aufflammen hellster Freude. Ich konnte nicht sprechen, und ich hatte auch nicht das Verlangen, über das Geschehene zu reden... Mir war, als käme ich aus einem Grabe, einem Abgrunde der Finsternis; jetzt aber war ich lebendig, wahrhaft lebendig. Doch weinte ich, denn auf dem Grunde jener Tiefe sah ich das ungeheure Elend, aus dem ich durch übergroße Gnade errettet worden war. Mir schauderte bei dem Gedanken an

meine Missetaten, betäubt, gerührt, überwältigt von der Verwunderung und Dankbarkeit.«
William James fährt fort, solche Fälle ließen sich »mit leichter Mühe ins Endlose vermehren«, außerdem seien sie »so offenkundig, daß Zweifel daran nicht möglich ist«. Kurz vor seinem Tode schrieb John Wesley*: »Allein in London fand ich 652 Anhänger unserer Richtung, die sich über ihr Erlebnis ganz klar waren und an deren Zeugnis zu zweifeln ich keinen Grund hatte. Sie alle erklärten ausnahmslos, sie seien plötzlich von der Sünde erlöst worden, die Wandlung habe sich in einem Augenblick vollzogen. Hätte die Hälfte von ihnen oder ein Drittel oder auch nur einer unter zwanzig erklärt, *bei ihnen* sei der Prozeß ein *allmählicher* gewesen, so würde ich es geglaubt haben; ich hätte dann gemeint, bei manchen vollziehe sich die Heiligung allmählich, bei anderen plötzlich. Aber da ich in einem so langen Zeitraum schlechterdings niemanden das habe bezeugen hören, muß ich annehmen, die Heiligung sei gewöhnlich, wenn nicht immer ein plötzlicher Vorgang.«
Der Photismus, die blendend helle Lichterscheinung, die Paulus sah, taucht auch bei anderen Bekehrungserlebnissen auf. Darüber liegen uns zahlreiche, von Psychologen gesammelte Berichte vor, so viele, daß die simple Erklärung, Paulus sei eben Epileptiker gewesen, kaum stichhaltig ist. Einer von Professor Starbucks Berichterstattern schrieb: »Ich habe das durchgemacht, was man unter Bekehrung versteht. Ich erkläre sie mir so: *Der betreffende Mensch treibt seine Gefühle bis auf den Höhepunkt* (Hervorhebung von mir. E. B.), unterdrückt aber zur selben Zeit ihre physischen Äußerungen: einen schnelleren Pulsschlag usw., und dann plötzlich gibt er ihnen die volle Herrschaft über den Körper. Das Nachlassen der Spannung ist etwas Wundervolles, und die angenehmen Wirkungen der Erregung werden im höchsten Maße empfunden.«
Bei Paulus kann kein Zweifel daran bestehen, daß seine Gefühle bis zu einem abnormen Grad gespannt waren. Der Zorn, mit dem er eine relativ harmlose Sekte verfolgte, zeugt von seiner emotionellen Verstrickung. Man kann den Worten John Pollocks in seiner Biographie *The Apostle* kaum zustimmen. Dort heißt es über Paulus: »Bis zu seiner Bekehrung stand er den Worten Jesu gleichgültig gegenüber.« In Wirklichkeit war er ganz offensichtlich so beeindruckt von dem, was

* Stifter der Methodisten, geb. 1703, gest. 1791 (A. d. Ü.)

er gehört und gesehen hatte, so sehr in seinem konventionellen Glauben erschüttert, daß er »seine Gefühle bis auf den Höhepunkt trieb«. Bei späteren Bekehrungen, zu welchem Zweig des Christentums auch immer, könnte man durchaus argwöhnen, die Bekehrten seien von der Gesellschaft beeinflußt worden, in der sie lebten: durch frühe Schulung oder religiöse Unterweisung oder durch die Kirchen, die sakrale Kunst und Literatur, die sie vor Augen hatten. Dies war selbstverständlich bei Paulus nicht der Fall. Er wurde als strenggläubiger pharisäischer Jude erzogen. Anscheinend war er unverheiratet, nichtsdestoweniger aber leidenschaftlich und sehr gefühlvoll. Er mußte seine Energie und seine hohe Intelligenz sozusagen kanalisieren. Wenn die Religion der Väter, wenn das Gesetz selbst ihn im Stich ließ, blieb ihm nichts anderes übrig, als sich anderen Dingen zuzuwenden. Das heißt keinesfalls, daß das »Wunderbare« an seiner Bekehrung verwässert oder diskreditiert werden soll.

Paulus wurde nun Gottes »auserwähltes Rüstzeug, daß er meinen Namen trage vor Heiden und vor Könige und vor das Volk Israel«. Ananias ging zur Geraden Gasse, die sich weiß schimmernd durch die Stadtmitte von Damaskus zieht. Er betrat das Haus des Judas. Er legte Paulus die Hände auf und sagte, der Herr, dem er diene, habe ihm befohlen, Paulus wieder sehend zu machen. Die Apostelgeschichte berichtet schlicht: »Und alsbald fiel es von seinen Augen wie Schuppen.« Dazu ist noch weit mehr gesagt worden; man konsultierte Mediziner, Augenspezialisten, man versuchte alles mögliche, um etwas zu erklären, das eigentlich nur metaphorisch gemeint war. Paulus war blind für die Wahrheit gewesen, jetzt aber sah er sie klar und deutlich vor sich.

13 Mensch und Kaiser

Um Christi willen habe er alles aufgegeben, schrieb Paulus später. Der Mann, der jetzt in Damaskus langsam wieder zur Besinnung kam, brach nachher seiner Überzeugung zuliebe fast alle Verbindungen mit dem orthodoxen Judentum ab. Aber im Augenblick war er den Mitgliedern der neuen Sekte höchst verdächtig, hatte er doch alles getan, was in seiner Macht stand, um sie zu unterdrücken. Er ließ sich taufen (vielleicht unmittelbar vor der Stadt, im Abana-Fluß), und das überzeugte einige Christen wohl davon, daß man ihm trauen konnte. Er ging in die Synagogen, bekannte seine früheren Irrtümer und sagte, er glaube fest, der Mann, den die Römer gekreuzigt hätten, sei wahrhaftig der Sohn des Schöpfers gewesen. Paulus' außerordentliche Intelligenz, die er vorher eingesetzt hatte, um die Unechtheit dieses Messias und die Narretei seiner Anhänger zu beweisen, zielte jetzt genau in die entgegengesetzte Richtung.
Ein derart plötzliches Umschlagen ist nicht so ungewöhnlich, wie man vielleicht meint. Das Temperament, das der leidenschaftlichen Überzeugung bedarf, wird kaum den Mittelweg einschlagen. Die Einstellung des »Nichts-im-Übermaß«, die die Griechen in Ehren hielten (auch wenn es ihnen oft sehr schwer fiel, diese bewundernswerte Maxime in die Tat umzusetzen), stand in schroffem Gegensatz zum hebräischen Temperament. Paulus war geradezu umgepolt. Wenn er schon nicht der Erwählte Gottes sein konnte, so war er sich doch si

cher, zur messianischen Gestalt berufen zu sein – zu jemand, der allen nichtjüdischen Völkern die Wahrheit verkünden würde. Eine verblüffende Überheblichkeit, die aber nur der Überheblichkeit seines Volkes entspricht. Welches andere Volk, betrachtet man die Universalgeschichte, hat behauptet, im alleinigen Besitz der Wahrheit zu sein? Francis Bacon schrieb: »Was ist Wahrheit? fragte Pilatus höhnisch, doch blieb er nicht, die Antwort abzuwarten.« Bischof Andrews kam in einer Predigt von 1613 einer Erklärung von Pilatus' Verhalten wohl näher. »Pilatus fragte: *Quid est veritas?* Aber gleich darauf nahm etwas anderes ihn gefangen, und so erhob er sich und ging seiner Wege, bevor er die Antwort hatte. Er verdiente es nicht, die Wahrheit zu erfahren.« Der letzte Satz ist ungerecht.

Pilatus hatte alle Hände voll zu tun. Paulus hingegen war kein römischer Beamter, an dessen Energie und Zeit ständig Ansprüche gestellt wurden. Er dürfte das einfache Leben gelebt haben, das heute noch Millionen der bäuerlichen Bevölkerung führen. In den meisten Teilen des römischen Reiches waren Brot und Olivenöl billig. Diese gesunden Grundnahrungsmittel wurden durch Früchte oder Gemüse der Saison ergänzt; dazu kamen Fisch (was vom jeweiligen Gebiet und von der Jahreszeit abhing), im Winter eingesalzener Fisch und, sofern es kein Frischgemüse gab, getrocknete Bohnen aller Art. »Der Mensch lebt nicht vom Brot allein« – gewiß nicht, aber in vielen modernen Gesellschaften hat der Mensch vergessen, daß er, zumindest materiell gesehen, kaum mehr als Brot braucht. Die Wendungen, die bei Autoren, welche über die damalige Zeit schreiben, immer wieder auftauchen (etwa »Er ging in die Wüste«), stellen für das neuzeitliche Denken eine gewisse Herausforderung dar. Die Vorgänge scheinen unglaublich und mithin im Bereich des Märchens angesiedelt.

Und wie macht man das, einfach in die Wüste gehen? Das tun Menschen bis zum heutigen Tage. Brot oder die nötigen Zutaten, Salz, Datteln und natürlich Wasser – mehr braucht man nicht, wenn man durch eine Wüstengegend reisen will. Und Damaskus ist zentral gelegen, ein Knotenpunkt an den großen Handelsstraßen, die vom Roten Meer über Arabien nach Kleinasien und zum Schwarzen Meer führen. Paulus hätte mit einer Karawane ohne weiteres in fast jeden Teil des Ostens reisen können. Er selbst berichtet, daß er nach Arabien ging. Man hat endlose – und fruchtlose – Vermutungen darüber angestellt, welchen Ort er sich aussuchte und was er dort tat. Und da wir darüber keine Auskunft haben und wohl auch keine mehr bekommen werden, kann man Paulus' Schweigen über diese Dinge nur als ein Verstummen werten – als das Verstummen eines Mannes, der durch ein einzigartiges Erlebnis so aufgewühlt ist, daß er völlige Ruhe und Stille in einer ihm nicht vertrauten Umgebung braucht. Paulus hatte etwas erlitten, was wir heute einen Nervenzusammenbruch nennnen würden – aber es war sehr viel mehr als das.

Nach wie vor stellt sich eine Frage, die von Theologen meist vernachlässigt wird: wie lebte Paulus? Vermutlich arbeitete er wieder als Zeltmacher. Ein nützliches Handwerk in einer Wüstengegend, obendrein ausfüllend und doch beschaulich – wie die Arbeit eines Schusters. Auch Segelmacher finden ihren Beruf erholsam, obwohl er ihnen großes technisches Können abverlangt. Man vermutete des öfteren, Paulus habe gleich zu predigen begonnen oder sei gar, so eine moderne Theorie, in eine essenische Gemeinschaft eingetreten. Nach einer anderen Hypothese soll er auf die Halbinsel Sinai gegangen sein, wo Mose der Überlieferung nach dem Volk Israel das Gesetz verkündigt hat. Sei dem wie auch immer, jedenfalls verschwindet Paulus für drei Jahre aus der Geschichte.

Drei Jahre sind eine lange Zeit für einen Mann in den frühen Dreißigern. Die meisten bauen zu dieser Zeit ihre Karriere auf oder versäumen dies oder widerrufen ihr bisheriges Leben. Und das letztere tat Paulus. Seine Bekehrung zum neuen Glauben machte ihn zum Verräter an allem, was er im Laufe seiner Erziehung gelernt hatte. Es ist auch möglich, daß Paulus seinen Vater nicht schätzte und sein Leben lang nach einem Vaterersatz gesucht hatte. Im Jahwe des orthodoxen Judentums fand er ihn nicht. Jahwe ähnelte mit all seinen Geboten und Forderungen vielleicht zu sehr dem Vater zu Hause in Tarsus. Möglicherweise sah Paulus in Jeschua oder Jesus, dem Gekreuzigten, die Imago des Rebellen, die er in seinem Herzen trug.

Die Anhänger Jesu *waren* Rebellen, sie lehnten sich gegen die Zustände in der Welt auf. Doch im Gegensatz zu den Zeloten behaupteten sie nicht, das römische Reich könne mit dem Schwert vernichtet werden. Ihr Ansatz war subtiler. Ihrem Messias getreu sagten sie, ihr Reich sei nicht von dieser Welt. Angesichts des römischen Schwerts, des römischen Speers und der disziplinierten Macht des römischen Reiches gebe es nur eine Möglichkeit: eine andere Welt, ein Land, in dem nur bestimmte Menschen leben konnten, auserwählter noch, als

es die übrigen Juden zu sein glaubten. Diese Überzeugung, die sich nun auch Paulus zu eigen machte, war keine einfache Sache. Ein solcher Ansatz gehört auch heute noch mit zum Schwierigsten, was man sich vorstellen kann – denn vor ihm türmt sich die Macht anderer Reiche auf, ihr Reichtum, ihre Gewaltsamkeit und Unverantwortlichkeit. Es nimmt nicht wunder, daß ein Mann, der so leidenschaftlich war wie Paulus, nach dieser totalen Umstellung seines Denkens eine lange Zeit der Ruhe und der Wiederanpassung benötigte.
Und so ging er denn in die Wüste... Er lernte das gleißende Licht kennen, das tiefe Schweigen, die Pracht der Sonnenaufgänge und Sonnenuntergänge, er sah den Mond riesig und rotorangefarben über dem Horizont hochsteigen, er sah die unvergleichliche Reinheit und Klarheit des Nachthimmels, in dem die Sterne so groß wie der Mond erscheinen. In der Wüste ist der Mensch sehr allein, selbst wenn er sich in Gesellschaft anderer befindet. Er wird sich der ungeheuren Weite der Natur und seiner Winzigkeit vor den Mächten des Universums bewußt. Er horcht in sich hinein. Selbst wer nicht gewohnt ist zu reflektieren, beginnt sein Gewissen zu erforschen. Und Paulus war gewohnt zu reflektieren, er war ein denkender Mensch, einer der gewaltigsten Geister aller Zeiten. Wenn ihn sein Erlebnis auf der Straße nach Damaskus völlig gewandelt hatte, dann brauchte er diese Jahre der Stille nicht nur, um mit seiner neuen Überzeugung ins reine zu kommen, sondern auch um eine brauchbare Hypothese für seinen Glauben zu entwickeln, für den Glauben, daß Jesus tatsächlich der Erwählte Jahwes und der Messias war, den alle heiligen Schriften des Judentums verhießen. Alle Gründe sprachen für diese Zurückgezogenheit. Einer davon war, daß sein plötzlicher Meinungsumschwung ihn weder bei den Ältesten in Jerusalem beliebt machte noch für die christlichen Gemeinden in Jerusalem oder anderswo überzeugend wirkte.
Paulus in Arabien. Tiberius auf Capri. Tiberius wurde im Lauf der Jahre immer gewalttätiger und exzentrischer. Er trank so unmäßig wie eh und je, seine psychopathische Grausamkeit und seine lasterhaften Sexualgewohnheien traten immer unübersehbarer hervor. Sueton schreibt: »Auch geht die Rede, er sei einmal beim Opfern von der Schönheit eines Knaben, der das Rauchfaß vortrug, so entflammt worden, daß er sich nicht habe enthalten können, nach vollbrachtem Opfer denselben abseits zu führen und ihn sowie seinen Bruder, einen Flötenspieler, zu mißbrauchen, worauf er später beiden, weil sie sich

einander diese Unzucht vorgeworfen hatten, die Beine habe zerschlagen lassen.« Bei einer anderen Gelegenheit zwang er eine Frau aus edler Familie, mit ihm das Lager zu teilen. Sie weigerte sich und war so angewidert von ihm, daß sie in ihrem Hause Selbstmord beging.
Das medizinische Wissen steckte damals noch in den Kinderschuhen. Vielleicht rührten die Störungen, unter denen Tiberius gelitten haben dürfte – entweder Priapismus oder Satyriasis oder beides –, von einer Prostatainfektion oder einem Abszeß an der Prostata her. Seine früheren Jahre weisen ihn nicht nur als guten Soldaten und fähigen Organisator aus, sondern er scheint überdies zu einem gewissen Puritanismus geneigt zu haben. Die Veränderung, die später mit ihm vorging, ist höchstwahrscheinlich physiologisch zu erklären. Doch erklärt oder entschuldigt dies nicht seine kriminelle Grausamkeit. Die Julier hatten einen Hang zum Wahnsinn.
Hier einige von den satirischen Versen, die über diesen Giganten unter den Menschen geschrieben wurden, der praktisch ganz Europa und Nahost beherrschte:

Du Ungeheuer an Grausamkeit! Ich will zum Orkus fahren,
Wenn selbst deine eig'ne Mutter dich noch liebt in diesen Jahren.

Saturns gold'nes Zeitalter ist vorbei,
Saturns gold'ne Zeit ist zerschellt, entzwei,
Und solang unser Cäsar die Macht behält,
Herrscht eine eiserne Zeit in der Welt.

Er hat keinen Durst mehr auf klaren Wein,
An dem er sich vormals erfreut,
Er schenkt sich jetzt etwas Besseres ein:
Das Blut gemordeter Leut'.

Wenn Tiberius früher auf solche oder ähnliche Verse aufmerksam gemacht wurde, lächelte er und tat sie als Ergüsse von Menschen ab, die wegen der von ihm in Gang gebrachten Reformen nicht gut auf ihn zu sprechen waren. Vielleicht sagte er auch die Worte, die in einer Tragödie aus der römischen Frühzeit stehen: *Oderint dum metuant* – Mögen sie hassen, wenn sie nur fürchten.
Gewiß haßten sie ihn, und ebenso gewiß fürchteten sie ihn auch. Nach

wie vor wurde der Golf von Neapel von den Galeeren angelaufen, die Botschaften aus Rom brachten und die Antworten des Kaisers zurückbeförderten. Der Senat war entmachtet, der Adel zum größten Teil vernichtet, das Volk schafsgeduldig und wehrlos. Selbst vom Ort seines freiwilligen Exils, selbst von seiner »Ziegenbockinsel« aus reichte des Kaisers Arm noch weit.

14 Vorbereitungen

Man wird Paulus' Bekehrung in Damaskus kaum vergessen haben. Aber es war eine derart kurze und fremdartige Episode gewesen, daß viele Christen sie zweifellos als etwas Unerklärliches abtaten. Einige fragten sich vielleicht, ob das Ganze nicht nur Schauspielerei sei: ein Versuch des Paulus, sich bei ihnen einzuschleichen, damit er sie besser ausspionieren, dem Sanhedrin über die Lage der Dinge in den Synagogen von Damaskus berichten und die Namen von Anhängern des neuen Glaubens verraten konnte. Jedenfalls blieb er drei Jahre lang verschwunden, und in dieser Zeit wurden sie nicht verfolgt. Vermutlich waren's die Oberen in Jerusalem jetzt zufrieden, vermutlich hatten sie eingesehen, daß die Christen keine Gefahr für das orthodoxe Judentum darstellten.

Und plötzlich war dieser Mann wieder da. Abermals kam er in die Synagogen, abermals predigte er vom auferstandenen Messias. »Er ist der Sohn Gottes«, sagte er. Zur Verwunderung der Christen und der orthodoxen Juden verkündete er mit felsenfester Gewißheit, Christus sei der Gesalbte des Herrn, der vorherbestimmte und langerwartete Messias. Paulus war schon in jungen Jahren diskussionsgewandt und rhetorisch hochbegabt gewesen, und diese Fähigkeiten, die er früher verwendet hatte, um die Ideen des jungen Sprosses des Judentums verächtlich zu machen, setzte er jetzt für die neue Sekte ein. »Saulus aber gewann immer mehr an Kraft und trieb die Juden in die Enge, die zu Damaskus wohnten, und bewies, daß dieser ist der Christus.« Es nimmt nicht wunder, daß seine Rückkehr nicht lediglich kommentiert wurde, und es nimmt noch weniger wunder, daß viele von den Ältesten, die ihm im Wortgefecht unterlagen, erbost waren. Die Juden liebten das Streitgespräch, liebten Haarspaltereien um die Feinheiten des Gesetzes. Zudem war ihr Temperament äußerst lebhaft, leidenschaftlich und feurig – das hatten die Römer zu ihrem Leidwesen an sich selbst erfahren müssen. Und dieser Mensch, der sein Mäntelchen nach dem Wind hängte, dieser Abtrünnige, den der Sanhedrin zur Ausrottung der kleinen Splittersekte und zum Ausgleichen etwaiger Unregelmäßigkeiten in den Synagogen außer Landes geschickt hatte, kam so unorthodox zurück, wie man es kaum je erlebt hatte. Was, müssen sie sich gefragt haben, was tat er in all den Jahren, da er verschwunden war? Gewiß – er hatte gründlich die Propheten studiert, konnte er doch aus allen möglichen Schriften Verse und ganze Kapitel zitieren, um zu beweisen, daß dieser obskure gekreuzigte Galiläer in der Tat der von Gott Verheißene war, der Messias, der das neue Königreich Israel begründen sollte. Doch was hatte er denn geleistet, der sogenannte Messias? Israel war immer noch geknechtet. Die römischen Legionäre stolzierten immer noch durch die Straßen der Heiligen Stadt. Und sie, die Juden, zahlten immer noch Steuern an den teuflischen Kaiser – mit Münzen, in die sein Kopf geprägt war. Paulus zu lauschen – das reichte, um jeden rechtgläubigen Juden mit aberwitzigem Zorn zu erfüllen. Weg mit ihm! Fort mit diesem Mann!

Sie verschworen sich gegen ihn, wollten ihn umbringen, wenn auch nicht unbedingt mit eigener Hand, denn das Gebot »Du sollst nicht töten« konnten sie nicht einfach beiseite schieben, aber immerhin waren jederzeit und ohne weiteres gedungene Mörder verfügbar. Doch da Paulus in den Augen der Juden ein Feind des mosaischen Gesetzes war, ist es möglich, daß sie sich auch bereit gefunden hätten, ihn selbst aus dem Weg zu räumen. »Sie bewachten aber Tag und Nacht die Tore, daß sie ihn töteten.« Durch die Stadttore konnte er also nicht fliehen. Außerdem hielten hier die Soldaten des Statthalters Wache. Damaskus lag im Herrschaftsbereich von Aretas, dem König von Arabien. Einem Abkommen mit den Römern gemäß war er für Gesetz und Ordnung in der Stadt verantwortlich. Es kann kaum Zweifel geben, daß die weltliche Obrigkeit sich heimlich mit den jüdischen Ältesten abgesprochen hatte. Dem Statthalter war daran gelegen, Ruhe

und Frieden in Damaskus zu bewahren. Und da dieser Mensch, dieser Jude Paulus, Ärger machte, war er ebenso wie die Ältesten darauf bedacht, daß das ein Ende nahm.
Paulus' offensichtliche Lauterkeit hatte einige Mitglieder der Christensekte überzeugt. Sie wußten jetzt, daß er zu ihnen gehörte und ihren Glauben vollständig angenommen hatte. Als sie von der Verschwörung erfuhren, versteckten sie ihn in einem der alten Häuser, die in die Stadtmauer gebaut waren und deren Fenster sich nach draußen hin öffneten – zur Freiheit. Doch zum Springen war es zu hoch, außerdem würde eine von den Wachen, die an der Umwallung entlangpatrouillierten, ihn sicher entdecken. Die Flucht mußte bei Dunkelheit stattfinden, möglichst in einer mondlosen Nacht, denn die Luft war derart klar, daß der Mond die Stadt und ihre Umgebung fast so hell erleuchtete, als sei es Tag. Doch man fand einen Ausweg – man würde Paulus in einem Korb an der Mauer herunterlassen. Das dürfte kaum Aufsehen erregt haben, selbst wenn eine Wache es beobachtete. Um sich die Beschwerlichkeit des Treppensteigens zu ersparen und um nicht auf der Straße aufzufallen, lassen die Frauen im Orient heutzutage noch Körbe von ihren Balkonen oder Fenstern herunter, wenn fliegende Händler oder Gemüseverkäufer vom Land vorbeikommen – sie werden auf die Körbe aufmerksam und rufen hinauf, um sich zu erkundigen, was gewünscht wird. Da das Unternehmen wohl in einer dunklen Nacht durchgeführt wurde, hat es vermutlich niemand gesehen. Wachen sind oft recht schlafmützig.
Doch in was für einem Korb hat ein ausgewachsener Mann Platz? Einige Autoren meinen, es sei ein Fischkorb gewesen. Das ist ziemlich unwahrscheinlich – Damaskus liegt nicht am Meer. Wenn es überhaupt ein Korb war, dann vielleicht eine Obstkiepe, denn vor den Wällen von Damaskus gab es eine Vielzahl von Obst- und Gemüsegärten. Möglicherweise kroch Paulus auch nur in einen Sack aus Flachs. Flachs wurde in ganz Ägypten angebaut und gehörte zu den wichtigsten Exportartikeln des Landes. Titus beschrieb Paulus später als einen schmächtig gebauten Mann. Da er anstrengend lebte und recht kärglich aß, dürfte er kaum mehr als 90 Pfund gewogen haben. Auch hatten die Menschen damals zartere Knochen. Man konnte Paulus also wohl ohne Schwierigkeiten in einem Sack oder Korb unterbringen und mit Hilfe von zwei anderen Männern an der Stadtmauer herunterlassen. Das dazu erforderliche Seil war vermutlich aus Flachs oder Pa-

pyrus gemacht, letzterer ebenfalls ein ägyptisches Erzeugnis. Seile aus beiden Materialien werden von Herodot in seinen *Historien* erwähnt. Gut möglich, daß das Haus einen primitiven Aufzug hatte (u. a. zum Hochholen des Getreides), einen hervorspringenden Balken mit einem daran befestigten Flaschenzug.

Paulus war frei. Aber er hatte wohl kaum erwartet, die berühmte alte Stadt Damaskus ausgerechnet auf diese Weise zu verlassen. Zum ersten Mal war er der Gewalttätigkeit begegnet, die ihm in seinem neuen Leben immer wieder entgegenschlug. Er erlitt mehrmals Schiffbruch, wurde auf höheren Befehl hin gegeißelt, mußte in vielen Städten Kleinasiens die Wut des Mobs über sich ergehen lassen und war noch öfter durch Attentate gefährdet, die entweder vom Sanhedrin in Jerusalem oder von lokalen Synagogenältesten geplant wurden. Paulus gehörte nicht zu den Menschen, die man eben duldet oder mit Stillschweigen übergeht. Seine Persönlichkeit war von einem solchen Extremismus, daß diejenigen, die ihm begegneten, ihn entweder liebten oder haßten.

Als er nach Damaskus kam, erwartete er vielleicht, er werde kraft seiner Gefühle und der intellektuellen Argumente, die er bei sich formuliert hatte, die gesamte jüdische Gemeinde davon überzeugen, daß er im Besitz der Wahrheit sei. Er war so arrogant zu glauben, die Nichtchristen könnten allein durch die Macht des Arguments bekehrt werden. Doch er mußte dazulernen, umlernen: »Wenn ich mit Menschen- und mit Engelzungen redete und hätte der Liebe nicht, so wäre ich ein tönend Erz oder eine klingende Schelle...« Er mußte lernen, daß die liebende Fürsorge, die Agape, das wichtigste war – wichtig nicht nur bei der Bekehrung von Heiden und Juden, sondern im ganzen Leben. Leidenschaft reichte nicht, und auch der Intellekt reichte nicht.

Drei Jahre zuvor hatte er Jerusalem als Emissär des Sanhedrin verlassen, Anführer eines Trupps von Bewaffneten mit dem Auftrag, das Judentum von den Unorthodoxen zu befreien. Man hatte ihn damit betraut, weil er als diskussionsgewandt galt, weil er sich fanatisch um die Reinheit des Gesetzes bemühte und weil man wußte, wie genau er es mit den pharisäischen Grundsätzen nahm. Als er zurückkehrte, war er arm, stand am Rande der Gesellschaft – ein Mann, der aus Damaskus geflohen war, von den Christen beargwöhnt und von den Juden gehaßt. Er konnte nicht mit einem freundlichen Empfang in Jerusalem rechnen. Als bekannt wurde, daß er wieder da war und sich laut und vernehmlich als Anhänger des neuen Glaubens zu erkennen gab, dürften alle Parteien mißtrauisch aufgehorcht haben. Dann »versuchte er, sich zu den Jüngern zu halten; und sie fürchteten sich alle vor ihm und glaubten nicht, daß er ein Jünger wäre«. Kaum verwunderlich, wenn man bedenkt, welchen Ruf er früher genossen und welche Rolle er bei der Steinigung des Stephanus gespielt hatte. Natürlich verdächtigte man ihn der Spionage. Die Kunde von seinen neueren Aktivitäten in Damaskus war wohl noch nicht bis nach Jerusalem gedrungen.

Der Mann, der sich als erster davon überzeugen ließ, daß Paulus es ernst meinte, wurde auch sein Reisegefährte und engster Freund (später gingen sie allerdings im Streit auseinander). Er hieß Barnabas, stammte aus Zypern und war ein freundlicher und geachteter Mensch, dem niemand Arglist oder heimliche Absprachen mit einem Christenfeind unterstellen konnte. Barnabas machte Paulus mit dem Apostel Petrus bekannt. Und nun hörte Paulus aus dem Munde des einfachen galiläischen Fischers einen authentischen Bericht über das Leben und die Lehre seines neuen Herrn und Meisters. Petrus war verheiratet und nahm Paulus bei sich auf. Er und seine Frau kümmerten sich in den nächsten beiden Wochen um den Konvertiten. Die zwei Männer waren zwar sehr verschieden, besaßen aber doch gewisse Gemeinsamkeiten: Paulus hatte die Christen verfolgt, Petrus hatte seinen Meister dreimal verleugnet.

Paulus blieb also bei ihnen »und ging ein und aus zu Jerusalem und predigte mit Freimut im Namen des Herrn Jesus«. Nach der Bekehrung auf der Straße nach Damaskus, nach drei Jahren der Vertiefung seiner Kenntnisse und der Meditation war Paulus in seinen Überzeugungen gefestigt. Tag für Tag von Petrus zu erfahren, was wirklich zu Jesu Lebzeiten gesagt und getan worden war, bedeutete eine zusätzliche Offenbarung. Die mündliche Überlieferung der Juden, die Genauigkeit des Gedächtnisses, die ihnen abverlangt wurde, implizierte, daß das, was Paulus hörte und später lehrte, keinesfalls Paraphrase war. Der Mensch der Neuzeit, daran gewöhnt, unaufhörlich von Informationen aus zahllosen Medien überflutet zu werden, kann sich kaum vorstellen, wie exakt die Informationen waren, die ein hervorragend geübtes Gedächtnis übermittelte.

In manchen sogenannten unterentwickelten Gebieten werden bis zum heutigen Tage ganze Genealogien, Historien und Sagas mündlich überliefert. Im Laufe der Zeit mögen sich einige Fehler einschleichen, gewiß aber nicht mehr als die Druckfehler in Büchern. Was Paulus von Petrus erfuhr, war fast so exakt wie eine moderne Tonbandaufnahme. Nun weiß man ja, daß man Tonbänder zusammenschneiden, löschen und auf andere Weise manipulieren kann – doch die Worte, die Petrus sprach, dürften völlig authentisch gewesen sein. Er war kein gedächtnisschwacher Greis, sondern gleichaltrig mit Paulus oder ein wenig älter. Die Tragödie ist die, daß nicht mehr schriftlich festgehalten wurde, denn, so schreibt Johannes im Schlußkapitel des gleichnamigen Evangeliums, »es sind auch viele andere Dinge, die Jesus getan hat. Wenn sie aber sollten eins nach dem andern geschrieben werden, achte ich, die Welt würde die Bücher nicht fassen, die zu schreiben wären.«

Paulus, der felsenfest davon überzeugt war, daß er den wiederauferstandenen Herrn in seiner Vision erblickt habe, sprach jetzt täglich mit dem Mann, der mit Jesus gelebt und ihn – wie so viele andere – nach seiner Kreuzigung, nach seinem Tode und nach seiner Auferstehung gesehen hatte. Er beanspruchte die gleiche Erfahrung für sich, obwohl er den Messias im Gegensatz zu den Aposteln nicht »dem Fleische nach« kannte. Er behauptete also, ihnen ebenbürtig zu sein – aber war er es wirklich? Wir können diese Frage nicht beantworten.

Verständlich, daß Paulus, von Natur aus ehrgeizig, ihnen ebenbürtig sein wollte. Doch ehrgeizig zu sein heißt nicht notwendigerweise, man erstrebe Reichtum, Ruhm und irdische Güter. Künstler aller Sparten haben Hunger gelitten, sind arm gestorben oder haben unter Bedingungen gelebt, die den meisten anderen erbärmlich vorgekommen wären, um ihre Auffassung von der Schönheit oder von der Wahrheit zu gestalten. Dies ist ein idealistischer Aspekt, der den Menschen qualitativ vom Tier abhebt.

Es kann jedenfalls keinen Zweifel daran geben, daß Petrus den Bericht des Paulus über sein Bekehrungserlebnis voll und ganz akzeptierte. Er hatte keine Ursache, es nicht zu glauben. Damals war die naturwissenschaftliche Methodologie noch kaum ins Bewußtsein der Menschen gedrungen. Das Konzept, etwas müsse mit formalen Mitteln bewiesen werden, beispielsweise durch mathematische Analyse, kannte man nicht. Erst in den letzten Jahren, fast zwei Jahrtausende später, wird der naturwissenschaftliche Ansatz hie und da in Frage gestellt. Der simple Materialismus des 18. Jahrhunderts, jenes höchst unvernünftigen »Zeitalters der Vernunft«, und der Materialismus des industriell ausgerichteten 19. Jahrhunderts, der so gläubig darauf vertraute, der Mensch werde durch die Ausbeutung der Bodenschätze und natürlichen Energiequellen alle Widrigkeiten und Hindernisse überwinden, werden heute ernstlich angezweifelt. Das Feuer der Renaissance, die den Menschen als Maß aller Dinge nahm, ist verloschen. Die natürlichen Ressourcen der Erde, zumindest die Brennstoffe, werden bald erschöpft sein. Vielleicht findet die Menschheit wenigstens in einigen Punkten zum Schlichten und Vernünftigen zurück, und dieses Schlichte und Vernünftige könnte sich durchaus als ein Gebiet von psychischen Erfahrungen erweisen, die in manchen Weltteilen in Vergessenheit geraten sind. Ein amerikanischer Professor, Richard H. Bube von der Stanford University, äußerte sich zu diesem Thema wie folgt: »Eine der verhängnisvollsten Unwahrheiten aller Zeiten, die jedoch fast universell geglaubt wird, ist die Behauptung, die naturwissenschaftliche Methode sei der einzig verläßliche Weg zur Wahrheit.« (Bube ist, wohlgemerkt, Naturwissenschaftler und Professor für Elektrotechnik.)

Theodore Roazak spricht in *Where the Wasteland Ends* von der öden »Seelenlandschaft der Rationalität« im Westen und meint in Hinsicht auf »spirituelles Wissen und spirituelle Kraft«: »Hier haben wir einen Bereich, den wir im Namen dessen, was wir Wissen nennen, aus unserer Erfahrung verbannen.« Weder Petrus noch Paulus brauchten an derartige Dinge gemahnt zu werden.

Der einzige Apostel, dem Paulus sonst noch bei seinem Besuch in Jerusalem begegnet ist, war anscheinend Jakobus, der Bruder Jesu – eine umstrittene Gestalt. Man hat endlos darüber spekuliert, was dieses Wort »Bruder« bedeuten mag. Es gibt zwei grundlegende Theorien. Die erste besagt, daß Jakobus sowie die drei anderen »Brüder«, Josua, Judas und Simon, die bei Matthäus und Markus erwähnt werden, Josephs Kinder aus einer früheren Ehe waren. Die zweite Theorie besagt, es handle sich um leibliche Brüder Jesu, um die gemeinsamen Kinder von Joseph und Maria. Tertullian, eine der ersten und bedeutendsten Autoritäten der frühen Kirche, der im 2. Jahrhundert wirkte, sah keine Schwierigkeit darin, dies als Tatsache anzuerkennen. Gewiß kann man nicht daran zweifeln, daß Jakobus einen wichtigen Platz in der Jerusalemer Gemeinde einnahm. Er war ihr anerkannter Vorsteher und wurde wegen seiner Rechtschaffenheit »Jakobus der Gerechte«

genannt. Josephus berichtet, daß Jakobus kurz vor der Belagerung und Zerstörung Jerusalems (70 n. Chr.) vor den Hohenpriester zitiert und aufgefordert wurde, öffentlich dem Glauben an die Göttlichkeit Jesu abzuschwören. Er weigerte sich, bezeugte sogar seinen Glauben, wurde zum Tode verurteilt und von einer Zinne des Tempels in die Tiefe gestoßen. Anscheinend war er der erste Bischof der Kirche. Eusebius zufolge, der im 4. Jahrhundert Bischof von Cäsarea war und außerdem als Kirchenhistoriker arbeitete, zeigte man noch zu seiner Zeit in Jerusalem den Bischofsstuhl des Jakobus. Jedenfalls wird Paulus auch vom »Bruder des Herrn« weitere Einzelheiten über Leben und Lehre Jesu erfahren haben.

Paulus' leidenschaftliche Überzeugung kannte keine Grenzen, und sein rhetorisches Geschick, die Fähigkeit, die Argumente seiner Gegner völlig zu entkräften, brachte ihn bald in Schwierigkeiten. Als besondere »Zielgruppe« hatte er sich die Hellenisten, die griechisch sprechenden Juden, ausgesucht. Mit ihnen befaßte er sich natürlich deshalb, weil er fließend Griechisch sprach – die Apostel und viele Jünger beherrschten es dagegen gar nicht oder wesentlich schlechter als Paulus. Wieder wurden Mordpläne geschmiedet. »Da das die Brüder erfuhren, geleiteten sie ihn nach Cäsarea und schickten ihn weiter nach Tarsus.« Die Christen in Jerusalem müssen aufgeatmet haben, als Paulus fort war. Während seiner Abwesenheit hatten sie ruhig gelebt, neue Gläubige dazugewonnen und überall im Osten Anhänger gefunden. Dann kam er wieder zurück, und obwohl er nun auf ihrer Seite stand, entflammte der Kampf von neuem. Paulus hatte die Angewohnheit, überall, wo er war, Streit zu provozieren. Sein Leben war ein Sturm.

15 ALTERNATIVEN

Von 37 bis 45 n. Chr. weiß die Geschichte wieder nichts über Paulus zu vermelden. Man darf mit einigem Grund vermuten, daß er sich während dieser Zeit in Syrien und Cilicien aufhielt, natürlich auch in seiner Heimatstadt Tarsus. Die Rückkehr ins Vaterhaus wird kaum erfreulich gewesen sein. Als guter Pharisäer war er fortgegangen, als Abtrünniger kehrte er zurück, als Anhänger einer Lehre, die für seinen Vater (falls er überhaupt noch lebte) Anathema gewesen sein muß, ebenso für seine übrigen Verwandten und früheren Freunde. Wahrscheinlich erduldete er in dieser Zeit, mag er sie nun in Tarsus oder anderswo verbracht haben, um seines Glaubens und um der feurigen Verkündung dieses Glaubens willen öfter als einmal die entsetzliche Strafe der Geißelung. Im Jahre 56 n. Chr. schreibt er, er sei fünfmal gegeißelt worden. In der Apostelgeschichte steht nichts darüber. Man darf wohl annehmen, daß einige von den Geißelungen oder alle in die Zeit fallen, die historisch nicht belegt ist. Paulus muß, abgesehen von seiner großen psychischen Ausdauer, ungeheuer stark gewesen sein, berichtet er doch selbst, er habe fünfmal die volle Strafe ausgestanden, fünfmal »vierzig Streiche weniger einen«. Meistens wurde der Delinquent schon nach einigen Hieben ohnmächtig. Oft kam es auch vor, daß die Richter der Meinung waren, der Mann habe genug gelitten, und ihm den Rest der Strafe erließen. Paulus war wie in allen anderen Dingen fest entschlossen, bis zum Ende auszuharren.

Daß Paulus so oft bestraft wurde, lag vielleicht nicht nur an seinem Glauben, Christus sei der Messias gewesen, sondern auch daran, daß er begonnen hatte, mit Nichtjuden zu verkehren. Gewiß disputierte er mit ihnen in Tarsus und mußte daher auch dem lauschen, was sie glaubten. Es gab das simple Heidentum, es gab die Kaiserverehrung und außerdem zahlreiche Philosophien und Mysterienreligionen. Die Mysterienreligionen waren in ganz Kleinasien und in Nahost verbreitet (wo auch die meisten ihren Ursprung nahmen) und drangen sogar, wie wir bereits hörten, zu Tiberius' Ärger bis nach Rom vor. Wieviel Paulus von diesen Kulten in sich aufnahm, ist ein Gegenstand, über den sich die Gelehrten ständig gestritten haben. Bis zu einem gewissen Grad dürfte er jedoch das geistige Klima seiner Umgebung in sich aufgesogen haben – und sei es auch nur durch Osmose.
Einer der am weitesten verbreiteten Mysterienkulte – »Mysterienkulte« deshalb, weil sie die Einweihung in Geheimnisse erforderten, die nur der Gläubige wissen durfte – war der Kult der ägyptischen Göttin Isis. Im 1. nachchristlichen Jahrhundert war die Isisreligion im Aufstieg begriffen. Fast überall in der römischen Welt gab es Isistempel. Isis, ihr Gemahl Osiris und ihr göttlicher Sohn Horus bildeten eine heilige Dreifaltigkeit, was fast alle Sehnsüchte und Neigungen des menschlichen Herzens befriedigte. Herrlich wird die Göttin in einer Isis-Hymne beschrieben:

Ich bin Isis, die Herrin aller Länder. Hermes lehrte mich, und mit Hermes ersann ich die Schrift, die heilige Schrift und die Schrift des Volkes, auf daß alles geschrieben werde mit der gleichen Schrift.
Ich gab und befahl den Menschen Gesetze, die niemand zu ändern vermag.
Ich bin des Kronos älteste Tochter. Ich bin Gemahlin und Schwester des Königs Osiris. Ich bin's, die den Menschen Früchte findet. Ich bin die Mutter des Königs Horus. Ich bin's, die den Sirius emporhebt, die Göttin genannt wird von den Frauen.
Für mich ward die Stadt Bubastis erbaut.
Ich schied die Erde vom Himmel. Ich wies den Sternen den Weg. Ich setzte fest den Lauf der Sonne und des Mondes. Ich schuf die Tätigkeit der See.
Ich machte stark den Mann. Ich führte Weib und Mann zusammen. Ich bestellte die Frauen dazu, daß sie im zehnten Monat ihre Kinder

gebären. Ich bestimmte die Kinder, ihre Eltern zu lieben. Ich legte denen Strafen auf, die den Eltern keine Liebe erweisen.
Ich machte mit meinem Bruder Osiris dem Menschenfressen ein Ende. Ich offenbarte den Menschen Geheimnisse. Ich lehrte die Menschen, daß sie die Bilder der Götter ehren. Ich weihte die Bezirke der Götter.
Ich brach die Herrschaft der Tyrannen. Ich machte dem Morden ein Ende. Ich bestimmte die Frauen, der Männer Liebe anzunehmen. Ich machte das Recht stärker als Gold und Silber. Ich befahl, daß das Wahre gut geheißen werde. Ich ersann die Eheverträge.
Ich gab den Griechen und Barbaren ihre Sprache. Ich trug Sorge dafür, daß man das Schöne vom Schändlichen unterscheide. Ich befahl, daß man nichts mehr scheuen solle als den Eid. Ich habe den, der Übles gegen andre sinnt, überantwortet jenen, wider die er Übles sann. Ich habe Strafen verfügt für jene, die Unrecht tun. Ich ließ für die Flehenden Gnade walten. Ich schütze gerechte Beschützer. Mit mir herrscht das Recht.
Ich bin die Königin der Flüsse und Winde und Meere. Niemand wird in Ehren gehalten ohne mein Wissen. Ich bin die Königin des Kriegs. Ich bin die Königin des Blitzstrahls. Ich wühle die See auf und mache sie glatt. Ich bin die Strahlen der Sonne.
Was mir gefällt, daß es zu Ende ginge, geht zu Ende. Wo ich walte, ist alles Vernunft. Ich lasse frei, die in Banden liegen. Ich bin die Königin der Seemannskunst. Ich mache unschiffbar das Schiffbare, wenn's mir gefällt.
Ich schuf der Städte Umwallungen. Ich werde Gesetzgeberin genannt. Ich hob die Inseln aus den Tiefen ins Licht. Ich bin die Herrin der Regenstürme. Ich überwinde das Schicksal.
Das Schicksal horcht auf mich.
Heil dir, Ägypten, das du mich nährtest.

Gewiß ist Paulus einfachen Anhängern der Isis begegnet und ebenso gewiß auch solchen, die in ihre Mysterien eingeweiht waren. Vermutlich hat er die Prozessionen gesehen, bei denen ihr Standbild durch die Straßen getragen wurde – Mutter Isis, den Knaben Horus im Arm, den Kopf liebevollen Blicks dem heiligen Knaben zugeneigt, den sie ihrem Gatten Osiris gebar. Sie war die Madonna des Ostens und des Westens, lange bevor die christliche Madonna in den Kirchen Einzug hielt. R. E. Witt hat in seinem Werk *Isis in the Graeco-Roman World* darauf hingewiesen, daß Paulus auf seinen Reisen bezeichnenderweise viele Städte besuchte, die Zentren des Isiskults waren. Anklänge hieran findet man vielleicht sogar in den berühmten Wendungen »tönend Erz« und »klingende Schelle«. Zur Huldigung der Isis gehörte auch: »Du schlägst deine Zimbel und erneust die Wintersonnenwende mit deinem Sistrum (altägyptische Handrassel).« Ein anderer möglicher Verweis lautet: »Die klagenden Wasser des Nils mit seinem tönenden Erz.« Im 1. Jahrhundert war aus Isis, die man viele Jahrhunderte lang in bescheidenerer Form verehrt hatte, eine Muttergottheit mit universalen Attributen geworden, zu deren wichtigsten Mitgefühl und liebevolle Fürsorge gehörten.

Isis sprach die Frauen an, denn war sie nicht die All-Mutter? Männer, zumal aggressive und betont maskuline, erlagen ihrem Reiz nicht so leicht. Unter den zahlreichen Alternativen – es gab tatsächlich so viel Kulte, daß jedermann sich den ihm am meisten gemäßen aussuchen konnte – war die verbreitetste die Mithrasreligion. Mithrastempel hat man in der ganzen Mittelmeerwelt und sogar in London gefunden. Er war der eigentliche Gott der Soldaten, und sein Kult marschierte sozusagen mit den Legionen, wo immer sie Land in Besitz nahmen. Wie viele Religionen stammte auch die des Mithras aus dem Osten. Ihre Heimat ist vermutlich Persien. Im Mithraismus finden sich gewisse Züge der persischen Nationalreligion, die Zoroaster gestiftet hat. Dazu gehört der Glaube an einen ewigen Krieg zwischen »den Söhnen des Lichts und den Söhnen der Finsternis« (ein Konzept, das auch bei den Essenern erscheint).

Wie das Judentum besaß auch die Mithrasreligion heilige Bücher. Ihre Lehren waren in der *Avesta*, dem *Gesetz*, zusammengefaßt, Mithras wurde von der guten Macht im Universum erschaffen, von Ormazd, dem Herrn des Lebens. Er war sein treuer Diener und kämpfte unablässig gegen die Macht des Bösen, gegen Ahriman, den Gott des Todes. Mithras schuf Leben auf der Erde, indem er einen heiligen Stier tötete, aus dessen Blut die ersten Menschen geboren wurden. Seine Anhänger feierten eine mystische Kommunion, bei der sie Brot und Wein zu sich nahmen. Möglicherweise bediente man sich auch bei gewissen Initiationszeremonien der stark wirkenden Droge, die aus der schwarzen Nieswurz gewonnen wird, um bei den Gläubigen illusorische Effekte hervorzurufen.

Mithras' Anhänger, die sogenannten *sacrati* (die Geheiligten oder Geweihten), durchliefen sieben Stufen der Initiation, die der Zahl der sieben Planeten entsprachen. Jede Stufe trug einen Namen, dessen Genus das Maskulinum war, denn der Mithraismus blieb den Männern vorbehalten. Der dritte Grad, *Miles* (Soldat), markierte einen Punkt zwischen den höheren Stufen und jenen Anhängern, die nicht vollwertig in die Glaubensgemeinschaft aufgenommen waren. Den Titel des höchsten Grades, nämlich *Pater* (Vater), übernahmen die Christen später für ihre Priester. Askese und Zölibat wurden empfohlen, zumindest für die höheren Grade. Das bedeutete jedoch nicht Rückzug aus der Welt, sondern Bewältigung der Lebensprobleme auf spartanische, ja puritanische Weise. Der heilige Hieronymus erwähnt in einem seiner Briefe, daß der Mithraismus wie das Christentum einen abgestuften, nach Ranghöhe differenzierten Zölibat kenne und den Gläubigen als Belohnung für ein reines und edles Leben die Gemeinschaft mit der Gottheit verspreche. Manche Vorstellungen des Mithraismus korrespondieren mit dem Christentum, etwa der Grad des *Miles*, der recht genau dem »Soldaten Christi« entspricht.
Der Mithraismus wurde durch einige von den späteren Kaisern gefördert, die erkannt hatten, daß die kühnen Tugenden dieses Kults zur Erhaltung des Reichs nützlich und nötig waren. Die Härte und Schwierigkeit der Initiationsriten, dazu die stoischen Qualitäten, die der Mithraismus seinen Anhängern abverlangte, ließen ihn zur Soldatenreligion werden. Aber dies zählte auch zu seinen Schwächen. Denn obwohl er einige wesentliche Züge der Universalreligionen aufwies und obwohl er ein tugendhaftes Leben vorschrieb und dafür die Hoffnung auf Unsterblichkeit bot, hielt er die Frauen fern. Weitere schwache Punkte bestanden darin, daß er sich auf Kompromisse mit dem Polytheismus einließ und daß seine zentrale Figur eine mythische und keine historische Gestalt war. Im Christentum konnten auch Frauen Einfluß nehmen. Das beginnt bei Maria und setzt sich über die Evangelien bis in die Ur- und Frühkirche fort. Auch leitet sich das Christentum von einer historischen Gestalt ab. Und zudem ließ es sich auf keinerlei Kompromisse mit dem Heidentum ein – eine wichtige Komponente seiner Kraft. In diesem Punkt lieferte das Judentum, das so entschieden den Umgang mit Götzenbildern und allem heidnischen Blendwerk ablehnte, eine unerschütterliche Basis.
Gewiß ist Paulus überall in Kleinasien auf Anhänger des Mithras ge-

stoßen. Der Mithraskult war hier besonders stark verbreitet; eines seiner wichtigsten Zentren befand sich im Nordosten, in Trapezus (Trapezunt). Viele von den Soldaten, die in den Provinzstädten Polizeifunktionen wahrnahmen, dürften Mithrasanhänger gewesen sein, und die Strenge und Nüchternheit ihres Glaubens hat sicherlich in gewisser Weise den Pharisäer in Paulus angesprochen. Trotzdem fehlte dem Mithraismus etwas besonders Wichtiges. Er gebot gute Gedanken und eine moralische Lebensführung, aber er entbehrte jeglichen Mitgefühls und jeglicher Freundlichkeit. Er hatte keinen Platz für Frauen, und er hatte keinen Platz für Leibeigene und Sklaven. Obwohl er nicht ausschließlich aufs Militär beschränkt blieb, war er doch in erster Linie auf diejenigen abgestimmt, die die Grenzen des Reiches bewachten, für die Männer gedacht, die Kühnheit und Kameradschaft angesichts allgegenwärtiger Gefahren in Ehren hielten.

Paulus kam sozusagen als Botschafter zu den Nichtjuden, und niemand kann erfolgreich eine Botschaft übermitteln – sei es nun eine spirituelle oder materielle –, ohne das Volk gut zu kennen, zu dem er sich begibt. Später schrieb er im Brief an die Römer: »Da sie (die Heiden) sich für weise hielten, sind sie zu Narren geworden und haben verwandelt die Herrlichkeit des unvergänglichen Gottes in ein Bild gleich dem eines vergänglichen Menschen und der Vögel und der vierfüßigen und der kriechenden Tiere (hierbei dachte er wohl an die ägyptischen Kulte). Darum hat sie auch Gott dahingegeben in ihrer Herzen Gelüste, in Unreinigkeit, zu schänden ihre eigenen Leiber an sich selbst, sie, die Gottes Wahrheit verwandelt haben in Lüge und haben geehrt und gedient dem Geschöpf statt dem Schöpfer, der da gelobt ist in Ewigkeit. Amen. Darum hat Gott sie auch dahingegeben in schändliche Lüste; denn ihre Weiber haben verwandelt den natürlichen Umgang in den unnatürlichen; desgleichen auch die Männer haben verlassen den natürlichen Umgang mit dem Weibe und sind aneinander entbrannt in ihren Lüsten und haben Mann mit Mann Schande getrieben...«

Paulus kannte die heidnische Welt so gut wie kaum ein anderer Jude. Sie wandten die Augen ab, wenn die Götterbilder vorbeigetragen wurden, wenn die Flöten klagten, die Zimbeln erschallten und die Eunuchenpriester mit schrillen Stimmen riefen. Paulus hielt den Blick unablässig auf seine Umwelt geheftet. Seine durchdringenden Augen musterten alles und jedes. Er las die Literatur der Heiden (Aratos, Epimenides, Menander, Aischylos und Platon werden von ihm zitiert). Er verbarg sich nicht vor der Welt wie die Essener, wandte die Augen nicht ab wie die anderen Juden. Er ging in diese Welt hinaus und mußte wissen, wie stark der Widerstand war, der ihn erwartete.

16 Kaiser und Gott

Weil ein unbekannter Jude, der Saul hieß, außerdem römischer Bürger war und den latinisierten Namen Paulus trug, etwa acht Jahre lang keine einzige Spur in der Geschichte hinterlassen hat, behandeln manche Fachleute diese doch nicht unbeträchtliche Spanne so, als sei die Zeit einfach stillgestanden. Die große Welt wußte nicht einmal, daß Paulus existierte, obwohl sein Leben und seine Schriften später Ruhm erlangten und wohl nachwirken werden, solange es auf unserem Planeten Menschen gibt.
Im Jahre 37 n. Chr. geschah etwas, worauf man im ganzen römischen Reich lange gehofft, ja was man herbeigefleht hatte. Bei einem seiner seltenen Ausflüge aufs italienische Festland starb am 16. März Kaiser Tiberius in seinem Landhaus zu Misenum. Es hieß, sein Nachfolger Gaius Cäsar habe das Ende des alten Mannes beschleunigt und ihn mit Kissen erstickt. Er starb im Alter von 78 Jahren. »Sein Tod versetzte das Volk in einen solchen Freudentaumel, daß auf die erste Nachricht alles durch die Straßen lief, bald mit dem Rufe: In den Tiber mit dem Tiberius!, bald unter Anrufung der Mutter Erde und der Todesgötter, ›daß sie dem Toten keine Stätte, als nur unter den Verdammten, verleihen möchten…‹« So berichtet uns Sueton. Er fügt hinzu, daß einige, die unter Tiberius zum Tode verurteilt worden waren, jetzt noch hingerichtet wurden. Sein Nachfolger hatte nämlich noch nicht die Herrschaft übernommen, und daher gab es niemand,

an den man sich wenden und um Milde bitten konnte. »So steigerte der Gedanke, als wirke die Grausamkeit des Tyrannen noch nach seinem Tode fort, den Haß gegen ihn.«
Germanicus, der Vater des neuen Kaisers, war ein Neffe des Tiberius. Als großartiger Soldat bekannt und allgemein beliebt, starb er bereits mit 34 Jahren in Antiochien, jener Stadt, die in Paulus' Leben eine so bedeutende Rolle spielen sollte. Man munkelte, Tiberius habe ihn vergiften lassen, weil ihn das Volk gern als Nachfolger des Augustus gesehen hätte. Das medizinische Wissen steckte damals noch in den Kinderschuhen, und wenn man einen Todesfall nicht gleich eindeutig erklären konnte – zumal, wenn es sich um einen mächtigen Mann handelte –, nahm man leicht an, hier sei Gift mit im Spiel gewesen. Germanicus hatte mit seiner Gattin Livia neun Kinder. Drei starben in den ersten Lebensjahren. Übrig blieben drei Mädchen und drei Jungen. Zwei von ihnen, Drusus und Nero, wurden auf Geheiß des Tiberius und falscher Anschuldigungen wegen gefangengesetzt und zum Tode verurteilt. Als einziger überlebte Gaius mit dem Beinamen Caligula (»Stiefelchen«). Er begleitete seinen Vater auf Feldzügen, wuchs unter Soldaten auf und hieß so, weil man ihm eine Knabenuniform hatte machen lassen, zu der auch der *caliga* oder Halbstiefel gehörte, die Fußbekleidung der römischen Legionäre.
Als junger Mann besuchte Caligula für längere Zeit Tiberius auf Capri. Die Atmosphäre dieses ausgefallenen Hofes im freiwilligen Exil dürfte ihn charakterlich nicht eben gefördert haben. Tiberius machte sich keinerlei Illusionen über ihn. »Ich nähre eine Schlange an Roms Busen«, bemerkte er einmal. Bei anderer Gelegenheit sagte er, er ziehe einen Phaeton auf, der den Sonnenwagen falsch lenken und die ganze Welt in Brand setzen werde. Tiberius schätzte den Charakter seines Nachfolgers völlig zutreffend ein, doch als Caligula den Thron bestieg, begrüßten ihn die Römer mit beispiellosem Jubel – sie erinnerten sich noch seines Vaters und dachten, in ihm hätten sie einen zweiten Germanicus gefunden.
Anfangs verhieß seine Regierung denn auch nur Gutes. Alle hatten das Gefühl, nach der Schreckenszeit unter Tiberius würden Rom und das Reich jetzt in Wohlfahrt und Frieden gedeihen. Caligula holte die Verbannten zurück, jagte dafür die perversen Spintrier ins Exil und wetzte so manche Scharte seines Vorgängers wieder aus. Tiberius hatte, abweichend von Augustus' Gepflogenheit, keinen kaiserlichen

Haushaltsplan mehr veröffentlicht – Caligula führte es wieder ein. Zur Unterhaltung des Volkes veranstaltete er verschwenderisch ausgestattete Schau- und Zirkusspiele. Einmal ließ er zwischen Puteoli und Bajä am Golf von Neapel eine fast fünf Kilometer lange Bootsbrücke schlagen. Sie wurde mit Erde aufgeschüttet, und dann begann ein Spektakel, das drei Tage dauerte: Voran zog der Kaiser, entweder hoch zu Roß oder im Streitwagen, hinter ihm seine Höflinge und die gesamte prätorianische Garde. Dies, so hieß es, habe er getan, weil Tiberius' Lieblingsastrolog Thrasyllus einmal gesagt hätte, Caligula werde ebensowenig Kaiser werden wie den Golf von Neapel zu Pferd überqueren. Doch neben diesen pompösen Darbietungen, die das Volk liebte, vernachlässigte er keineswegs die ernsten Staatsgeschäfte. Er vollendete eine Reihe wichtiger Bauvorhaben, die unter Tiberius liegengeblieben waren, und ließ im ganzen Reich Tempel und öffentliche Gebäude wiederherstellen.

Leider wohnten zwei Seelen in seiner Brust – und die andere machte sich mehr und mehr bemerkbar. Man kann kaum daran zweifeln, daß Caligula wahnsinnig war. Es hieß, seine Geliebte und spätere Frau Milonia Caesonia habe ihm einen Liebestrank eingeflößt, um ihn an sich zu binden, und dadurch sei er verrückt geworden. Wahrscheinlicher ist, daß er den Wahnsinn, der sich wie ein roter Faden durch seine Familie zog, erbte. Er zwang seinen Schwiegervater zum Selbstmord und unterhielt inzestuöse Beziehungen zu seinen drei Schwestern. Seine Schwester Drusilla scheint die große Liebe seines Lebens gewesen zu sein – ihr Tod ließ ihn völlig verzweifeln. Als er einmal der Hochzeitsfeier eines Mannes aus seinem Hofstaat beiwohnte, gelüstete es ihn plötzlich nach der Braut. Er ließ sie unverzüglich in seine Gemächer schaffen. Was Brutalität, Sadismus und barbarisch-rohe Szenen betraf, stand er dem Tiberius in nichts nach; eher übertraf er ihn noch. Als die Römer im Zirkus einmal einem Wagenlenker zujubelten, den er nicht favorisierte, machte er die klassische Bemerkung: »Hätte das Volk doch nur *einen* Nacken!« Hören wir Sueton: »Was die Keuschheit anlangt, so schonte er weder die seine noch die eines anderen. Mit Marcus Lepidus, mit dem Pantomimenschauspieler Mnester und mit einigen als Geiseln in Rom lebenden Fürsten soll er in gegenseitiger Unzucht gelebt haben. Valerius Catullus, ein Jüngling von konsularischer Familie, hat es sogar in aller Welt ausgeschrien, daß er von ihm entehrt und durch seine Unzucht krank geworden sei.«

Wenn er zur Tafel geladen hatte und ihm die Frau eines Gastes gefiel, ließ er sie zu sich rufen und verließ mit ihr den Saal. Kam er zurück, so zählte er vor allen ihre körperlichen Vorzüge oder Mängel auf und äußerte sich kritisch oder lobend über ihr sexuelles Verhalten.
Dieser Mann, der sogar sein Lieblingsrennpferd, den »Flieger«, zum Konsuln ernannte, war davon überzeugt, er sei Gott. Er richtete ein Heiligtum für sich ein, begründete eine dazu gehörende Priesterschule und ließ eine lebensgroße Caligula-Statue aufstellen, die jeden Tag in die Kleider gehüllt wurde, die auch er gerade trug. Gewöhnliche Opfertiere wie Schafe, Ziegen oder Rinder waren zu dürftig für die Göttlichkeit Caligulas. Vor seinem Standbild opferte man Pfauen, Waldhühner, Fasanen, Perlhühner und Flamingos. Er setzte sich mit Jupiter gleich, ließ von seinem Palast aus eine Brücke zum Tempel auf dem Kapitol bauen und verkündete öffentlich, der Gott habe ihn darum ersucht, bei ihm zu wohnen. Wenn der Mond hell und voll am Himmel stand, lud er die Mondgöttin in sein Bett ein. Als Junge hatte er unter epileptischen Anfällen gelitten. Vermutlich ist er nie von dieser Krankheit genesen. Außerdem war er von Schlaflosigkeit geplagt. Nachts fand er kaum mehr als drei Stunden Ruhe. Oft schritt er durch die langen Flure des Palasts, sein Schatten tanzte und schwankte gespenstisch im Licht der Lampen und Kohlenpfannen und im Schein der Fackeln, die seine Wachen in der Hand hielten. Entsetzliche Gesichte suchten ihn heim. Einmal träumte er, er habe eine lange Unterredung mit dem Mittelmeer geführt. Was ihm das Mitelmeer gesagt hatte, offenbarte er nie, aber es dürfte kaum etwas Tröstliches oder Beruhigendes gewesen sein.
Caligulas fester Glaube, er sei der Oberste der Götter, führte in Palästina zu ungeheurer Verwirrung. Er wollte mit allen Mitteln durchsetzen, daß diese aufreizenden (und ihrerseits leicht reizbaren) Juden seine Göttlichkeit respektierten – und zwar in ihrem Tempel zu Jerusalem. Und so sandte er an Petronius, den Statthalter von Syrien, den Befehl, es solle eine Kolossalstatue des Kaisers geschaffen und im Allerheiligsten des Tempels aufgestellt werden. Davor hatte Caligula den Enkel Herodes' des Großen, Herodes Agrippa, aus dem Gefängnis entlassen. Herodes Agrippa war in Rom erzogen worden und in Schulden geraten. Unter Tiberius hatte man ihn des Verrats bezichtigt. Das Glück war ihm hold, denn er wurde nicht gleich getötet, sondern nur ins Gefängnis geworfen. Offenbar hatte er eine große per-

sönliche Ausstrahlung, gelang es ihm doch, Caligulas unberechenbare Gefühle für sich zu gewinnen. In einem Augenblick irrwitziger Generosität schenkte ihm Caligula eine aus purem Gold gefertigte Nachbildung der Ketten, die er im Gefängnis getragen hatte. Außerdem belehnte er ihn mit der Tetrarchie, der untergeordneten Regentschaft, über fast alle Gebiete, die sein Großvater regiert hatte. Später bekam er obendrein Galiläa und Peräa, und nach Caligulas Tod gab dessen Nachfolger Claudius dem Herodes noch Judäa und Samarien – womit er über mehr Länder gebot als sein berühmter Großvater. Er war also, was Macht angeht, kein unbedeutender Mann, aber blieb natürlich stets und ständig den Launen des Kaisers in Rom unterworfen.

Selbstverständlich versuchte Petronius die Sache mit der Statue aufzuschieben. Er kannte die Juden und wußte, daß es zu mehr als einem der üblichen Aufstände kommen würde, wenn man eine Kaiserstatue im Tempel aufstellte. Selbst jetzt gingen die Juden – die von dem Vorhaben gehört hatten – in Sack und Asche und strömten zu Hunderten an den Ort, wo die Statue in Arbeit war. Petronius behielt seine kluge Verzögerungstaktik bei. Doch Caligula war wild entschlossen. Wenn diese teuflischen Leute seine Göttlichkeit nicht aus freien Stücken anerkannten, mußte man sie eben zwingen, vor ihm niederzuknien und ihn anzubeten. Erbost, weil das Werk immer noch nicht vollendet war, schickte er dem Petronius eine kaiserliche Botschaft: – Entweder laß meine Statue im Tempel aufstellen oder entleibe dich selbst.

Zum Glück für Petronius wurde das Schiff, das den Brief beförderte und im Winter des Jahres 40 n. Chr. in See stach, durch Stürme aufgehalten. Und vorher noch lief eine andere Nachricht ein. Wie ein Lauffeuer hatte es sich im ganzen Reich verbreitet – Caligula war tot. 41 n. Chr., am 24. Januar, wurde er von zwei Offizieren seiner Leibwache ermordet. Den einen hatte Caligula ständig beleidigt, und beide kannten ihn gut genug, um zu wissen, daß ein solches Monstrum nicht geeignet war, eine Stadt, geschweige denn die Welt zu regieren. Sie traten auf ihn zu, baten ihn um die Parole des Tages, und als Caligula »Jupiter« sagte, riefen Cassius Chaerea und Cornelius Sabinus: »So treffe dich sein Zorn!« (Jupiter war der Gott, der den plötzlichen Tod brachte.) An Hals und Kopf verwundet, stürzte Caligula zu Boden und schrie: »Noch lebe ich!« Worauf seine Mörder wieder und wieder auf ihn einstachen – »Manche stießen ihm sogar das Schwert durch die Schamteile.« Gott war tot. Zur gleichen Zeit tötete ein mitverschworener Zenturio seine Frau Caesonia, indem er ihr den Kopf an einer Mauer zerschmetterte. Caligula starb mit neunundzwanzig. Regiert hatte er nicht einmal vier Jahre.

Auf ihn folgte Claudius. Er war der Enkel Livias. Sein Vater entstammte allerdings einer früheren Verbindung – obwohl man munkelte, in Wirklichkeit habe ihn Augustus gezeugt. Claudius war äußerlich nicht eben anziehend und stotterte. Seine eigene Mutter sagte von ihm, »die Natur hätte ihn nur skizziert, nicht vollendet«. Doch Claudius war keineswegs dumm, sondern ein sensibler und hochgebildeter Mann. Während er regierte, zog im Imperium jene Ruhe ein, die man seit dem Tod des Augustus vermißt hatte. Eine seiner ersten Maßnahmen bestand darin, das Aufstellen der Statue im Tempel von Jerusalem zu unterbinden. Außerdem wies er Petronius an, er möge alle Handlungen unterlassen, die geeignet seien, die empfindlichen religiösen Gefühle der Juden zu verletzen. Allen Untertanen befahl er, Caligula nicht länger als Gott zu verehren. Hier müssen wir festhalten, daß Paulus an die Öffentlichkeit trat, als dieser Kaiser sein mildes und vergleichsweise friedliches Regiment führte. Fast alle seine Missionsreisen unternahm er, als Claudius auf dem Thron saß. Unter Tiberius oder Caligula wären sie kaum möglich gewesen – oder hätten ein katastrophales Ende genommen. Als Claudius 54 n. Chr. starb und Nero ihm nachfolgte, hatte Paulus nicht mehr lange zu leben.

17 Die Goldene Stadt

Etwa zur selben Zeit, da Paulus nach Antiochien entsandt wurde, um vor der immer größer werdenden Gemeinde zu predigen, zog Herodes Agrippa in Cäsarea ein, dem Regierungssitz des Prokurators von Judäa. Er wollte beweisen, daß die Jahre in Rom ihn weder zum Fremden gemacht noch korrumpiert hatten; er wollte außerdem demonstrieren, daß er ein guter Jude war, und so griff er auf einen Sündenbock zurück, der sich geradezu anbot: nämlich die abweichlerische Sekte der Anhänger Christi. Die beste Methode, mit diesem Problem fertig zu werden, schien ihm die Ausschaltung der Apostel. Also ließ er Jakobus* hinrichten und Petrus in den Kerker werfen. Er wollte ihn töten, ihm zuvor aber noch den Prozeß machen. Vielleicht hoffte er, vor Gericht könne er den Glauben des Petrus der Lächerlichkeit preisgeben. Es gelang Petrus zu fliehen. Wie, sei dahingestellt – ob ein Wunder geschah, wie die Apostelgeschichte berichtet, ob er die Wachen von seiner Unschuld zu überzeugen vermochte oder ob er sie einfach bestach. (Möglicherweise hingen die Wachen sogar heimlich demselben Glauben an wie er.) Herodes war erzürnt über den Verlust seines Renommiergefangenen und ließ die Wachen hinrichten.

Während Herodes in Cäsarea residierte, kam die Nachricht von Claudius' verblüffenden Erfolgen in Britannien. Er war der einzige Kaiser des 1. Jahrhunderts, der dieses Land besuchte. Dank seiner Politik

* den Bruder des Johannes (A. d. Ü.)

wurde innerhalb von vier Jahren ein großer Teil Britanniens dem römischen Reich einverleibt. Herodes traf eifrig Vorbereitungen für Spiele und für ein Fest anläßlich des kaiserlichen Sieges über diese neblige Insel, die so weit vom sonnigen Judäa entfernt lag. Im Verlauf der Festivitäten empfing er eines Tages Gesandtschaften aus Tyrus und Sidon. Vor ihnen und dem versammelten Volk hielt Herodes eine Rede. Er war ein eloquenter Mann, die Sonne beschien seine Königsgewänder, seine Krone blitzte auf wie Feuerfunken... Die Menge wußte wohl, welche Schmeicheleien die Potentaten des Ostens von ihren Untertanen erwarteten, und so riefen einige, die ganz vorne standen: »Das ist Gottes Stimme und nicht eines Menschen!«
Als Herodes wieder Platz genommen hatte, überfielen ihn furchtbare Schmerzen. Die Apostelgeschichte behauptet, ihm sei so geschehen, weil er diese faustdicke Schmeichelei angenommen und nicht Gott die Ehre gegeben habe. Er »ward gefressen von den Würmern« und starb fünf Tage später. Welche Krankheit ihn das Leben kostete, wissen wir nicht. Jedenfalls war es günstig für die Christen. Die drei Machthaber, die für die Sekte und die Ausbreitung ihres Glaubens eine Bedrohung dargestellt hatten – Tiberius, Caligula und Herodes Agrippa –, lebten nicht mehr. Ein relativ gütiger Kaiser regierte die Welt. Die Zeit war reif, um noch mehr Anhänger zu gewinnen.
Trotz Herodes, trotz der Feindseligkeit zwischen Römern und Juden blühte in all diesen Jahren der neue Glaube in ganz Galiläa, Judäa, Samarien und Syrien. Er hatte in der großen Stadt Antiochien Fuß gefaßt und zog jetzt nicht mehr nur Juden, sondern auch Heiden in seinen Bann. Des Petrus Traum vom großen leinenen Tuch, das vom Himmel auf die Erde herniedergelassen wurde und alle möglichen unreinen Tiere enthielt, ist gerade in diesem Stadium sehr bezeichnend. Eine Stimme sprach zu ihm, er solle sie schlachten und essen. Dem Gesetz gemäß durfte er das jedoch nicht. Aber die Stimme gab ihm zur Antwort: »Was Gott gereinigt hat, das heiße du nicht gemein.« Die Traumsymbolik ist klar: auch wer außerhalb des Gesetzes stand, auch Nichtjuden und Heiden konnten im neuen Glauben angenommen werden. Die Zeit war nicht mehr fern, da Paulus seinen Weg ging und die Nichtjuden bekehrte.
Die Mutterkirche in Jerusalem erfuhr natürlich von der ständig wachsenden Zahl der Neubekehrten in Antiochien. Vielleicht ängstigte sie sich auch wegen der vielen Nichtjuden, die in die Gemeinde aufge-

nommen wurden. Jedenfalls schickte man den anständigen und verläßlichen Barnabas, um zu erkunden, was in Antiochien vor sich ging. Barnabas war zweifellos guten Willens, aber wahrscheinlich fühlte er sich ziemlich hilflos, wenn er mit Griechischsprachigen verhandeln mußte, mit heidnischen Männern und Frauen, die einer Kirche beitreten wollten, die ungeachtet ihres Gegensatzes zum orthodoxen Judentum auf der Achtung vor dem Gesetz aufgebaut war. Es lag nahe, daß er an Paulus dachte. Antiochien ähnelte Tarsus in mancher Hinsicht; auch hier herrschte ein buntes Völker- und Religionsgemisch, auch hier sprach man überwiegend Griechisch. Und Paulus kannte diese Leute. Außerdem war er beredt und konnte zu allen möglichen Menschen Kontakte knüpfen – also fiel die Wahl auf ihn. Er hatte unter Heiden gelebt, sprach fließend Griechisch und war mit den Sitten und Riten der fremden Völker vertraut. Und doch ließ er sich in keiner Weise davon anstecken. Trotz seiner wunderbaren Bekehrung hatte er nie die Strenge des Pharisäers abgelegt, auch nie die Diskussionsgewandtheit verloren, die er sich bei Gamaliel in Jerusalem angeeignet hatte. Barnabas fuhr mit dem Schiff nach Tarsus, suchte Paulus auf und erklärte ihm, worum es ging. Zweifellos klang das für einen Mann mit Paulus' Temperament äußerst verlockend. Nach seiner Bekehrung, nach der anfänglichen flammenden Begeisterung (die nie nachließ) hatte er eine Reihe von Jahren in einer Art Stagnation gearbeitet. Es war genau die richtige Aufgabe für ihn – eine Aufgabe, die ihn forderte. Antiochien, die drittgrößte Stadt des römischen Reiches, wurde an Einwohnerzahl, Wohlhabenheit und Pracht nur noch von Rom und Alexandria übertroffen. Tarsus war provinziell gegenüber diesem Zentrum der römischen Herrschaft im Osten. Julius Cäsar hatte 47 v. Chr. Antiochien, die goldene Stadt, besucht. Zehn Jahre später verbrachte sein Rächer Mark Anton dort gemeinsam mit Kleopatra den Winter, bevor er zu seinem glücklosen Feldzug gegen die Parther aufbrach. Auch Augustus und Tiberius erwiesen der Stadt ihre kaiserliche Gunst, indem sie sie mit öffentlichen Gebäuden schmückten. Von den Tempeln abgesehen, konnte sich Antiochien all dessen rühmen, was eine römische Metropole auszeichnete: Theater, Gymnasien, Zirkus, öffentliche Bäder, Aquädukte und schattige Kolonnaden, unter denen man wandelte. Antiochien lag etwa dreißig Kilometer vom Meer entfernt am linken Ufer des Orontes inmitten einer saftiggrünen, fruchtbaren Ebene. Im Süden erhob sich schützend der Berg Silpius,

auf dessen Gipfel eine Zitadelle stand. Aus einer seiner Kalksteinzakken war ein monumentaler Kopf herausgehauen: Charon, der Fährmann der Toten.
Paulus, Barnabas und ihre Reisegefährten fuhren den Orontes flußaufwärts. Dabei dürften sie am heiligen Hain der Daphne vorbeigekommen sein. Er erinnerte an eine thessalische Nymphe, die Apollo zwingen wollte, ihm zu Willen zu sein – ohne Erfolg, denn Daphne hatte die Mutter Erde darum angefleht, ihr zu helfen, und war sogleich in einen Lorbeerbaum verwandelt worden. Aus seinen Blättern machte Apollo sich eine Krone, und daraus leitet sich die Tradition des Lorbeerkranzes ab. Ob Paulus diese Mythe kannte oder nicht, ist nebensächlich; jedenfalls erfuhr er sicherlich jetzt – wenn er nicht schon zuvor davon gewußt hatte –, welchen Zwecken dieser berühmte Hain diente. Beherrscht von einer Kolossalstatue des Gottes, war Daphnes Hain ein heiliger Ort, zudem eine Freistatt für Schutzsuchende. Das hieß, daß beispielsweise Verbrecher, entsprungene Sklaven und Schuldner nicht ergriffen werden konnten, solange sie sich in diesem Waldgebiet aufhielten, das über fünfzehn Kilometer im Umkreis maß. Der bach- und quellenreiche Ort war Apoll und dem Gedächtnis der unberührten Daphne geweiht, aber dank einer kuriosen Verkehrung ins Gegenteil war er zur Stätte geworden, wo man die Freuden des Sexus feierte. Männliche und weibliche Prostituierte aus dem ganzen Osten kamen in die Wälder geströmt. Den Zehnten von ihrem Einkommen gaben sie für die Erhaltung des Tempels und anderer Gebäude. Wenn man in Gegenwart eines Römers vom Daphne-Hain sprach, so wurde das mit einem lüsternen Blick, einem stillvergnügten Lächeln oder einem hämischen Grinsen bedacht. Auf ähnliche Weise sind auch in späteren Jahrhunderten berühmte Zentren der Prostitution in Geschichte und Folklore eingegangen.
Sie erreichten Antiochien. Schimmernd weiß lag es im Sonnenglanz, im Stadtplan Alexandrien verwandt – das antike Schachbrettsystem mit breiten Straßen, die sich im rechten Winkel schnitten. Die beiden – mit Kolonnaden versehenen – Hauptstraßen kreuzten sich in der Stadtmitte und teilten Antiochien in vier Bezirke. Aus diesem Grund nannte man es manchmal Tetrapolis, »Vier Städte«. Wie die Alexandrier genossen auch die Antiochener keinen sonderlich guten Ruf in der antiken Welt. Wenn, so Edward Gibbon, die Alexandrier »die Eitelkeit und Unbeständigkeit der Griechen mit dem Aberglauben der

Ägypter in sich vereinigten«, dann kamen bei den Antiochenern jede Eitelkeit, jeder Aberglaube und jeder sexuelle Exzeß des Ostens zusammen. Außerdem waren sie wegen ihres schlagfertigen Witzes und ihrer satirischen Ader bekannt. Sie machten sich über nichts und niemand Illusionen und waren wie die Bewohner anderer großer Städte heutzutage – etwa London, Berlin oder New York – skeptisch und nicht auf den Mund gefallen. Doch weil sie hauptsächlich Orientalen waren und in milden Klimaten lebten, zeichnete sich ihr Charakter durch Unbeschwertheit aus. Sie waren berühmt-berüchtigt für Essen, Trinken und sexuelle Freizügigkeit. Vielleicht wählte Mark Anton, der ähnliche Neigungen hatte, deshalb gerade diese Stadt zum Winterhauptquartier.

Paulus, bereits mit dem liederlichen Tarsus vertraut, lernte jetzt eine der lasterhaftesten Städte der Welt kennen. Selbst die Römer, nicht eben Puritaner, waren der Meinung, daß es die Antiochener ein wenig zu weit trieben, daß sie in der Tat, um den modernen Jargon zu gebrauchen, »überpermissiv« waren. Später warnte Paulus die Neubekehrten immer wieder vor der Sünde der *porneia* – was nicht verwunderlich ist. *Porneia* heißt eigentlich Ehebruch, umfaßte im antiken Denken aber jede Form sexueller Ausschweifung und sexuell abweichenden Verhaltens. Dem waren die Konvertiten, ob Juden oder Nichtjuden – vor allem aber die Nichtjuden –, Tag für Tag, ihr ganzes Leben lang ausgesetzt. Was die alten Römer, Cato etwa, behauptet hatten, daß nämlich der Osten Rom und die römischen Tugenden mit dem Schwert bedrohe, stimmte nicht mehr. Jetzt bedrohte er Rom mit Luxus, Lotterleben und Laster, mit ausgefallenen Kulten, orgiastischer Mentalität und schrankenloser sexueller Freiheit.

Die Geschichte beweist, daß Cato der Ältere recht hatte und daß diejenigen, die für Freiheit und Nachgiebigkeit sich selbst gegenüber eintraten, sich irrten. Paulus ist in der westlichen Welt oft als unfroh und lustfeindlich verlästert worden. Aber das war er in keinem höheren Maße als so mancher Römer der Republik, der Zeit vor den Kaisern. Und selbst im Weltreich der Cäsaren gab es Römer, die erkannten, daß der Einfluß des Orients auf das einstmals abgehärtete Bauernvolk Roms sich als fatal erweisen würde. Niedergang und Fall des Imperium Romanum wurden nicht nur, wie man uns manchmal glauben machen will, durch wirtschaftliche Ursachen bedingt. Auch die Moral oder der Mangel an Moral spielte eine beträchtliche Rolle. Heutzutage behaupten viele, Männer wie Paulus hätten die Dinge einfach falsch gesehen oder seien nichts weiter als repressiv gewesen. Wirft man jedoch einen Blick auf manche »fortschrittliche« und »freie« Gesellschaften unserer Tage, so kann man gewisse Ähnlichkeiten mit dem Rom des 1. nachchristlichen Jahrhunderts feststellen. Sozietäten, die einst für ihre Tapferkeit, Widerstandsfähigkeit und Lebensfülle bekannt waren, ebenso für ihre Moral, die auf der Institution Familie basierte, haben all diese Tugenden und die Moral verloren. Aber vielleicht gibt es auch gar keine kausale Beziehung zwischen diesen Dingen. Vielleicht (die Vergangenheit scheint das überzeugend nahezulegen) unterliegen die menschlichen Gesellschaften demselben Rhythmus wie die Natur – Blüte, Reife, Verfall.

Während Paulus die antiochenische Gemeinde vergrößerte – er bekehrte Heiden, darunter auch den Griechen Titus –, erreichte die Kirche die Nachricht, daß eine Hungersnot drohe. Propheten, so heißt es in der Apostelgeschichte, kamen von Jerusalem nach Antiochien, um vor der Katastrophe zu warnen. Es bedurfte jedoch kaum prophetischer Gaben, um vorauszusehen, daß eine arge Getreideverknappung bevorstand. Die »Propheten« werden auf ihrer Reise reichlich Gelegenheit gehabt haben, den Stand der Ernte reichlich beobachten und direkt von den Bauern zu erfahren, wie die Lage war. Palästina jedenfalls litt bereits Not, und Kaiser Claudius leitete geeignete Maßnahmen ein, um sie zu lindern. Königin Helena von Abdine, jüdische Mutter eines heidnischen Königs, schickte sogar Beamte nach Ägypten und Zypern, um Getreide und Feigen aufzukaufen, die dann an die Bevölkerung von Jerusalem verteilt wurden. Die Nachricht wurde in Antiochien mit Furcht und Schrecken aufgenommen, aber die Urkirche trat sofort in Aktion. Obwohl viele Christen – übrigens wurden sie zum ersten Mal in Antiochien mit diesem griechisch-lateinischen Mischwort bezeichnet – arm waren, muß es unter ihnen wohl auch eine stattliche Anzahl von wohlhabenden Kaufleuten, Händlern und Produzenten gegeben haben. »Aber unter den Jüngern beschloß ein jeglicher, nach seinem Vermögen den Brüdern, die in Judäa wohnten, eine Gabe zu senden ...« Zweifellos zahlten sie außerplanmäßige Beiträge in die Armenkasse ein, für die sie, wie es bei den Juden üblich war, ohnehin jeden Freitag ihr Scherflein gaben. Barnabas und Paulus wurden dazu bestimmt, die Spende nach Jerusalem zu bringen.

18 Die Insel der Aphrodite

Paulus und Barnabas reisten nicht allein. Sie nahmen Titus mit, jenen Griechen, den Paulus bekehrt hatte. Er war der lebende Beweis für seine vom Erfolg gekrönten Bemühungen, in Antiochien Nichtjuden in die neue Kirche einzugliedern – aber nicht nur das. Einige Autoren haben Sätze gebraucht wie: »Sie waren übel beraten, daß sie sich von einem Heidenchristen begleiten ließen.« Doch man kann dies nur als völlig bewußte Maßnahme werten – die Auseinandersetzung darüber, ob nur Juden in diese ursprünglich jüdische Sekte aufgenommen oder ob auch »die Anderen« zugelassen werden durften, sollte jetzt endlich entschieden werden. Paulus war weder ein Wirrkopf, noch ließ er sich für fremde Zwecke einspannen, und wenn man annimmt, er habe Titus einfach gedankenlos mitreisen lassen, unterschätzt man seine Intelligenz. Titus stellte sozusagen einen Testfall dar. Er war Grieche, als Heide geboren und nicht beschnitten. All das rückte ihn völlig vom Gesetz ab. Wenn Paulus erreichen konnte, daß Titus gebilligt und anerkannt wurde, hatte er gewonnen. Dann durften die Lehren des Christentums im ganzen Reich und *allen* verkündigt werden. Vor allem wollte Paulus eines festhalten, was man bislang noch nicht akzeptiert hatte: daß nämlich der Messias der Juden auch der Messias der ganzen Welt sei.

Titus' Erscheinen mußte einen Streit mit der pharisäischen Gruppe heraufbeschwören, was Paulus auch eindeutig beabsichtigte. Die Sa-

che sollte ja öffentlich durchgesprochen und auf irgendeine Weise geregelt werden. Paulus' Zuversicht, daß er zu einer Übereinkunft mit den anderen Juden kommen werde, wenn er es vermocht hatte und weiterhin vermochte, Proselyten und Heiden zu bekehren, war durchaus berechtigt. Schließlich einigte man sich und ließ Paulus ebenso als Apostel gelten wie diejenigen, die Christus zu Aposteln bestimmt hatte. Petrus sollte der Apostel der Juden, Paulus der Apostel der Heiden sein. »Und da ... gaben sie mir und Barnabas die rechte Hand und wurden mit uns eins, daß wir unter den Heiden, sie aber unter den Juden predigten, nur daß wir der Armen gedächten, welches ich auch fleißig gewesen bin zu tun.«
Es ist kaum anzunehmen, daß Paulus und Petrus sich bei dieser Gelegenheit trafen. Petrus hielt sich höchstwahrscheinlich – nach seiner Flucht aus dem Gefängnis – noch versteckt. Doch gewiß ist Paulus dem Bruder Jesu, Jakobus, begegnet. Er war das Oberhaupt der Kirche, an ihn mußte sich Paulus vor allem wenden, wenn er wollte, daß sein weiteres Vorgehen offiziell gebilligt wurde. Jakobus schickte einen jungen Mann nach Antiochien mit, der sozusagen als Sekretär fungieren sollte. Er wird wohl Dokumente bei sich gehabt haben, die authentische Berichte über Leben und Lehre Jesu enthielten. Bei diesem jungen Mann handelte es sich um Johannes, mit dem Zunamen Markus, einen Vetter des Barnabas. Er war der Sohn einer Witwe, die in der Jerusalemer Kirche eine bedeutende Stellung einnahm. Vielleicht war Johannes Markus der Jüngling, der Jesus »mit einer Leinwand bekleidet auf der bloßen Haut« in den Garten Gethsemane folgte. Dann flohen die Jünger, die Soldaten versuchten ihn zu verhaften und »er ... ließ die Leinwand fahren und floh nackt davon«. Wenn diese Vermutung stimmt, kann man leicht verstehen, warum Jakobus gerade ihn dazu erwählte, mit Barnabas und Paulus nach Antiochien zu reisen. Die mündliche Überlieferung war damals ja noch sehr lebendig. Also konnte er den Mitgliedern der Gemeinde berichten, was er persönlich von Leben und Lehre Jesu wußte. Auf diese Weise vermochte er aus eigener Anschauung zu bestätigen, was in den Dokumenten stand.
Sollte Paulus seine Heimatstadt Tarsus in den »fehlenden Jahren« als Ausgangspunkt für seine Arbeit gedient haben, so mußte er jetzt sein »Hauptquartier« nach Antiochien verlegen. Von hier aus brach er zur ersten wichtigen Missionsreise auf, die uns schriftlich überliefert ist

– wenn auch nicht in allzu ausführlicher Form. Im Winter des Jahres 46 n. Chr. trat ein Rat zusammen, der aus Kirchenältesten, Lehrern und Propheten bestand (die letzteren hatten die Schrift auszulegen und die Gemeindeangehörigen im Glauben zu bestärken). Man beschloß – zweifellos aufgrund des Treffens in Jerusalem und aufgrund von Weisungen, die Jakobus der Gerechte hatte ergehen lassen –, daß Barnabas, Paulus und Johannes Markus nach Zypern fahren sollten, sobald im Frühling das Segeljahr begann. Unter denen, die als wichtige Mitglieder der antiochenischen Gemeinde erwähnt werden, befinden sich Simon Niger (»der Schwarze«, was aber nicht heißen muß, daß er ein Neger war), Lucius von Kyrene – möglicherweise ein Grieche – und Manahen. Er entstammte gewiß einer vornehmen Familie, war er doch zusammen mit Herodes Antipas, dem »Vierfürsten«, erzogen worden – entweder als Stiefbruder oder als vertrauter Gefährte. Eine gemischte Gesellschaft also; was dafür spricht, daß der neue Glaube sich über alle gesellschaftlichen Schranken hinwegsetzte und alle sozialen Schichten gleichermaßen umfaßte.

»Ausgesandt... vom heiligen Geist«, berichtet uns die Apostelgeschichte, segelten Barnabas, Paulus und Johannes Markus nach Zypern. Die Entschlüsse, die die Gläubigen damals faßten, wurden natürlich auf ein göttliches Wort oder eine göttliche Regung zurückgeführt. Doch dafür, daß sie gerade zur Insel der Venus reisten, gab es auch praktische Gründe, die man gewiß schon vorher ausführlich besprochen hatte. (Manchmal wird anscheinend vergessen, daß die Christen nicht in einem Wolkenkuckucksheim aus Träumen, Gesichten und Stimmen lebten, sondern fast alle Praktiker waren – hart arbeitende Handwerker, Händler und Kaufleute.) Barnabas stammte aus Zypern und muß dort deshalb auch Freunde und Verwandte gehabt haben, was wohl ebenfalls auf seinen Vetter Johannes Markus zutrifft, und Paulus sprach fließend Griechisch. Und es gab noch weitere Gründe. Auf Zypern bestand eine große jüdische Gemeinde, die sich in der Zeit entwickelte, da Augustus die Kupferminen der Insel an Herodes den Großen verpachtet hatte. Außerdem lebte dort ein kleines Häuflein von Christen, denn während der Verfolgung nach der Steinigung des Stephanus, wobei Paulus beide Male eine wichtige Rolle gespielt hatte, waren etliche Christen nach Zypern geflohen. Auch war Zypern, die drittgrößte Mittelmeerinsel, ein Zentrum, wo viele Fäden zusammenliefen. Zypern liegt fast gleich weit entfernt von

Kleinasien im Norden und Syrien im Osten, mißt an der längsten Stelle 185 Kilometer und an der breitesten 130 Kilometer. Seit frühester Zeit war es für seine Fruchtbarkeit bekannt. Phönizier und Griechen hatten die Insel kolonisiert, Ägypter, Perser und Römer hatten sie beherrscht. Im Augenblick war sie römische Provinz. Von Barnabas' persönlichen Verbindungen einmal abgesehen, war die Insel natürlich ein guter Ausgangspunkt, um die christliche Bewegung weiter westwärts nach Griechenland oder ins Herz des Reiches, nach Italien, zu tragen. Man konnte sie bequem von Seleucia in Syrien erreichen, wo sich die drei Männer auch einschifften. Dinaretum, der östlichste Punkt der Insel, war nur etwa 110 Kilometer weit entfernt. An schönen Frühlingstagen konnte man die Berge von Zypern deutlich erkennen. Eine Abordnung der Kirche begleitete die drei zum Fluß, denn damals wie heute war es üblich, daß Reisende von Freunden zu ihrem Schiff gebracht wurden. Sie fuhren stromab und wandten sich, nachdem sie die Orontes-Mündung hinter sich gelassen hatten, nach Norden. Ein paar Meilen weiter lag Seleucia, der Haupthafen von Antiochien. Hier wurden die großen Getreideschiffe gelöscht und beladen, hier schifften sich die Passagiere zu Überseereisen ein. Paulus und seine Gefährten dürften an Bord eines normalen Frachters von etwa 100 Tonnen gegangen sein, eines Frachters, der zwischen Syrien und Zypern verkehrte, Manufakturartikel hinüberbeförderte und Kupfer, Salz, Wein und Obst zurückbrachte. Bei günstigem Wind konnten sie ihren Zielhafen Salamis binnen vierundzwanzig Stunden erreichen. Salamis, in der Nähe des heutigen Famagusta gelegen, war der Hauptort im Salzbergwerkgebiet und ein wichtiger Umschlagplatz, daneben die bedeutendste Stadt auf der Osthälfte der Insel. Unsere Reisenden wußten, daß sie hier auf eine recht starke jüdische Gemeinde treffen würden. Eine Unterkunft war schnell gefunden, und so konnten sie rasch ihre Aufgaben in Angriff nehmen – Verbindungen zu den Christen knüpfen und in den Synagogen zu den orthodoxen Juden sprechen.

Zypern lebte damals recht friedlich unter der römischen Herrschaft. Die Insel war nach einer stürmisch bewegten Geschichte und einer Welle von einander ablösenden Eroberern zur Ruhe gekommen. Nach der Schlacht von Actium (31 v. Chr.) hatte Augustus sie in Besitz genommen, ihre Verwaltung aber zehn Jahre darauf in die Hände des römischen Senats gelegt. Aus diesem Grunde wird Sergius Paulus, der die Insel regierte, als die Missionsreisenden sie besuchten, in der Apostelgeschichte völlig korrekt als Prokonsul und nicht als Statthalter bezeichnet*. Er scheint ein kultivierter Mann gewesen zu sein, und einiges spricht, wenn auch nicht mit zwingender Gewißheit, dafür, daß er dem Historiker Plinius dem Älteren Informationen über Vorzeit und Altertümer Zyperns zukommen ließ. Wie viele Menschen seiner Zeit glaubte er an die Astrologie und stand auf vertrautem Fuße mit einem abgefallenen Juden namens Bar-Jesus. Juden, überhaupt Levantiner, traf man oft in römischen Kreisen an, denn die Wissenschaften, auch die Astronomie, die damals unentwirrbar mit der Pseudowissenschaft Astrologie vermischt war, kamen aus dem Osten.

In seinem Werk *Der Goldene Esel*, das im 2. Jahrhundert entstand, erzählt Apuleius die Geschichte von einem syrischen Astrologen, bei dem ein reicher Kaufmann den Preis für ein Horoskop hinterlegt, das er sich für eine Seereise stellen lassen will. Wenn die Sterne günstig sind, wird er fahren. Der Astrologe macht sich an die Arbeit. Da kommt ein junger Mann herbeigelaufen. Der Astrologe begrüßt ihn und fragt, wie seine Seereise verlaufen ist. Nun kann der junge Mann nicht mehr an sich halten und ruft so laut, daß alle Welt es hört, er habe Schiffbruch erlitten, seinen ganzen Besitz verloren und sei nur mit dem nackten Leben davongekommen. Der Kaufmann horcht auf, nimmt sein Geld vom Tisch und verschwindet in der lachenden Menge. Derartiges war damals keineswegs ungewöhnlich. Selbst die Kaiser – beispielsweise Tiberius auf Capri – trafen keine wichtigen Entscheidungen, ohne ihren Wahrsager zu befragen. Weil es an echtem Glauben mangelte, weil man sich nur an eine Macht hielt, nämlich ans Fatum oder die Fortuna, hörten Menschen aus allen Schichten auf Scharlatane, Spitzbuben und Leute, die allen Ernstes davon überzeugt waren, sie könnten in den Sternen lesen. Heutzutage haben wir eine ähnliche Situation: Geschäftsleute, Schauspieler und Schauspielerinnen, Lastwagenfahrer und Großkapitalisten lesen ihr Horoskop in der Zeitung oder konsultieren ihren Astrologen.

Nachdem Paulus und seine Gefährten die christliche Gemeinde im Glauben bestärkt und in den Synagogen gepredigt hatten, reisten sie – entweder zu Fuß oder auf dem Maultier – an der Südküste der Insel entlang nach Paphos. Hier war das Kultzentrum der Aphrodite/Ve-

* Auch die Lutherbibel differenziert hier; nur lauten die entsprechenden Bezeichnungen nicht Prokonsul bzw. Statthalter, sondern »Landvogt« und »Landpfleger«. (A. d. Ü.)

nus. Es lag auf einem Hügel bei der alten Stadt, ein paar Kilometer oberhalb vom Hafen. Eine Freude muß es gewesen sein, durch den zypriotischen Frühling zu wandern oder zu reiten. Im Norden und Osten umrahmten Paphos die Troodos-Berge mit ihren schneeigen Gipfeln. Auf den Hängen dichte Pinienwälder, im ganzen Land der Blütenflor von Wildblumen und drunten das schimmernde Mittelmeer.

Das weltberühmte Heiligtum von Paphos wurde, Herodot zufolge, von den Phöniziern begründet. Allerdings ist es gut möglich, daß dort schon lange zuvor eine lokale Fruchtbarkeitsgöttin verehrt wurde. Das Götterbild der heiligen Aphrodite war nicht von griechischer Raffinesse, sondern von phallischer Deutlichkeit. Ähnlich geformte Steine sind an zahlreichen anderen Kultstätten in Syrien, Pamphylien und weiter westlich auf Malta und in Eryx auf Sizilien gefunden worden. Die Aphrodite von Paphos war, wie wahrscheinlich alle Aphroditen der damaligen Zeit, in Frauengewänder gekleidet. Kein rituelles Gemetzel verdunkelte den Kult der Liebes- und Fruchtbarkeitsgöttin – aber es floß das Blut von Deflorationen. Denn hier wie an vielen Orten der Venusverehrung war es üblich, daß junge Frauen sich vor der Heirat im Tempelbezirk Fremden hingaben. (Ein ähnlicher Brauch existierte in manchen Teilen Altägyptens. Die Theorie dahinter scheint die gewesen zu sein, daß der Deflorationsschmerz nicht mit dem Gatten, sondern mit einem Fremden assoziiert werden sollte.) In Paphos betrachtete man die Tempelprostitution als heiligen Tribut an das göttliche Fruchtbarkeitsprinzip. Das Geld, das aus dieser Quelle stammte, diente zur Erhaltung der Kultstätte. Neben zukünftigen Bräuten wimmelte es im heiligen Bezirk von offiziellen Prostituierten, den Mägden der Göttin, die wie im Daphne-Hain einen Teil ihrer Einkünfte an die Tempelkasse abführten. Da Paphos ein belebter Hafen war und Aphrodite als Schutzpatronin der Seeleute galt, wurden die Kunden nie knapp. Flotte Geschäfte machte man auch mit silbernen Amuletten – Miniatur-Aphroditen, die Glück bringen und die Matrosen vor Schiffbruch und Ertrinken bewahren sollten. Auf ähnliche Weise werden bis zum heutigen Tage in manchen sizilianischen und italienischen Häfen (auch auf Capri) zu Phalli zurechtgeschnitzte Korallen als Talismane verkauft. Kaum jemand, der sie erwirbt, hat einen Begriff davon, wie uralt der Kult ist, dem sie Ausdruck verleihen.

Selbst wenn die drei Missionare die Höhe mit dem schimmernden Tempel, von heiligen Tauben umflogen und von Weihrauch umwölkt, mieden wie die Pest, kann ihnen nicht entgangen sein, daß der Kult im Hafen allgegenwärtig war. Die Matrosen trugen Venus-Amulette, und am Kai standen die Prostituierten und warteten auf einlaufende Schiffe. Während die Missionsreisenden in Paphos weilten, erreichte sie ein unerwarteter Ruf. Der Prokonsul Sergius Paulus wollte die Besucher sehen, die, wie er gehört hatte, eine neue Religion verkündeten. Also war er wohl neugierig, begierig auf ein Zeichen, begierig zu erproben, ob sich diese Juden an Klugheit und Kraft mit seinem Zauberer Bar-Jesus messen konnten. Sie nahmen bereitwillig an – der Ruf war immerhin einem kaiserlichen Befehl gleichwertig – und begaben sich zum Palast, der sich auf einem Hügel über der Stadt erhob. Die Auseinandersetzung, die sich dann entspann, ist etwas ausführlicher in der Apostelgeschichte aufgezeichnet, bildete sie doch den Höhepunkt der Zypernreise.

Bar-Jesus hieß auf Griechisch Elymas oder »Zauberer«. Aus dem, was wir bereits gehört haben, können wir schließen, daß er typisch für seine Zeit war. Wahrscheinlich wußte er einigermaßen geschickt die Sterne zu deuten, wahrscheinlich beherrschte er magische Kunststücke und Zaubertricks. Vielleicht gehörte er zum Hofstaat und verschaffte sich ein einträgliches Auskommen, indem er an Ortsansässige, die auf offizielle Informationen oder auf Begünstigungen brannten, kleine Tips und Winke verkaufte. Sicher war er höchst unzufrieden, als er sehen mußte, daß Sergius Paulus aufmerksam, anscheinend auch noch anerkennend, auf all das lauschte, was ihm der bärtige, von Wind und Wetter gegerbte Jude erzählte. An dieser Stelle verdient es festgehalten zu werden, daß Paulus – nicht Barnabas und nicht Johannes Markus – dazu ausersehen wurde, diesem maßgeblichen römischen Beamten die frohe Botschaft vom Messias nahezubringen. Die andern standen dabei, bereit, mit Hinweisen auf Verse und Kapitel aus der Schrift einzuspringen oder weitere Beweise für Christi Leben und Auferstehung zu liefern. Doch sie wurden nicht gebraucht.

Bar-Jesus ließ das Ganze über sich ergehen, solange er es ertragen konnte. Doch dann meldete auch er sich zu Wort. Vielleicht bangte er um seine lukrative Stellung als Freund und Ratgeber des Prokonsuls. »Da widerstand ihnen Elymas ... und trachtete, daß er den Landvogt vom Glauben abwendete.« Paulus machte aus seinem Herzen keine Mördergrube – er hatte immer eine niedrige Toleranzschwelle. Da

stand dieser Renegat, dieser Entwurzelte, der nicht einmal praktizierender orthodoxer Jude war wie die vielen, mit denen er Streitgespräche geführt hatte. Da stand er, ein Lügner und Schurke, der es wagte, wider die Wahrheit Gottes und des Heilands zu sprechen. Paulus war außer sich. Er blickte Bar-Jesus geradewegs in die Augen und sagte: »O du Kind des Teufels, voll aller List und aller Bosheit, Feind aller Gerechtigkeit, hörst du nicht auf, krumm zu machen die geraden Wege des Herrn? Und nun siehe, die Hand des Herrn kommt über dich, und sollst blind sein und die Sonne eine Zeitlang nicht sehen!«
»Und von Stund an fiel auf ihn Dunkelheit und Finsternis, und er ging umher und suchte jemand, der ihn bei der Hand leite.« Bei diesem Kampf zweier Willenskräfte hatte Paulus seine völlige Überlegenheit bewiesen. Sergius Paulus war sprachlos. Die Rede des Juden hatte ihn schon tief beeindruckt, aber nun, nach einer solchen außerordentlichen Demonstration von Kraft, *glaubte* er. Wer sich jedoch nicht mit der Erklärung zufriedengeben will, es habe sich eben um ein Wunder gehandelt, muß sofort fragen – was geschah denn nun wirklich? Es ist äußerst wahrscheinlich, daß Bar-Jesus als orientalischer Magier tatsächlich auch an magische Kräfte glaubte – an die seinen und an die anderer Menschen. Überwältigt von der Dynamik von Paulus' Persönlichkeit, zerbrochen, ins Innerste getroffen von den durchdringenden Augen, die mit der Gewalt eines Blitzstrahls die Leidenschaft des Glaubens übertrugen, war er vollständig davon überzeugt, daß die Worte seines Widersachers in Erfüllung gegangen waren. Möglicherweise schloß auch er sich später dem neuen Glauben an – denn von wem sollte der Chronist sonst Auskunft darüber erhalten haben, was Bar-Jesus empfand, als er mit Blindheit geschlagen wurde? Die Begebenheit ist nicht so ungewöhnlich, wie es einem Städtebewohner des 20. Jahrhunderts scheinen mag. Von Anthropologen, Ethnologen und anderen Wissenschaftlern, die in abgelegenen Weltteilen, etwa in Neuguinea, arbeiteten, haben wir zahlreiche Beweise für regelrechte Wettkämpfe zwischen »Medizinmännern« oder wie immer man solche Wunderheiler oder Gesundbeter nennen will, die der Auseinandersetzung zwischen Bar-Jesus und Paulus gar nicht einmal unähnlich sind. Bar-Jesus tritt von der Szene ab, ebenso der Prokonsul Sergius Paulus. Nichtsdestoweniger betrachtete man diesen Vorfall als äußerst bedeutsam, was daraus erhellt, daß der Verfasser der Apostelgeschichte ihn uns so detailliert und lebendig überliefert hat. Und es gibt noch

einen springenden Punkt. Bis dahin ist in der Apostelgeschichte immer von *Saul* die Rede. Von nun an wird er Paulus genannt. Der Grund dafür ist ohne große Mühe zu finden. Sir William Ramsay formulierte es vor einigen Jahren folgendermaßen: »Er hatte strikt jüdische Jahre hinter sich, war erfüllt vom Gedankengut einer Religion, die Juden hervorgebracht hatten und die in seiner Vorstellung die vollkommenste Form der jüdischen Religion war – kann er da geantwortet haben (der Prokonsul stellte ihm wohl die Standardfragen der damaligen Zeit: ›Wie heißest du? Und woher kommst du?‹): ›Ich heiße Saul und bin ein Jude aus Tarsus‹? Betrachten wir erst einmal, was er selbst über die Methoden sagt, mit denen er Menschen ansprach (1. Kor. 9, 20f.): ›Den Juden bin ich geworden wie ein Jude, auf daß ich die Juden gewinne. Denen, die unter dem Gesetz sind, bin ich geworden wie einer unter dem Gesetz – wiewohl ich selbst nicht unter dem Gesetz bin –, auf daß ich die, so unter dem Gesetz sind, gewinne... Ich bin allen alles geworden... Alles aber tue ich um des Evangeliums willen...‹ Wir können nicht daran zweifeln, daß der Mann, der so an die Korinther schrieb, auf die Fragen des Sergius Paulus antwortete, er sei ein aus Tarsus gebürtiger Römer namens Paulus. Mit einem Meisterstreich historischer Knappheit scheidet der Verfasser (der Apostelgeschichte) Vergangenheit und Gegenwart voneinander: ›Saulus aber, der auch Paulus heißt, ... sah ihn an und sprach...‹«

Bemerkenswerterweise wird Paulus, der bis dahin in der christlichen Hierarchie immer unter Barnabas gestanden zu haben scheint, nach dieser berühmten Episode fast immer an erster Stelle genannt. Obwohl er nur der dreizehnte Apostel war und als letzter in den Schoß der Kirche gefunden hatte, reihte er sich nun durch seinen Intellekt, seinen Glauben und seinen Ehrgeiz unter die Ersten ein. Jakobus, der Bruder Jesu, stand nach wie vor an der Spitze der Jerusalemer Kirche, doch jetzt war völlig klar, daß in allen Ländern, die außerhalb von diesem vergleichsweise kleinen Bereich lagen, niemand anders als Paulus die beherrschende Gestalt sein würde.

19 Das Evangelium in Kleinasien

In Paphos fanden die drei Reisenden ein Kauffahrteischiff nach Pamphylien, einer Landschaft in Kleinasien, die etwa 150 Meilen übers Meer entfernt war. Es wird zwar nirgendwo erwähnt, wie lange sie auf Zypern blieben, aber man darf annehmen, daß sie im Frühling dort eintrafen, einige Zeit in Salamis verbrachten, dann an der Südküste entlang den Weg nach Paphos machten, wo sie ebenfalls eine Weile blieben. Mittlerweile dürfte es Frühsommer gewesen sein. Eine gute Zeit für angenehmes Reisen – die Winde wehten vor allem von Westen, strichen an Rhodos vorbei und auf die Provinz Lycien zu; und so hatten die Schiffe Wind von achtern bis in die Bucht, an der Attalia, der wichtigste Hafen dieser Provinz, lag. Sie blieben aber nicht dort, sondern fuhren weiter nach Osten, den Cestrus flußaufwärts bis zu dem zwölf Kilometer entfernten kleinen Hafen Perge. Heute ist der Fluß versandet, der Ort ein Ruinenfeld, damals aber war Perge ein Hauptumschlagsplatz für den Handel zwischen den Griechen und den Einwohnern aus dem Landesinnern. Soviel man weiß, kam Paulus jetzt zum ersten Mal in seinem Leben mit einer Kultur in Berührung, die nicht in erster Linie von den Griechen geprägt war. Die Pamphylier waren ein Mischvolk aus Ureinwohnern, Ciliciern und griechischen Kolonisten. Ihre Sprache, die möglicherweise griechische Wurzeln hatte, war von barbarischen Elementen verfälscht und entstellt. Keine guten Voraussetzungen für die Verkündigung des Evangeliums, möchte man meinen... Außerdem lastete die Sommerhitze drückend über der pamphylischen Ebene, und die gesamte Region, vom Taurusgebirge eingeschlossen, glich einer riesigen Bratpfanne. Zudem war das Flachland, in dem noch überall Brackwassertümpel von der Frühjahrsüberschwemmung standen, eine Brutstätte für die Anophelesmücke, die die Malaria überträgt.

Paulus war nun Mitte oder Ende Vierzig, heute nichts Außergewöhnliches, im 1. Jahrhundert jedoch – und zumal für einen Mann, der ein so hartes Leben führte – fast schon der Beginn des Alters. Und trotzdem wollte er mit einer Karawane durchs Taurusgebirge ziehen. Sein Ziel war Antiochien in Pisidien. Selbst für einen gesunden jungen Mann wäre diese Reise nicht eben verlockend gewesen, und Paulus wurde obendrein während des Aufenthalts in Perge krank. Berge von Papier sind aufgebraucht worden, wahre Ströme von Tinte geflossen, um die Frage zu klären, welcher Art das geheimnisvolle Gebrechen war, das Paulus selbst den »Pfahl (Stachel) ins Fleisch« nennt. Hatte er wie Julius Cäsar mit wachsendem Alter mehr epileptische Anfälle? Das ist recht wahrscheinlich, und die hochsommerliche Hitze und das entnervende Klima Pamphyliens dürften kaum zur Besserung seines Gesundheitszustandes beigetragen haben. Einige Experten, besonders Sir William Ramsay, plädieren dafür, daß periodisch wiederkehrende Malariaanfälle die Krankheit Paulus' waren, die er selbst im zweiten Korintherbrief als »Satans Engel« bezeichnet, der ihn »mit Fäusten schlage«.

So kann man Malariaanfälle durchaus beschreiben. Sie strecken den Betroffenen völlig unerwartet und auf höchst unangenehme Weise aufs Krankenlager nieder. Doch fassen wir noch eine andere Möglichkeit ins Auge: den epileptischen Anfall. Er ist äußerst beängstigend; oft geht ihm ein lauter Schrei voraus. Danach, so J. A. C. Brown, »verfällt die gesamte Muskulatur in krampfartige Zuckungen... nach etwa einer halben Minute folgt auf diese ›tonische‹ Phase eine ›klonische‹ Phase, in der sich die Gliedmaßen rhythmisch zusammenziehen und wieder entspannen, in der es zur unwillentlichen Blasen- oder Darmentleerung kommen und der Patient sich auf die Zunge beißen kann, bis die Kontraktionen allmählich nachlassen und der Patient eine Zeitlang – die Dauer variiert – schweratmend und bewußtlos liegenbleibt«. Wie wir bereits erwähnten, sehen christliche Historiker sowie Kleriker Paulus meist höchst ungern als Epileptiker an, vielleicht weil sie finden, diese Krankheit sei etwas Schmachvolles und entwerte gewissermaßen sein Leben, seine Arbeit und seine Schriften. Das ist einfach nicht wahr – und wo könnte man eine bessere Beschreibung von Paulus finden als die bereits zitierte Charakterisierung des epileptischen Charakters mit den Merkmalen Gewalttätigkeit, Mystizismus, Impulsivität und Verfolgungsideen?

Gewiß geschah etwas Seltsames in Perge, das Johannes Markus dazu brachte, Paulus und seinen Vetter Barnabas zu verlassen, ein Schiff nach Cäsarea zu nehmen und nach Jerusalem zurückzukehren. Heimweh; Verärgerung darüber, daß sie nun plötzlich ins Landesinnere, nach Antiochien in Pisidien, reisen sollten; Ressentiments, weil Paulus jetzt die Führung übernahm, die vorher Barnabas innegehabt hatte; Krankheit – man hat viele Theorien darüber aufgestellt. Die Apostelgeschichte sagt lediglich: »Johannes aber wich von ihnen und zog wieder nach Jerusalem.« War er vielleicht Zeuge eines epileptischen Anfalls geworden? Selbst heute, da wir diese Krankheit (wenn auch dürftig) kennen, ist das ein erschreckender Anblick, damals aber war es etwas Entsetzliches und obendrein völlig Unerklärliches. Johannes Markus' Fahnenflucht – so sah es zumindest Paulus – wurde nicht vergessen. Bei der nächsten Missionsreise weigerte er sich, den jungen Mann mitzunehmen, was zu einer geharnischten Auseinandersetzung zwischen ihm und Barnabas führte.

Über den weiteren Verlauf der Reise berichtet der Verfasser der Apostelgeschichte in seiner üblichen lakonischen Art: »Sie aber zogen weiter von Perge und kamen nach Antiochien im Lande Pisidien...« Gleichgültig, ob Lukas oder ein anderer Verfasser die Apostelgeschichte schrieb, er würde heutzutage einen brillanten Journalisten abgeben – niemals aber einen ausschmückenden Erzähler oder einen Feuilletonisten. Ihm ist es ausschließlich um das Ziel seiner Geschichte zu tun, um die Ausbreitung des Evangeliums, und er läßt radikal alles weg, was nicht unmittelbar dazugehört. Man muß sich vergegenwärtigen, daß ein Autor in jenen Tagen der Papyrusrollen, der simplen Federkiele und der selbstbereiteten Tinte es sich nicht leisten konnte, Zeit oder Raum für unwesentliche Nebenereignisse zu verschwenden. Die wichtigsten Fakten genügten. Hätte es sich um einen modernen Historiker oder Reiseschriftsteller gehandelt, so kann man sich vorstellen, wie monoton ein Band nach dem anderen auf dem Schreibtisch des Lesers gelandet wäre. Natürlich würden wir gerne sehr viel mehr wissen – aber vielleicht haben wir letzten Endes sogar Glück. Keine Wortschwälle, keine Weitschweifigkeit, keine Landschaftsschilderungen oder sonstigen Impressionen trüben die schlichte Klarheit der Apostelgeschichte.

Die Reise muß beschwerlich gewesen sein. Es ging durch die glühendheiße Ebene, dann durch Schluchten und über Pässe ins Taurusgebirge hinauf, und nachts war es möglicherweise so kalt, daß man Feuer brauchte, um sich einigermaßen warm zu halten. Ständig begleitete sie die Furcht vor Räubern. Obwohl der Kaiser beträchtliche Anstrengungen unternommen hatte, um den Banditen in Kleinasien das Handwerk zu legen, ließ sich diese wilde Berggegend nicht vollends kontrollieren (das wäre selbst heute schwierig). Nachts werden sich die Reisenden bei der Wache abgelöst haben, Schwert oder Knüttel griffbereit neben sich, immer wieder über die Hänge spähend, besorgt, bis der Morgen dämmerte. Beim ersten Lichtstrahl aßen sie ein paar Oliven, einen Bissen Brot oder Zwieback, tranken einen Schluck kaltes Gebirgswasser und scheuchten die ächzenden Kamele, die schnaubenden Pferde und brüllenden Esel auf die Beine. Außer Paulus und Barnabas dürften etliche Kaufleute mitgereist sein, die Erzeugnisse aus dem Küstengebiet und Überseeimporte nach Antiochien in Pisidien brachten. In Erinnerung an diese und viele andere Reisen schrieb Paulus später im zweiten Korintherbrief, was er um der Ausbreitung des Glaubens willen auf sich genommen hatte: »Ich bin oft gereist, ich bin in Gefahr gewesen durch die Flüsse, in Gefahr unter den Räubern... in Mühe und Arbeit, in viel Wachen, in Hunger und Durst, in viel Fasten, in Frost und Blöße...«

Nach den rauhen Tagen im Gebirge gelangte die Karawane in die anatolische Hochebene. Klare Luft, überall lagen Siedlungen verstreut, gutes Ackerland dehnte sich endlos, aufgelockert von schönen Seen – etwa der Limnai (der heutige Egerdir-See), wie er bläulich schimmernd und funkelnd wie Lapislazuli im Wind seine Wellen schlug –, all das ließ einen aufatmen. Nach der erdrückenden Hitze im Flachland, nach den rauhen Böen in den Bergen, erwartete sie die herrliche Hochebene. Und dort drüben, ein wenig nordöstlich vom See, auf einem Hügel über dem Gefilde von Anthius, lag die Stadt. *Colonia Caesarea Antiochaea* lautete ihr voller Name oder auch *Antiochia ad Pisidiam*, wörtlich »Antiochien nach Pisidien zu«. Es war eine griechische Gründung und geriet zur Zeit des Augustus unter römische Herrschaft. In Pisidien hatte er Veteranen angesiedelt, die eine römische Kolonie bilden sollten, sozusagen das Kernholz dieser seltsamen Mischung von Griechen, Nomaden, Ureinwohnern und Juden, aus denen sich die Bevölkerung in der Hauptsache zusammensetzte. Antiochien war eine Frontstadt. Von hier aus unternahmen römische Reitertruppen immer wieder Attacken gegen die Banditen, von hier aus wurden systematisch Patrouillen eingesetzt, die die Bergpässe zu schützen hatten. Antiochien war mit weiteren Militärstützpunkten durch eine große Straße, die Via Sebastu, verbunden. Sie führte westwärts nach Apollonia und ostwärts nach Misthia. Von dort zweigte eine kleinere Straße nach Ikonion ab (diesen Weg nahm später Paulus). Selbst im abgelegenen Hochland von Kleinasien waren die Legionäre mit ihren kräftigen Armen, mit ihren Schwertern und derben Stiefeln lebendiger Beweis jener Macht, die vom marmornen Palast in Rom ausging, wo der Kaiser Botschaften aus allen Teilen der damals bekannten Welt empfing. Paulus arbeitete in Antiochien am Aufbau einer noch unbekannten Welt. Er sorgte dafür, daß trotz aller kaiserlichen Macht ein Häuflein von Juden, im Glauben vom größten Teil ihres eigenen Volkes getrennt, auf eine allseitige Veränderung brannte.

Als Besucher der jüdischen Gemeinde, als Gäste, die von vornherein sagten, sie hätten eine besondere Botschaft zu übermitteln, bat man sie, in der Synagoge zu sprechen. Es ist bemerkenswert, daß es in dieser etwas hinterwäldlerischen Provinzstadt eine Reihe von Proselyten oder »Gottesfürchtigen« gab – Hiesige, ehemalige Heiden. Paulus begann seine berühmte Ansprache mit den Worten: »Ihr Männer von Israel und die ihr Gott fürchtet, höret zu!« Und tatsächlich hörte man ihm aufmerksam zu. Nach einem kurzen Abriß der Ursprünge des Judentums, der vielleicht der Nichtjuden wegen eingefügt wurde, traf Paulus die folgenschwere Feststellung, der Messias, den die Propheten verkündet hätten, sei bereits gekommen, aber von den führenden Persönlichkeiten Jerusalems und dem jüdischen Volk abgelehnt worden, und auf ihr Betreiben hin hätten ihn die Römer gekreuzigt. Das war hart für die Juden und hochinteressant für die Nichtjuden – vielleicht ärgerte es sie schon seit langem, daß sie sozusagen als zweitklassige Mitglieder der jüdischen Religionsgemeinschaft behandelt wurden. Und dann ging Paulus noch einen Schritt weiter. Er behauptete, dieser Messias sei von den Toten auferstanden. Und er sagte: »So sei es nun euch kund, liebe Brüder, daß euch verkündigt wird Vergebung der Sünden durch diesen; und von dem allem, wodurch ihr durch das Gesetz des Mose nicht konntet freigesprochen werden, ist der gerechtfertigt, der an ihn glaubt.« Das war völlig revolutionär. Dieser Prediger meinte, es sei ein neues Gesetz geschaffen worden, das das alte übertreffe und, mehr noch, auch die Nichtjuden in sich einschlösse, denn hatte er sie nicht als »liebe Brüder« angeredet? Es ist ein schlagender Beweis für Paulus' Wortgewalt und Überzeugungskraft, daß die orthodoxen Juden ihn bis zum Ende anhörten und ihn und Barnabas sogar einluden, am nächsten Sabbat wieder in die Synagoge zu kommen. Sie wollten mehr von diesem Erlöser erfahren.

Juden und Nichtjuden (die letzteren wohl mehr) waren gespannt darauf, die nächste Darlegung dieser Botschaft zu hören, die zu schön schien, um wahr zu sein: alle Menschen konnten durch den bis dahin unbekannten Mann, der von den Toten auferstanden war, gerettet werden! Es ist nicht erstaunlich, daß die Synagoge bei der nächsten Predigt des Paulus überfüllt war. Zum großen Verdruß der Orthodoxen saßen unter den Zuhörern mehr Nichtjuden als Juden. Dergleichen kannte man nicht, dergleichen war in der Tat wider das Gesetz. Proselyten konnten sie verkraften, aber daß regelrechte Heiden in dies heilige Haus kamen, um ketzerische, ja blasphemische Lehren zu hören – das war fast unerträglich.

»Am folgenden Sabbat aber kam zusammen fast die ganze Stadt, das Wort Gottes zu hören. Da aber die Juden das Volk sahen, wurden sie voll Neid...« Das nimmt nicht wunder, denn der Judaismus war und ist eine exklusive Religion, bei der – was immer man dagegen sagen muß – eine gewisse Betonung auf der Überlegenheit des Volkes Israel liegt. Die Einzigartigkeit des Christentums, zumindest des von Paulus entwickelten Christentums, bestand darin, daß es alle aufnahm: Männer und Frauen, Sklaven und Freie, Arme und Reiche, Edelleute und Bauern und jedes Volk unter der Sonne. Ohne Paulus wäre es durchaus möglich gewesen, daß Leben und Lehre dieses jüdischen Messias keine Frucht getragen hätten – vielleicht wäre nicht mehr daraus gewachsen als eine winzige, auf Palästina und den Nahen Osten beschränkte jüdische Sekte. Paulus veränderte die Welt.

20 »Ich bin in Gefahr gewesen ...«

Wie lange Paulus und Barnabas in Antiochien blieben, steht nirgendwo verzeichnet. Wahrscheinlich Wochen und Monate. Es ist nicht auszuschließen, daß Paulus in dieser Zeit eine Weile über krank war. Zweifellos gelang es ihnen, den neuen Glauben zu fördern – den Glauben an den wiederauferstandenen Heiland, der für alle Menschen da war. Paulus zitierte die Worte des Jesaja: »Ich habe dich den Heiden zum Licht gesetzt, daß du das Heil seiest bis an das Ende der Erde.« Eine solche Einstellung zog natürlich die Nichtjuden an, die ihm lauschten, für die Orthodoxen dagegen war es ein Ärgernis. Lästig auch, daß Paulus aufgrund seiner hervorragenden Ausbildung bei Gamaliel, gepaart mit der ihm eigenen Geistesschärfe und Klugheit, die Juden mit ihren Waffen schlagen, sie mit Zitaten widerlegen und ihre Argumente schnell entkräften konnte. Die leicht entflammbaren und disputationsfreudigen Juden schätzten das natürlich nicht.

Am anziehendsten an Paulus' froher Botschaft war, daß alle Menschen freundlich aufgenommen wurden, wenn sie glaubten. Der Heiland war den schimpflichsten Verbrechertod gestorben, zusammen mit zwei Schächern gekreuzigt worden, aber er hatte gesagt, er, das Lamm Gottes, werde die Menschen von ihren Gebrechen und Sünden erlösen – und wer bedurfte dessen nicht? Bis heute ein Versprechen, das man kaum zu fassen vermag. Ohne die Hürde des Unglaubens zu nehmen, kann sich freilich niemand auf dieses besondere Gebiet begeben, wo Fakten, Wirklichkeit und scheinbare Unwirklichkeit eins werden. Paulus konnte es. Er überzeugte in seinen Reise- und Leidensjahren Tausende von Zuhörern davon, daß es hinter den Peitschen der Sklavenhändler, hinter dem Wucher der Geldverleiher, hinter den habsüchtigen und sinnlichen Begierden des Menschentiers und hinter der unbedeutenden Existenz auf dieser Erde wirklich und wahrhaftig ein anderes Leben gab. Was immer er darstellte, wie immer seine physische Verfassung gewesen sein mag – Paulus war ein einzigartiges Genie.

Die Botschaft, die Paulus und Barnabas nach Antiochien gebracht hatten, blieb nicht allein auf die Stadt beschränkt, sondern »ward ausgebreitet durch die ganze Gegend«. Antiochien war nicht nicht nur militärischer, sondern auch administrativer Mittelpunkt jener Region, die Phrygien hieß und der Westteil der Provinz Galatien war. Man kann nur darüber spekulieren, ob Paulus die Bedeutung der Stadt in dieser Hinsicht gekannt hat, bevor er sie als Ziel wählte, zweifellos hatte er aber auf früheren Reisen von Antiochien gehört und war zu dem Schluß gekommen, hier sei eine ideale Operationsbasis für die Ausbreitung des Glaubens. Sein Optimismus war gerechtfertigt. Doch die orthodoxen Juden waren wie üblich nicht gewillt, eine Lehre hinzunehmen, die offenbar einen ketzerischen Nebensproß ihrer Religion darstellte und insofern gegen das Gesetz verstieß, als sie auch Nichtjuden und Heiden als Gläubige akzeptierte. Die römische Verwaltung dagegen scherte sich nicht viel um Glaubensstreitigkeiten unter den Juden. Zu diesem Zeitpunkt, da die neue Lehre noch nicht weit verbreitet war, muß sie den Römern als eine mehr oder weniger unbedeutende Spielart des Judentums erschienen sein. Jedem seinen Lieblingsgott – sollten sie ihre religiösen Auseinandersetzungen doch unter sich abmachen.

Die Juden arbeiteten hart, waren gute Kaufleute und Händler und im allgemeinen auch anständige Bürger. Nur einen Fehler hatten sie: In alles mußten sie die Religion mit hineinziehen, anstatt sich das für die notwendigen Feste und Feiern aufzuheben. Die Juden konnten auf eigene Faust nichts gegen die beiden Anderen aus ihrem Volk unternehmen, und so blieb ihnen nur eins: sie bei den Römern anzuschwärzen – als Unruhestifter, die eine revolutionäre Idee verbreiteten, die den Frieden in der Stadt gefährden würde. Zum Judentum übergetretene »gottesfürchtige angesehene Frauen« brachten ihren römischen Gatten die Aktivitäten von Paulus und Barnabas zu Ohren. Wie in jeder Kolonie war die erste Regung der herrschenden Klasse, das, was den Frieden zu gefährden schien, im Keim zu ersticken; und dies war und ist besonders dann der Fall, wenn die Kolonie aus einem bunten Völkergemisch besteht und die Machthaber einwandfrei in der Minderheit sind.

Paulus und Barnabas wurden nicht nur der Stadt verwiesen, sondern durften auch die gesamte Region nicht mehr betreten. Gut möglich, daß römische Liktoren sie bei dieser Gelegenheit nach erfolgtem öffentlichem Prozeß mit Ruten auspeitschten. Paulus war römischer Bürger – zweifellos hatte er ein Dokument bei sich, das ihn als solchen auswies – und durfte deshalb nicht ohne ordentliches Gerichtsverfahren geschlagen werden. Barnabas genoß diesen Schutz nicht. Getreu dem Gebot, das Christus seinen Jüngern gab: »Und wo man euch nicht aufnimmt noch hören will, aus dem Ort gehet hinaus und schüttelt den Staub von euren Füßen ihnen zum Zeugnis« – zogen die beiden Männer ihre Konsequenzen aus der Behandlung, die sie erfahren hatten. Sie waren lang genug in der Stadt gewesen und hatten genug Menschen von ihrem Glauben überzeugt – schon bestand zu Antiochien in Pisidien eine kleine, aufblühende Gemeinde.

Im Herbst des Jahres 47 machten sich die beiden Männer vermutlich auf den Weg. Sie nahmen die römische Straße, die nach Lystra führte. Lystra lag etwa 210 Kilometer weiter südöstlich. Diesmal zogen sie wohl nicht mit einer Karawane mit. Sie waren entehrt, zwei Unerwünschte, trugen von der Sonne ausgeblichene Gewänder, hatten Wanderstäbe in der Hand und über der Schulter ein Felleisen mit ihren Habseligkeiten, an den Füßen feste Ledersandalen. Der Verfasser der Apostelgeschichte ist zwar ein durchaus praktischer Mann, aber oft läßt er etwas sehr Wichtiges außer acht: nämlich die ökonomische Seite. Paulus, Barnabas und Johannes Markus hatten sich nach Zypern eingeschifft, einige Wochen dort gelebt, waren nach Perge in Pamphylien gesegelt (wo sie Markus dann verließ), ein gutes Stück landeinwärts nach Antiochien in Pisidien gereist, dort mehrere Monate geblieben, und jetzt waren sie wieder unterwegs. Selbst wenn man annimmt, daß sie ebenso bescheiden lebten, wie es viele Bauern am östlichen Mittelmeer heute noch tun – etwas Geld müssen sie doch gebraucht haben. Gewiß hatte sie ihre Heimatkirche im syrischen Antiochien mit dem ausgestattet, was für die Reise als notwendig erachtet wurde, aber man konnte ja nicht voraussehen, daß die beiden Männer so lange fortbleiben würden. An vielen Orten werden sie bei Sympathisanten umsonst gewohnt haben. Außerdem darf man vermuten, daß die Neubekehrten genug Geld gaben, um ihnen eine halbwegs angenehme Reise von einer Provinzmetropole zur anderen zu ermöglichen.

Ikonion, ihr nächstes wichtigeres Ziel, war die Hauptstadt von Lykaonien, der Zentralregion Kleinasiens. Sicher erreichte die Nachricht von dem, was in Antiochien geschehen war, Ikonion recht schnell, auch wenn sie nicht vor den Reisenden eintraf. Ihr Zielort lag immer noch innerhalb des Gebietes um Antiochien, und daher dürften sie damit gerechnet haben, daß sie Ärger bekommen würden, wenn sie abermals predigten – was man ihnen ebenfalls untersagt hatte. Und sie täuschten sich keineswegs.

Sie wurden ähnlich empfangen wie zuvor – man lud sie ein, in der Synagoge zu sprechen, und man lauschte ihnen voll Interesse. Die Orthodoxen verhielten sich feindselig, die Proselyten und Heiden waren aufmerksam, ja hingerissen. Und bald war die Lage genauso wie in Antiochien. Die Gesetzestreuen spalteten sich von denen ab, die, ob Juden oder nicht, in diesem neuen Glauben eine Hoffnung sahen, nach der sich die Welt bis dahin vergeblich gesehnt hatte. Wahrscheinlich wohnte Paulus den Winter über in Ikonion. Die Apostel »blieben... daselbst eine lange Zeit...«

Man konnte im Frühling, Sommer und Herbst durchs kleinasiatische Hochland reisen, wenn aber der Winter kam, wurde es schwierig. Wahrscheinlich fiel der Schlag erst im darauffolgenden Jahr. Vernünftig wäre es gewesen, nur einigen wenigen die revolutionäre Lehre zu predigen und bei jenen jede Entrüstung zu vermeiden, denen sie bestimmt nicht gefiel und die alles tun würden, um das missionarische Werk zu vereiteln. Doch das entsprach Paulus nicht. Und es entsprach Barnabas nicht – wir dürfen nie vergessen, daß dieser tapfere und zuverlässige Gefährte ebensoviel litt wie Paulus und im Gegensatz zu ihm nicht unter dem Schutz des römischen Gesetzes stand. Sie gewannen zahlreiche Neubekehrte, und von ihnen wurden sie gewarnt. Man habe sich gegen sie verschworen und wolle sie steinigen. Die Obrigkeit werde sich vermutlich blind stellen. Man hatte beiden Männern befohlen, die Aufwiegelei in der Region Antiochien zu unterlassen, und sie waren immer noch da. Paulus und Barnabas sahen, daß ihre

Lehre schon in der Stadt zu wirken begann – wie Sauerteig gewissermaßen –, und daher beschlossen sie weiterzuziehen. Jetzt sollte es nach Lystra gehen, einer weiteren Stadt in der Kette, die Augustus zusammengeschmiedet hatte, um die *Pax Romana*, den römischen Frieden, in Kleinasien aufrechtzuerhalten.

Die Einwohner von Lystra sprachen lykaonischen Dialekt, doch die Verkehrs- und Gebildetensprache dürfte das demotische Griechisch jener Tage gewesen sein. Paulus war von Jugend auf damit vertraut. In der Stadt gab es nur wenige Juden und keine Synagoge. Die einzigen Juden, die den Ort regelmäßig besuchten, waren möglicherweise Kaufleute, die im Herbst nach Lystra kamen, um Getreide für Ikonion und Antiochien zu beschaffen. Paulus und Barnabas wohnten entweder in einer Herberge oder bei Juden, an die sie durch Bekannte empfohlen worden waren. Sie sprachen privat mit den Menschen und benutzten wahrscheinlich außerdem das Forum, den Marktplatz, dazu, um jene Stadtbewohner zu erreichen, die Griechisch verstanden und bereit waren, der außergewöhnlichen Botschaft dieser beiden Reisenden zu lauschen (die offenbar außer reden nichts zu tun hatten). Und wie die Juden reden konnten! Verblüffend, daß sie jemals eine Arbeit zu Ende brachten – und dieses seltsame Paar, so schien's, sorgte in gar keiner Weise für seinen Lebensunterhalt. Doch im Osten war man vertraut mit inspirierten Irren, die allen möglichen und unmöglichen Ideen anhingen. Jedenfalls schienen das wenigstens ganze Männer zu sein, keine Leute vom Schlag der Kybele- und Attispriester – obwohl einem der Glaube an einen Gottmenschen, der im Frühling gestorben und nach drei Tagen wiederauferstanden war, nicht ganz unbekannt vorkommen wollte.

Was in Lystra wie der Blitz einschlug, war ein äußerst ungewöhnliches Ereignis. Eines Tages sprach Paulus zu einer vermutlich zumeist skeptischen Menge. Da bemerkte er zufällig, daß unter ihnen ein Mann saß, der als Krüppel zur Welt gekommen war. Vielleicht hatte er schon vorher gesehen, wie dieser Lahme von Freunden oder Verwandten durch die Stadt getragen wurde. Kraft durchströmte Paulus, die gleiche Kraft, die den Zauberer auf Zypern so verwirrt hatte, nur war es diesmal heilende Kraft. Dieser Mann glaubte an ihn, das erkannte er, dieser Mann glaubte an das, was er sagte, und ohne Glauben auf beiden Seiten konnte die Kraft nicht wirken. Paulus sah ihn an, mit demselben festen Blick wie damals bei Elymas, und rief:

»Stelle dich aufrecht auf deine Füße!« Die Wirkung war faszinierend: »Und er sprang auf und wandelte.«
Der Lahme war genesen. Die Einwohner von Lystra waren überwältigt. Sie kannten den Mann von Kindesbeinen an, sie konnten bezeugen, daß er nicht zu gehen vermocht hatte – und nun kam dieser seltsame Reisende, der immer diesen Heiland im Munde führte, und heilte ihn. Unbegreiflich. Es nimmt nicht wunder, daß ihnen schlagartig eine Sage einfiel (die das einzige war, womit Lystra einen gewissen Anspruch auf Ruhm begründen konnte). Vor langer, langer Zeit, als die Götter die Erde noch öfter besuchten als jetzt, waren Zeus und sein Bote Hermes vom Himmel herabgestiegen und in ihre Gegend gekommen, um die Menschen auszuforschen. Sie hatten sich als mittellose Wanderer verkleidet und wurden alles andere als gastlich aufgenommen. Man lachte sie aus und schmähte sie. Besitzlose und Reiche wiesen ihnen die Schwelle. Doch schließlich gelangten sie zu einer bescheidenen Hütte, in der zwei arme alte Leute wohnten – Philemon und seine Gattin Baucis. Sie erbarmten sich über die Wanderer und bewirteten sie, so gut sie's konnten – mit einfachem Brot, einem Ei vielleicht und mit herbem Landwein. Bevor die Götter zum Olymp zurückkehrten, verwandelten sie alle Lykaonier, die ihnen die Gastfreundschaft verweigert hatten, in Frösche und jagten sie in einen See. Philemon und Baucis aber wurden reich belohnt. Die Götter machten aus ihrer Hütte einen herrlichen Tempel aus weißem Marmor und Gold. Philemon und Baucis wurden als edle Bäume reinkarniert, die den Eingang zum Tempel bewachten. Wie alle Zeustempel stand auch dieser unmittelbar vor dem Stadttor. Er war Lystras ganzer Stolz, ein Bau, der in der Zeit der Kolonisierung durch die Griechen entstanden sein muß. Für die Hiesigen – schlichten Gemüts – war er sichtbarer Beweis dafür, daß die Geschichte von Philemon und Baucis stimmte.
Sie blickten den hochgewachsenen Barnabas an, der Kraft und Würde ausstrahlte, aber das Reden meist dem faszinierenden kleinen Mann an seiner Seite überließ, und es schien ihnen, als stünden da Zeus, der Göttervater, und Hermes, der Götterbote. Ja! Das war es! »Die Götter sind den Menschen gleich geworden und zu uns herniedergekommen!« riefen sie. In Frösche wollten sie sich nicht verwandeln lassen, nein, diesmal wollten sie die Versäumnisse der Lykaonier von einst wiedergutmachen und den Göttern alle Ehre erweisen. Die Neuigkeit machte die Runde und kam bald auch dem Oberpriester des Zeustem-

pels zu Ohren. Ochsen wurden herangeschafft, Opfertiere mit vergoldeten und bekränzten Hörnern, und man improvisierte eine Prozession. Flötenspieler schritten voraus, dann folgten der Priester und seine Gehilfen und hinter ihnen die Ochsen und das Volk. Auf nach Lystra, um Zeus und Hermes zu opfern!

Barnabas und Paulus hatten sich in ihre Behausung zurückgezogen und ahnten nicht, was ihnen zu Ehren vorbereitet wurde. Doch als die Prozession draußen haltmachte, müssen sie oder ihre Gastgeber plötzlich begriffen haben, was das Ganze bedeutete. Nichts hätte sie mehr entsetzen und betrüben können – das war genau jener abergläubische Unsinn, den sie auszumerzen versuchten. Angewidert von dieser Gotteslästerung zerrissen Paulus und Barnabas ihre Kleider und stürzten aus dem Haus. Hermes rief laut: »Ihr Männer, was macht ihr da? Wir sind auch sterbliche Menschen gleichwie ihr und predigen euch das Evangelium, daß ihr euch bekehren sollt von diesen falschen Göttern zu dem lebendigen Gott, welcher gemacht hat Himmel und Erde und das Meer und alles, was darinnen ist.«

Die Menge verstummte vor dieser leidenschaftlichen Rede, schwieg, als Paulus zu sprechen fortfuhr und sagte, Gott habe vormals alle Völker ihren eigenen Weg gehen lassen, aber sich bezeugt und ihnen Regen vom Himmel und fruchtbare Zeiten und Nahrung und Glück gegeben.

Der Priester und das Volk, die gekommen waren, um den Männern, die sie für Götter hielten, die größte Ehre zu erweisen, die sie zu bieten hatten, standen wie vom Donner gerüht. Die Zurückweisung des Opfers war schlimm genug, aber daß sie auch noch angeschrien und ausgescholten wurden, das konnten sie nicht ertragen. Sie hatten ihre Hochachtung bezeigen und opfern wollen, und dann sollte der große, fröhliche Tag mit Essen und Trinken, mit Fleisch und Wein, mit Gesang und Tanz gefeiert werden. Und nun beleidigte sie dieser Mann, von dem sie geglaubt hatten, er sei Hermes. Dabei war er nichts weiter als ein kleiner, bärtiger und kahlköpfiger Jude. Also keine Götter. Und was nun? Jüdische Getreidehändler aus Ikonion und Antiochien, die sich zufällig unter die Menge gemischt hatten, nutzten flink ihre Chance. Sie sagten allen, diese Männer seien berüchtigte Unruhestifter. Man habe sie schon aus Antiochien und Ikonion vertrieben. Das beste, was die Leute von Lystra tun könnten, sei, sie mit Schimpf und Schande davonzujagen. Und bald flogen die Steine gegen sie.

Bemerkenswerterweise wird Barnabas von der Apostelgeschichte im Zusammenhang mit der Steinigung nicht erwähnt. Vielleicht stieß man ihn verächtlich beiseite, vielleicht richteten sich Enttäuschung, Haß und Wut ausschließlich gegen Paulus. Nun befand er sich, wenn auch aus anderem Grunde, in einer ähnlichen Lage wie damals Stephanus. Später schrieb er im zweiten Korintherbrief: »Ich bin... einmal gesteinigt...« Verwundet und blutend kauerte sich Paulus auf dem Boden zusammen. Steine trafen ihn. Haß schlug ihm entgegen. In der Annahme, er sei schon tot, schleiften ihn Leute aus dem Mob aus der Stadt hinaus, um innerhalb der Mauern keinen Toten liegen zu haben. Sie waren einem furchtbaren Irrtum aufgesessen. Zu glauben, daß dieses Häufchen Elend, dieser zerschundene Leichnam ein Gott sei! Vor ihnen, im Tempel aus Marmor und Gold, befand sich der wahre Gott – Zeus, König des Himmels und des Olymps. Ihm kam das Opfer zu, ihm zu Ehren sollte der Wein fließen, ihm zu Ehren sollten die Flöten in der Dämmerung klingen, und die Menschen würden das echte Glück erkennen. Dieser Mann hatte ihnen vorgelogen, sein falscher Gott vermöchte es ihnen zu bringen.

21 Ausdauer

Erstaunlich genug – Paulus lebte noch. Doch die Narben blieben ihm für immer. Ob man die Hypothesen über Epilepsie oder Malaria verwirft oder nicht – es ist gut möglich, daß seine späteren körperlichen Beschwerden zu einem Großteil noch von der Steinigung in Lystra herrührten. Barnabas, Freunde und Bekehrte, sammelten sich um den blutüberströmten Paulus, hoben ihn vom Boden auf und brachten ihn in die Stadt zurück. Auf den ersten Blick sieht das gefährlich aus, aber man darf annehmen, daß der Mob sich mittlerweile zerstreut hatte. Sie gingen schnell nach Hause, um keine Schwierigkeiten mit der Obrigkeit zu bekommen, die, ungeachtet dessen, was sie heimlich wünschen mochte, einen Mordversuch nicht einfach übersehen konnte. Man hätte dem schwerverletzten Mann einen Monat oder wenigstens ein paar Tage Ruhe gönnen müssen, aber in Lystra war er nicht mehr sicher. Und schon am nächsten Tag standen Barnabas und Paulus wieder auf der Straße. Man kann vermuten, daß Sympathisanten ihnen einen Esel schenkten oder liehen, denn nach der qualvollen Steinigung war Paulus natürlich nicht imstande, zu Fuß zu gehen. Sie zogen nach Derbe, einer kleinen Stadt, die wohl mit dem heutigen Daevre Sehri identisch ist. Derbe lag gleich hinter der Grenze der römischen Provinz und gehörte zu einem Gebiet, das König Antiochus von Kommagene regierte, ein Vasall des Kaisers.

Derbe war vermutlich nie etwas anderes als eine verschlafene Grenzstadt, aber gerade darum recht gut als Erholungsort für einen Kranken geeignet. Es dauerte wahrscheinlich sehr lange, bis Paulus von seinen schlimmen Wunden genas. Entweder wohnte er in einer Herberge – die in manchen Teilen Kleinasiens selbst heute noch reichlich primitiv sind – oder in einem Haus, das einem Freund oder Verwandten von Neubekehrten aus Lystra gehörte. Später schrieb er an die Gemeinden in dieser Gegend, er sei gebrandmarkt worden (wie ein entwichener Sklave) zum Zeichen dafür, daß er der Knecht Gottes sei. Beim Kampf um die Gesundheit zeigte er dieselben Qualitäten wie auf allen anderen Gebieten. Weder Schläge noch Steinigung, weder Gefängnis noch Fährnisse, noch Härten konnten ihn davon abhalten, diese Revolution des menschlichen Lebens voranzutreiben. Er predigte den Juden, vor allem aber den Nichtjuden, im römischen Reich, sie alle könnten ein Leben jenseits des zeitlich begrenzten Seins gewinnen, sie alle könnten den Klauen des Todes entrissen werden.

Paulus besaß die Gabe des Verstehens. Er machte sich keine Illusionen über die Schwierigkeit, ein rechtschaffenes Leben zu führen. Ihm war bewußt, daß ein Leben nach den Gesetzen Gottes – jenen Gesetzen, die er während seiner pharisäischen Erziehung gelernt hatte und die nun durch seinen Glauben an den Messias bekräftigt und erhellt wurden – daß ein solches Leben das Allerschwierigste auf Erden ist. Es erforderte eine Disziplin, die weit über das hinausging, was den römischen Soldaten abverlangt wurde, die in entlegenen Gebieten die Grenzen gegen die Parther, die asiatischen Reitervölker oder die wilden teutonischen Stämme verteidigten. Auch andere vor ihm – vor allem Sokrates – hatten begriffen, wie schwer das tugendhafte Leben ist, und Sokrates war ein ebenso ungewöhnlicher Mann wie Paulus, wenn auch auf ganz andere Weise. Platon berichtet uns, daß Sokrates sich während eines rauhen Winters als Soldat im Feld befand. Alle hatten sich wegen der Kälte in dicke Schafspelze gehüllt, er aber trug nichts weiter als seinen Mantel und ging barfuß durch Eis und Schnee. Er war von Natur aus genügsam, konnte aber, wenn er sich danach fühlte, andere unter den Tisch trinken.

Man hätte wohl erwartet, daß Paulus und Barnabas nach der Schneeschmelze im Frühling nach Süden, über die Pässe des Taurusgebirges nach Taurus und weiter nach Antiochien in Syrien gezogen wären. Weit gefehlt – sie nahmen denselben Weg, den sie gekommen waren: Lystra, wo Paulus gesteinigt worden war, und die anderen Städte, aus denen man sie vertrieben hatte. Sie wollten zusehen, daß das kleine Häuflein von Gläubigen, das sie zurückgelassen hatten, nicht wieder den Irrlehren verfiel, oder sie, falls es schon soweit war, auf den rechten Weg zurückführen. Es kann fast als sicher gelten, daß sie überall, wo sie sich längere Zeit aufhielten, beim Zuverlässigsten von den Konvertiten Dokumente über Leben und Worte des Heilands hinterlegten. Im Gegensatz zu den Judenchristen waren die Heidenchristen nicht so geübt in der mündlichen Überlieferung – einige konnten vielleicht längere Passagen aus dem Homer auswendig, aber das war auch schon alles. Vielleicht riskierten sie den gefährlichen Weg deshalb noch einmal, weil sie wußten, daß die Beamten in den jeweiligen Städten zu Beginn des neuen Jahres (48 n. Chr.) abgelöst wurden. Doch das hatte nicht viel zu sagen. Sie waren immer noch amtlich vermerkt, und die Menschen, die sie haßten, wohnten immer noch am selben Ort. Der Mut der beiden Männer ist erstaunlich, ja draufgängerisch zu nennen, wären sie nicht davon überzeugt gewesen, daß sie unter göttlichem Schutz standen.

Die Apostelgeschichte vermerkt lakonisch: »(Sie) stärkten die Seelen der Jünger und ermahnten sie, daß sie im Glauben blieben, und daß *wir durch viel Trübsal müssen in das Reich Gottes gehen.*« Sie sprachen mit denen, die sie für die Verläßlichsten und Bestunterrichteten hielten. Später wurden diese Menschen, gewiß nicht ohne Barnabas' und Paulus' Einflußnahme, dem jüdischen Brauch gemäß zu Ältesten oder Presbytern der jeweiligen Gemeinde ernannt. Als sie ankamen, hatten die beiden Männer in diesen abgelegenen Teil des römischen Reiches eine völlig neue Botschaft gebracht, die Juden wie Heiden betraf. Als sie nach ihrem zweiten Besuch Abschied nahmen, ließen sie festgegründete Glaubensgemeinschaften zurück, die sich ständig vergrößerten. Es war eine unglaubliche Leistung. Zwei Männer hatten ganz allein, trotz vieler anerkannter Kulte und mancher Feindseligkeiten in einem beträchtlichen Teil des römischen Reiches den Keim zur religiösen Revolution gesät.

Im Frühling verließen sie Pisidien und begaben sich wieder nach Perge. Zweifellos bestärkten sie auch hier die Neubekehrten im Glauben, sorgten dafür, daß das Evangelium recht gepredigt wurde, und ernannten vertrauenswürdige Menschen zu Gemeindeältesten. Es verdient festgehalten zu werden, daß Paulus – wie viele Kirchenheilige – unbeschadet seiner Träume und mystischen Erfahrungen eminent praktisch war und ein großes Organisationstalent besaß. In mancher Hinsicht ähnelte er einem Geschäftsmann. Möglicherweise fanden sie in Perge kein Schiff nach Seleucia, möglicherweise entschlossen sie sich auch dazu, nach Attalia zu gehen, um dort weitere Gläubige zu gewinnen, bevor sie von Kleinasien Abschied nahmen. Das letztere ist wahrscheinlicher. Attalia war eine bedeutende Stadt mit einem großen Handelshafen – von hier aus konnte die frohe Botschaft durch Matrosen, Kaufleute und Reisende weitergetragen werden.

Im Sommer des Jahres 48 gingen sie schließlich an Bord eines Schiffes, das nach Syrien fuhr. Zwei Jahre lang waren sie fort gewesen. Es war ihre dritte Seereise, vermutlich eine recht unbequeme, aber das war nichts, verglichen mit den Widrigkeiten des ersten Sommers in Pisidien; den Gefahren, die in den Bergen lauerten, und den Drohungen und Gewalttätigkeiten, denen sie in den Städten begegnet waren. Sie hatten auf Zypern und in Kleinasien mindestens 1600 Kilometer zurückgelegt, hauptsächlich zu Fuß. Selbst für einen modernen Reisenden, der eine Reisebeschreibung oder einen Dokumentarbericht mit heimbringen will, wäre das eine beachtliche Leistung. Aber selbst wenn er den schwierigsten Weg wählen würde, wäre es nicht mit den Bedingungen zu vergleichen, unter denen Paulus und Barnabas reisen mußten. Auch taten sie es nicht zu ihrer Unterhaltung, sondern um die Welt zu missionieren. Haß und Verachtung der Römer schlugen ihnen entgegen, dazu die noch bösere Feindseligkeit der Juden und die Ignoranz der Heiden.

Es ist zweifelhaft, ob sie je dem bäurischen Niveau der Bevölkerung gerecht wurden. Zu viele Dialekt- und Sprachprobleme stellten sich. Ihre Botschaft mußte ins Griechische übersetzt werden: in die Sprache, die Gebildete und Halbgebildete allerorten für Geschäft und Unterhaltung gebrauchten. Viele von den Juden, die schon seit längerer Zeit in Kleinasien ansässig waren, hatten wahrscheinlich ihre Muttersprache verlernt und das Griechische als *Lingua franca* übernommen. Paulus und Barnabas kehrten nun übers sommerliche Meer zurück, um denen, die sie entsandt hatten, über ihre Arbeit, ihre Mißerfolge und ihre Erfolge zu berichten. Doch der Erfolg war größer als erwartet – ein Anfang, der Gutes verhieß.

22 Streit und drohende Spaltung

Abgezehrt, von Entbehrungen gezeichnet, betraten an einem Sommertag des Jahres 48 zwei Juden in zerschlissenen Reisegewändern Antiochien, die Schöne, Antiochien, die »Krone des Ostens«. Die Stadt hatte damals fast eine halbe Million Einwohner – eine ungeheure Zahl für die Antike. Unter so vielen Menschen aus so vielen Völkern und Religionsgemeinschaften wird kaum jemand einen Blick auf diese schäbigen Wanderer geworfen haben, und wer sie trotzdem sah, dachte vielleicht, dies müßten Kaufleute sein, denen irgendein Unternehmen gründlich mißglückt war – vielleicht hatten sie Schiffbruch erlitten. Der Kleinere, ein Glatzkopf, wußte anscheinend eine Menge zu sagen, und seinem Äußeren nach zu schließen, mußte er harte Zeiten hinter sich haben.

Nachdem Paulus und Barnabas sich in einem christlichen Haus gewaschen und umgezogen hatten, gingen sie gleich zu einer Gemeindeversammlung. In Windeseile hatte sich die Nachricht von ihrer Rückkehr herumgesprochen. Fast unglaublich nach der langen Zeit – viele dürften gedacht haben, sie seien nach der Abreise von Zypern irgendwo im wilden Hochland von Kleinasien zugrunde gegangen. Und jetzt hörten sie die herrliche Nachricht, die wahrlich von Gottes Segen zeugte: Segen für ihr Vorhaben, die beiden Botschafter des Glaubens zu den Heiden und Juden zu schicken, die den auferstandenen Messias noch nicht kannten. Tröstlich auch, daß sie sich jetzt nicht mehr so allein zu fühlen brauchten wie früher. Hunderte von Meilen entfernt, in Städten von Zypern bis Pamphylien, ja selbst im entlegenen Lykaonien lebten Männer und Frauen, die dasselbe glaubten wie sie! Die Bewegung verbreitete sich immer mehr! Vor allem aber dürfte ihnen die verblüffende Nachricht Mut gemacht haben, daß Sergius Paulus, der Prokonsul von Zypern, Christ geworden war. Wenn ein derart bedeutender Mann, ein Römer obendrein, ihrem Kreis beitrat, dann schien nichts mehr unmöglich.

Alles war nun erzählt – und die Geschichten machten später in der ganzen Stadt die Runde und warben weitere Neubekehrte. Paulus und Barnabas »blieben aber allda eine nicht geringe Zeit bei den Jüngern«. Wieder wird nicht erwähnt, womit sie ihren Lebensunterhalt bestritten. Entweder versah die Gemeinde sie für ihre Dienste mit Essen und Kleidung, oder sie nahmen, der Tradition der jüdischen Rabbiner folgend, ihren alten Beruf wieder auf. Was Barnabas gelernt hat, wissen wir nicht. Er war Levit und stammte aus Zypern. Vielleicht hatte er dort etwas Landbesitz oder war Kaufmann beziehungsweise Handwerker wie so viele jüdische Zyprioten. Dem Verfasser der Apostelgeschichte sind solche Fragen unwichtig. Ihm ist es nur darum zu tun, welchen Beitrag diese Männer zum Aufbau der Kirche leisteten.

Es kann nicht lange gedauert haben, bis die Nachricht, was in Antiochien geschah und erreicht worden war, nach Jerusalem zur Mutterkirche drang. Man war zwar vor der Abreise von Paulus, Barnabas und Johannes Markus übereingekommen, daß sie Nichtjuden bekehren durften, aber anscheinend hatte so mancher in Jerusalem noch nicht recht begriffen, was das bedeutete: man nahm Männer und Frauen in die Kirche auf, die nicht im Gesetz unterwiesen waren – die Männer hatten sich nicht einmal jenem schlichten Stammesritual, der Beschneidung, unterzogen. Die orthodoxen Juden waren im allgemeinen ohnehin gegen Paulus und Barnabas eingestellt – das hatten sie auf ihrer Reise am eigenen Leibe erfahren – und wollten die Christen überhaupt nicht gelten lassen, aber es gab auch Juden, die sich für diesen Nebensproß ihres angestammten Glaubens entschieden hatten. Doch duldeten sie keinesfalls, daß auch Nichtjuden, die sich nicht einmal dem Gesetz unterworfen hatten, aufgenommen wurden. Man muß sich wirklich fragen, ob Johannes Markus' überstürzte Abreise vielleicht erfolgte, weil Paulus und Barnabas bereit waren, Römer, Griechen und Kleinasier zu akzeptieren, die nicht die mindeste Gesetzes-

kenntnis besaßen. Für viele jüdische Mitglieder der Urkirche stellte das Christentum wohl nur eine gereinigte Form des Judentums dar. Veränderungen nahm es lediglich insofern vor, als es lehrte, daß der Messias bereits gekommen sei und allen gläubigen Juden die Erlösung verheißen habe – aber dieser Messias war der Messias der Juden.
Daß die beiden Missionare bei heidnischen Zyprioten und asiatischen Barbaren gewirkt und sie in die Kirche aufgenommen hatten, ohne strikte Treue zum Überlieferten zu fordern, war eine unerfreuliche Enthüllung. Anscheinend behauptete Paulus – einstmals glühender Pharisäer und Christenverfolger – nunmehr, die ganze Welt könne in *ihre* Kirche kommen; und das nicht nur, ohne jüdisch zu sein, sondern auch ohne die Thora anerkannt zu haben. Das war undenkbar und alles andere als erstrebenswert. Sie glaubten an Jesus als den wahren Messias, aber sie hatten sich nicht vorgestellt, daß er auch der Messias der Heiden werden könne – es sei denn, die Heiden taten dasselbe wie die Proselyten. Man kann ihre Auffassung leicht verstehen. Ihr Land stand unter römischer Herrschaft, sie zahlten ihre Steuern an Rom, sie waren bereit zu glauben, daß das verheißene Reich nicht von dieser Welt sei, aber schließlich war der Messias als Jude geboren und hatte Israel die Erlösung verkündet. Sollten sie also wirklich ja dazu sagen, daß ihre Unterdrücker in das Reich Gottes kommen könnten, ohne sich der Zucht des Gesetzes zu beugen, ohne das Kastenzeichen der Beschneidung zu tragen?
All das scheint heute etwas trivial, viel Lärm um einen relativ unbedeutenden operativen Eingriff am Penis, aber damals war es tatsächlich eine Frage von erheblicher Bedeutung. Das Judentum erkannte unbeschnittene Proselyten nicht an. Und darum mußten sich auch diejenigen, die jetzt bereit waren, an einen jüdischen Messias zu glauben, erst einmal diesem entscheidenden Gesetz unterwerfen. So unwichtig es auf den ersten Blick auch wirken mag – davon hing sehr viel ab. An diesem Punkt klärte es sich, ob das Christentum eine verbesserte Form des Judentums war oder etwas völlig anderes. Nach dem zu urteilen, was Paulus über seine Predigten in Galatien berichtete, war er sehr viel weitergegangen als erwartet – und gewünscht. Ein Beigeschmack von orientalischem Mystizismus, ein Rüchlein von heidnischer Mysterienreligion haftete seiner ausdrücklichen Betonung des Gekreuzigten und des Kreuzes überhaupt an, besonders aber der Behauptung, dem Menschen sei sofort vergeben, wenn er sich zum

Glauben an Christus, den Erlöser, bekenne. Man mußte etwas tun. Man mußte genau untersuchen, was den Fremden, weit weg von der Mutterkirche in Jerusalem, übermittelt worden war.
Petrus hatte seine Position beim Traum vom leinenen Tuch, das vom Himmel herabgelassen wurde, bereits dargelegt. Außerdem war er ins Haus des Hauptmanns (= Zenturios) Kornelius gekommen und hatte bei dieser Gelegenheit gesagt, obwohl die Juden nicht mit Nichtjuden verkehren und auch nicht mit ihnen zu Tisch sitzen dürften, habe Gott ihm offenbart, kein Mensch solle gemein oder unrein geheißen werden. Petrus suchte Paulus und Barnabas in Antiochien auf. Er machte kein Geheimnis aus seiner Überzeugung. In dieser Stadt, der einzigen im Osten, wo Heiden- und Judenchristen gleichgestellt waren, gesellte er sich wie die anderen zu ehemaligen Heiden. Dann trafen Christen aus Jerusalem ein, frühere Pharisäer. Sie waren jene Abordnung, die untersuchen sollte, ob auf das, was in Antiochien gepredigt wurde, der Vorwurf der Laxheit oder gar der heidnischen Ketzerei zutraf. In einer solchen Stadt mußte jeder rechtgläubige Jude oder Christ – sofern er überhaupt gezwungen war, sein Brot hier zu verdienen – sich eng an seinen kleinen Kreis von Gleichgesinnten halten.
Dann fanden sie heraus, daß die Heidenchristen tatsächlich nicht beschnitten worden waren. Genauso schlimm – die Judenchristen speisten und tranken zusammen mit diesen ehemaligen Heiden! Vielleicht aßen sie gar »das Andere«? Petrus bekam ihre Argumente in aller Härte zu spüren und ließ vom gesellschaftlichen Umgang mit unbeschnittenen Konvertiten ab. Das hinterließ bei Barnabas und vielen anderen Judenchristen einen nachhaltigen Eindruck.*
Paulus sah, wohin das führen würde – zur Spaltung der Kirche. Wenn man nicht rasch handelte, gab es bald zwei Zweige des Christentums, einen jüdischen und einen nichtjüdischen. Wollte man das in Jerusalem? Wollte das Jakobus, der Bruder Jesu? Sie hatten sich im Einverständnis die Hände gereicht, bevor er und Barnabas zur ersten Missionsreise aufgebrochen waren. Es war ausgemacht, daß er den Heiden die frohe Botschaft bringen sollte, aber es hatte nie geheißen, zuerst müsse er sozusagen Pseudojuden aus ihnen machen. Die »Prüfungskommission« brauchte er nicht zu berücksichtigen, mit ihren Argumenten wurde er allemal fertig, aber er konnte den Abfall des Pe-

* Sie taten es ihm nach. Die Vorgänge in Antiochien werden beschrieben in Gal. 2,11–14. (A. d. Ü.)

trus nicht außer acht lassen, denn sein Verhalten beeinflußte die anderen natürlich ganz besonders.
Petrus war kein Intellektueller, vermochte auch nicht zu erkennen, daß die gegenwärtige Auseinandersetzung die junge Kirche zerstören konnte. Er war ein großer und gütiger Mann von ergreifender Schlichtheit – deswegen hatte ihn Christus berufen. Paulus fegte die Argumente der Prüfungskommission vom Tisch. Mit Petrus' Verhalten befaßte er sich kurz und scharf, vielleicht vor einer Gemeindeversammlung. Er sagte: »Wenn du, der du ein Jude bist, heidnisch lebst und nicht jüdisch, warum zwingst du denn die Heiden, jüdisch zu leben?« Darauf konnte Petrus nichts erwidern, wenn er an sein Betragen und seine wirkliche Überzeugung dachte. Er beugte sich Paulus' logischer Beweisführung und äußerte auch danach niemals irgendwelchen Groll über diesen Vorfall, der fast einer öffentlichen Demütigung gleichkam. Seine menschliche Größe ließ ihn keinen Haß empfinden, und er konnte stets das Rechte anerkennen, auch wenn er es selbst nicht immer zu tun vermochte. Außerdem sah er jetzt Paulus' mißliche Lage. In Antiochien war die Angelegenheit zwar so gut wie geregelt, Paulus hatte die Kirche vor der Spaltung bewahrt, aber noch mußte Jerusalem einwilligen. Jakobus der Gerechte, jene geheimnisvolle Gestalt, die machtvoll, aber schattenhaft, hinter der Geschichte der Urkirche steht, sollte sich äußern. Eine endgültige Entscheidung war vonnöten.
Paulus, Barnabas und eine Reihe namentlich nicht bekannter Gemeindemitglieder wurden nach Jerusalem gesandt, um genaue Verhaltensmaßregeln für diese peinliche, aber überaus wichtige Sache zu erfragen. Petrus war ihnen anscheinend schon nach Jerusalem vorausgeeilt. Wahrscheinlich suchte er sofort Jakobus auf. Zwar war Petrus der erste Jünger und auch der wichtigste in allen vier Evangelien (bei Markus wird er 23mal, bei Matthäus 24mal, bei Lukas 27mal und bei Johannes 39mal erwähnt), doch als Haupt der Kirche anerkannte man wohl den Bruder Jesu. Kurz hinter Petrus kam die Abordnung aus Antiochien und versetzte alle Christengemeinden am Wege mit den Geschichten aus Kleinasien in Staunen – Staunen über die Kirchengründungen in so entlegenen Orten wie Lystra oder Derbe.
Die Abordnung aus Antiochien wurde in Jerusalem von der Versammlung der Apostel und Ältesten empfangen. Mit wachsender Aufmerksamkeit lauschte man dem Bericht, den Paulus und Barnabas

über ihre missionarische Tätigkeit in der Fremde abgaben. Gewiß nahm ihre Schilderung von der Ausbreitung des Evangeliums einen Großteil der Zuhörer für sie ein, denn es erhob sich eine Gruppe von pharisäischen Juden – vielleicht dieselben, die in Antiochien gewesen waren – und unterbrach. Sie postulierten: »Man muß sie (die Heiden) beschneiden und ihnen gebieten, zu halten das Gesetz des Mose.« Und dann ging alles drunter und drüber, man stritt über diesen und jenen Punkt; die einen wiesen darauf hin, auch Christus habe manches Mal das Gesetz gebrochen, vor allem, was den Sabbat betraf, die anderen verneinten es. Paulus hatte sich wohl schon mit Petrus unterhalten, um vorzufühlen, ob von dieser Seite Unterstützung zu erwarten sei. Höchstwahrscheinlich hatte er auch Jakobus bereits um seine Meinung gebeten. Und nun stand mitten in diesem Tumult Petrus auf und sprach: »Ihr Männer, liebe Brüder, ihr wisset, daß Gott mich lange vor dieser Zeit unter euch erwählt hat, daß durch meinen Mund die Heiden das Wort des Evangeliums hörten...« Und dann wies er darauf hin, Gott habe den Juden *und* den Heiden den heiligen Geist gegeben und keinen Unterschied zwischen ihnen gemacht. »Was versucht ihr denn nun Gott dadurch, daß ihr ein Joch auf der Jünger Hälse legt, welches weder unsre Väter noch wir haben tragen können? Vielmehr glauben wir, durch die Gnade des Herrn Jesus selig zu werden, gleicherweise wie auch sie.«

Petrus' Eingreifen hatte die erwünschte Wirkung. Die Versammlung beruhigte sich und ließ Paulus und Barnabas mit ihrem Bericht fortfahren. Es ärgerte Paulus vielleicht, daß Petrus von sich behauptete, *er* sei der allererste Heidenmissionar, denn bei dem Gespräch mit Jakobus vor der Abreise nach Zypern war ja vereinbart worden, Paulus solle die Heiden bekehren und Petrus die Juden. Sei dem wie auch immer – Petrus' kurze, aber eindrucksvolle Rede wirkte. Stundenlang und vermutlich nicht nur auf einer Gemeindeversammlung beschrieben Paulus und Barnabas ihre missionarische Arbeit. Und am Schluß erhob sich niemand zur Gegenrede. Nur Jakobus – klarer Beweis seiner überragenden Stellung in der Kirche – stand auf und bestimmte nun, wie man sich den Nichtjuden gegenüber verhalten sollte. Er zitierte Amos: »Danach will ich mich wieder zu ihnen wenden und will wieder bauen die Hütte Davids, die zerfallen ist, und ihre Trümmer will ich wieder bauen und will sie aufrichten, auf daß, was übrig ist von Menschen, nach dem Herrn frage, dazu alle Heiden, über welche

mein Name genannt ist, spricht der Herr, der solches kundtut von alters her.« Man konnte weder dem Propheten noch Jakobus widersprechen, der, wie wir wissen, nicht nur der Bruder Jesu war und ihn nach der Auferstehung gesehen hatte, sondern auch ein derart gottgefälliges Leben führte, daß man ihn überall »den Gerechten« nannte.
Die Nichtjuden, die in die Kirche aufgenommen wurden, mußten nur einige wenige Gebote des mosaischen Gesetzes befolgen – und die Beschneidung gehörte nicht dazu. Was Eßgewohnheiten und Sexualverhalten betraf, so hatten sie sich ans Gesetz zu halten. Sie durften nicht vom Fleisch essen, das heidnischen Göttern zum Opfer dargebracht wurde. (Eine nie versiegende Geldquelle war für die Tempel der Verkauf geschlachteter Tiere, von denen nur ausgewählte Teile vor den lächelnden Gesichtern im Dunkeln verbrannt wurden.) Sie durften kein Blut trinken, denn Blut war nach dem mosaischen Gesetz das Leben selbst. Sie durften keine erwürgten Tiere essen. Das mag seltsam klingen, beruhte aber auf einer durchaus humanen Haltung. Man wollte die Tiere nicht unnötig quälen, indem man sie auf diese Weise umbrachte – Genießer behaupteten übrigens, das Fleisch gewinne dadurch an Wohlgeschmack. Das letzte Gebot, sich der Unmoral – in biblischer Sprache, der Unzucht – zu enthalten, war deutlich genug. Es hieß, daß sie sich fernhalten sollten von Orten wie dem Hain der Daphne, den Höhen von Paphos, den Hainen der Astaroth, die jahrhundertelang eine Versuchung für die Kinder Israels dargestellt hatten. Weg vom Weihrauch im Laub der Bäume, weg von der Hurerei mit Frauen und Männern, und kein Geld mehr zur Unterstützung der Kulte, Götzenbilder, Tempel und Priester!
Jakobus' Entscheidung wurde von der Versammlung bestätigt. Man setzte einen Brief an die antiochenische Kirche sowie an die syrischen und cilicischen Gemeinden auf, der alle von dieser Grundsatzentscheidung unterrichten sollte. Es war ein glänzender Sieg für Paulus. Doch darf man nicht vergessen, welch bedeutende Rolle Petrus und Jakobus bei dieser Auseinandersetzung spielten. Ohne sie hätte wohl die Partei der Pharisäer gesiegt. Nachdem Paulus und Barnabas die nötigen Anweisungen und Sanktionen vom Oberhaupt der Kirche und vom Ältestenrat zu Jerusalem entgegengenommen hatten, zogen sie wieder nach Antiochien und übergaben den Brief. Mit ihnen kamen zwei Emissäre aus Jerusalem, die vielleicht dafür sorgen sollten, daß die Anweisungen recht verstanden wurden. Außerdem hatten sie wohl ei-

nen Bericht vorzubereiten, der genaue Auskunft darüber erteilte, wie die Dinge in Antiochien und den Nachbargemeinden standen. Diese beiden Männer waren Judas Barsabas und Silas Silvanus, letzterer römischer Bürger wie Paulus. Eine kluge Wahl – Judas war Jude (vielleicht der Bruder jenes Joseph Barsabas, der sich erfolglos darum beworben hatte, den verwaisten Platz des Judas Ischarioth einzunehmen), Silas war römischer Bürger und konnte somit nicht nur mit den lokalen Obrigkeiten verhandeln, sondern sich auch der speziellen Probleme der griechischen und römischen Konvertiten annehmen. Die Botschaft wurde verlesen. Alle waren erleichtert: sie brauchten sich nicht mit den haarspalterischen Sophistereien des jüdischen Gesetzes zu belasten. Sie waren frei. So empfanden sie es vielleicht. In Wirklichkeit trugen sie eine weit größere Bürde als diejenigen, die sich unter den dunkelgrünen Lorbeerbäumen im Hain vor der Stadt umarmten.

23 Strassen

Die antiochenische Kirche vereinbarte mit Paulus und Barnabas, sie sollten noch einmal die Stätten ihrer ersten Missionsreise besuchen, die Gemeinden festigen und vor allem dafür sorgen, daß es nirgendwo zum Abfall vom Glauben kommen konnte. Wie uns die flammende Kritik vieler Propheten beweist, neigten die Kinder Israel immer wieder dazu, fremde Götter anzubeten, Unzucht zu treiben, die Ehe zu brechen, übermäßig dem Wein zuzusprechen – kurz, gegen alle Gebote zu verstoßen. Wenn es schon Juden, die im Gesetz unterwiesen und mit dem Gesetz vertraut waren, kaum vermochten, auf dem schmalen Pfad der Tugend zu bleiben, so kann man sich leicht vorstellen, um wieviel mehr man sich in Antiochien wegen der Nichtjuden sorgte. Diese Männer und Frauen hatten sich zwar zum Christentum bekehrt, aber sie waren als Heiden geboren, hatten den Götzen geopfert und womöglich alle Arten von Unmoral kennengelernt und ausgeübt. Die neuen Anordnungen der Mutterkirche zu Jerusalem mußten noch aus einem anderen Grunde an die Gläubigen in der Ferne übermittelt werden. Man munkelte nämlich, es seien bereits einige Leute von der Gruppe der Pharisäer tätig – angeblich versuchten sie zu erzwingen, daß die Heidenchristen sich in allen Punkten dem Gesetz unterwarfen. Was den Juden schon fast unmöglich war, konnte den Heiden auf gar keinen Fall gelingen. Vielleicht wurden sie sogar derartig abgeschreckt, daß sie in ihre frühere Lebensweise zurückfielen und ih-

ren alten Glauben wieder annahmen. Paulus und Barnabas mußten zu ihnen eilen und ihnen von der neuen Grundsatzentscheidung erzählen. Im Frühling des Jahres 50 sollten sie von Antiochien aus aufbrechen. Doch dann entbrannte ein heftiger Streit zwischen Paulus und Barnabas. Barnabas wollte wieder Johannes Markus mitnehmen. Warum Markus sie in Pamphylien verlassen hatte, wissen wir nicht, doch es besteht kein Zweifel daran, daß Paulus das als Verrat, als unverzeihliches Im-Stich-Lassen wertete. Markus mag gute Gründe gehabt haben, doch bei Paulus verfing das nicht. Möglicherweise mochte Markus Paulus nicht (er war nicht eben der einfachste Charakter), möglicherweise schätzte er die Paulinische Interpretation des Lebens und Wirkens von Jesus nicht. Vielleicht hätte man erwartet, daß Barnabas sich Paulus fügte und Markus entließ, aber er wollte unbedingt seine Heimat Zypern besuchen. Und so trennten sie sich. Barnabas und Markus fuhren nach Zypern, Paulus machte sich mit Silas auf den Weg – durch Syrien und Cilicien nach Lykaonien. Es war ein großer Vorteil, daß auch Silas römischer Bürger war. Wenn sie in Schwierigkeiten mit der Obrigkeit gerieten, konnten sie sich auf ihr Recht berufen und daher mit einem ordentlichen Gerichtsverfahren rechnen. Der Streit erwies sich als fruchtbar insofern, als nicht nur eine Gruppe im selben Arbeitsfeld tätig wurde. Jetzt gab es zwei Gruppen, und das hieß, daß man noch mehr in die Tiefe wirken konnte. Trotzdem war diese Trennung im Zorn unerfreulich, wenn man bedenkt, wie lange Paulus und Barnabas Reisegefährten gewesen waren und wie viel sie gemeinsam durchgestanden hatten. Paulus mochte mit seiner schroffen Haltung im Recht sein, aber gleichzeitig mangelte es ihm doch ein wenig an jener Liebe, die das Hauptstück seiner Botschaft bildete.
Nach dem Besuch der am Weg liegenden syrischen und cilicischen Gemeinden machten Paulus und Silas wahrscheinlich einen Abstecher nach Tarsus. Paulus wollte bestimmt sehen, wie es um die Gläubigen in seiner Heimatstadt stand. Außerdem bot sich Tarsus sowieso an, denn der Weg ins Hochland von Kleinasien führte durch die cilicische Pforte. Sie lag auf dem höchsten Punkt eines Passes, der zu den längsten und schwierigsten der Welt gehörte, und war an manchen Stellen kaum mehr als zehn Meter breit. Viele Armeen hatten sie passiert, viele Männer, die weitaus berühmter waren als die beiden unbekannten Wanderer. Alexander der Große war mit seinem Heer durch die cilicische Pforte zur Eroberung des Ostens ausgezogen. Paulus wollte

im Westen Eroberungen machen, wenn auch ganz anderer Art. Selbst wenn es mitten im Frühling war und der Schnee schon schmolz, als sie das wilde Bergland durchquerten, müssen sie durchnäßt gewesen sein und gefroren haben. Die Feuchtigkeit im kalten Schatten der hochaufragenden Felsen kroch durch die Kleider bis unter die Haut. Mit einem Seufzer der Erleichterung werden sie die Hochebene betreten haben, die römische Straße, die in Richtung Westen nach Derbe führte. Sie besuchten die Konvertiten, verlasen die Anweisungen der Jerusalemer Kirche (die gewiß mit Genugtuung aufgenommen wurden) und zogen weiter nach Lystra. Hier, wo er gesteinigt und für tot liegengelassen worden war, fand Paulus eine blühende Gemeinde vor. Silas und er wohnten im Haus einer Witwe. Sie hatte einen Sohn, einen jungen Mann namens Timotheus. Beide waren bei Paulus' erstem Aufenthalt bekehrt worden.

Timotheus' Mutter war Jüdin, sein Vater Grieche. Solche Mischehen dürften im Osten nicht ungewöhnlich gewesen sein, aber Timotheus wurde anscheinend eher als Jude betrachtet. Er wollte nicht nur Christ sein, sondern auch als vollwertiges Mitglied in die Religionsgemeinschaft aufgenommen werden. Paulus richtete es ein, daß er beschnitten wurde. Damit handelte er keineswegs den Satzungen von Jerusalem zuwider. Sie besagten lediglich, daß Heiden nicht beschnitten werden müßten; wenn sie es aber selbst wünschten – um so besser. Timotheus wurde später Paulus' vertrautester Gefährte und Mitarbeiter. Er wollte sich als würdig erweisen, als eifriger Christ, Paulus und Silas begleiten, mithelfen bei der Gründung neuer Gemeinden und andere besuchen, die in der Zwischenzeit entstanden waren.

Paulus zog es ganz offensichtlich nach Ephesus. Die alte ionische Stadt lag an der Küste, ein Stück weit nördlich von der schönen Insel Samos. Sie war ein bedeutender Handelsplatz, was sie der günstigen Lage an der Mündung des Kaystros verdankte. In der Nähe befanden sich zwei weitere Flüsse. Ephesus war der ideale Ort für eine neue Gemeinde, denn es hatte Verbindungen zum gesamten Hinterland und nach Griechenland. Ehrgeizige Ziele schwebten Paulus vor: Griechenland, dann Italien und schließlich Rom. Jahrelang hatte er sozusagen an der Peripherie gelebt, doch die Erfahrungen der ersten Missionsreise ließen in ihm die Überzeugung reifen, daß er imstande sei, die Welt zu verändern. Griechenland war das Zentrum des Geistes, Rom das Zentrum der Macht. Sein ganzes Leben lang erwies sich

Paulus als scharfsinniger Mann, der die Welt und ihre Ränke kannte. Er wußte die Macht aufzuspüren – etwas Macht, wenn auch kaum politischer Art, in Jerusalem, etwas Macht im syrischen Antiochien, weniger in Antiochien in Pisidien, noch weniger in seiner Heimatstadt Tarsus und ganz wenig in abgelegenen Orten wie Derbe und Lystra. Doch galt sein Ehrgeiz nicht der eigenen Person (und gewiß nicht materiellen Gütern), sondern ausschließlich seiner Sache – dem Glauben. In allen Entbehrungen, Nöten und körperlichen Schmerzen konnte er sich doch den Erfolg vorstellen. Daran zweifelte er nicht, und mit seiner glühenden Entschlossenheit vermochte er die Unsicherheit der anderen zu zerstreuen. Die meisten Menschen, damals wie heute, wissen nicht, was sie wirklich wollen – ein ungestörtes, ruhiges Leben vielleicht, eine gewisse Sicherheit für sich und die Ihren, einen friedlichen Tod – aber nicht viel mehr. Die großen Träumer sind völlig anders. Seltsam, daß bestimmte Charaktere sogar Ähnlichkeiten in der Erscheinung aufweisen: »Sein Äußeres zeichnete sich durch Schlichtheit und Kraft aus. Er war nicht ganz mittelgroß, und er hatte die plebejischen Gesichtszüge des slawischen Typus, überstrahlt von durchdringenden Augen; seine mächtige Stirn und sein noch mächtigerer Schädel gaben ihm eine ausgeprägte Individualität. Bei der Arbeit war er unermüdlich in einem Maße, das jeden Vergleich übersteigt. Ob Vorträge vor einem kleinen Arbeiterverein in Zürich oder der Aufbau des ersten sozialistischen Staates der Welt – an alles wandte er dasselbe exemplarische Bewußtsein... Die Einfachheit seiner täglichen Gewohnheiten rührte daher, daß seine geistige Arbeit und der angespannte Kampf nicht nur seine Interessen und Gefühle ganz in Anspruch nahmen, sondern ihm auch tiefe Befriedigung verschafften. Seine Gedanken ließen nie von der einen Aufgabe ab: die Arbeiter zu befreien.«

Diese Beschreibung Lenins stammt von seinem großen Landsmann Trotzki. Setzt man für »Zürich« »Derbe« ein und für »den ersten sozialistischen Staat« »die christliche Kirche«, so ergeben sich beträchtliche Ähnlichkeiten. Doch es bleibt ein großer Unterschied. Lenin war es darum zu tun, die Arbeiter von den Ketten einer bestimmten Gesellschaftsordnung zu befreien und statt dessen eine Gesellschaft zu schaffen, die er für ungleich besser und effizienter hielt. Gewiß wollte Lenin auch die Welt verändern, doch dies, so könnte man sagen, in relativ beschränktem Umfang. Und notwendigerweise hatte er dabei in erster Linie seine Heimat im Sinn – Rußland. Paulus wollte die ganze Welt verändern. Ihm war stets daran gelegen, daß die Anhänger seines Glaubens für die Armen und Kranken sorgten und ihren Mann im Beruf standen. Aber sie sollten nicht nur redlich lebende Arbeiter in einer sozialen Gemeinschaft sein. Er forderte mehr. Sie sollten Mitglieder einer zeitlosen Gemeinschaft werden, einer Gemeinschaft, in der weder Beruf noch Volkszugehörigkeit ins Gewicht fielen, sondern nur Liebe und Mitgefühl für den nächsten. Paulus hatte niemals den Tod eines anderen zu verantworten – abgesehen von seiner Einwilligung in die Steinigung des Stephanus. Kann man das auch von Lenin behaupten? Paulus schrieb viel, aber nie war eine Schrift darunter, die *Verteidigung des Terrorismus* (Trotzki) hieß. Er war bereit, für seinen Glauben zu sterben. Er war nicht bereit, für seinen Glauben zu töten oder andere zum Töten aufzufordern.

Und dieser Mann trug sich nun droben im Hochland von Kleinasien, mitten im Sommer, mit dem Gedanken, nach Ephesus zu gehen. Wie so oft, trug schließlich sein gesunder Menschenverstand den Sieg davon. Ephesus lag in einem Malariagebiet, und seine Gesundheit, unbeschadet dessen, ob er zuvor schon einmal Malaria gehabt hatte oder nicht, war keineswegs so gut, daß er es hätte wagen können, sich in dieser Jahreszeit im heißen Küstenstrich aufzuhalten. Es ist bemerkenswert, daß ihnen dies Vorhaben jetzt und bei anderen Gelegenheiten »vom heiligen Geist gewehrt ward«. Bithynien bot sich an – es lag weiter nördlich, im Osten das Schwarze Meer, im Westen Byzanz und Propontis (Marmarameer). Aber »der Geist Jesu ließ es ihnen nicht zu«. Sehr folgerichtig, denn abgesehen von Byzanz war das Gebiet primitiv, zwar waldreich und fruchtbar, aber fast ganz ohne bedeutende Städte – also für ihre Zwecke wenig geeignet. Paulus' Interesse konzentrierte sich auf den Westen, auf Griechenland und Italien. Hier würde seine Botschaft verstanden werden und auf fruchtbaren Boden fallen. Und so reisten sie denn nach Westen, durch Mysien, den nordwestlichen Teil Kleinasiens, und erreichten schließlich den Hafen Alexandrien-Troas.

Diesen Namen trug die Stadt Alexander dem Großen zu Ehren. Der Nachsatz Troas unterschied sie vom ägyptischen Alexandrien. Sie war nicht nur Alexanders wegen berühmt, sondern auch wegen ihrer Lage. Ganz in der Nähe hatte sich das alte Troja befunden. Strabo berichtet, daß Römer, die ganz Griechenland bereisten, stets auch hierherkamen, um die Schlachtfelder des Trojanischen Krieges zu besuchen – vielleicht rezitierten sie dabei Homer, um sich das Kampfgeschehen lebendig vor Augen zu führen. Unweit lag der Berg Ida, dessen Nordwestflanke praktisch die Küste berührte. Paulus hat gewiß von Homer gehört, aber ihn wohl kaum gelesen – all diese ehebrecherischen Götter mit ihren liederlichen Frauen und Geliebten! Verzweifelt oder verächtlich wird er die Touristen und Fremdenführer betrachtet haben, die aus der Stadt hinauszogen, um einen Tag in Troja oder eine Nacht auf dem heiligen Berg zu verbringen. Auf dem Gipfel des Ida – hier hatte Zeus gesessen, um das schwankende Schlachtenglück zu beobachten, hier hatte er einmal, von einer goldenen Wolke bedeckt, in Heras Armen gelegen –, auf diesem Gipfel wuchs eine riesige Pinie. Laut Strabo war sie fast siebzig Meter hoch. In ihre Rinde schnitten Römer und Griechen ihre Namen, um an ihre ephemere Gegenwart zu erinnern – nicht anders als es zu allen Zeiten Menschen getan haben, die berühmte Stätten besichtigten.

Nordwestlich von Troas lag Mazedonien, die Heimat Alexanders, die Heimat jenes abgehärteten Bergvolks, das Griechenland, später auch Kleinasien und den Osten erobert hat. Auf den Straßen der Stadt dürfte man viele Mazedonier gesehen haben. Sie waren ganz anders als die Griechen, die Paulus kannte, sprachen einen breiten Dialekt, trugen Hüte mit großen Krempen und schwere Wollkleider und blickten so drein, als würden sie sich in Raufereien – sei's in Schänken, sei's am Kai – ausgezeichnet bewähren. Es überrascht nicht sonderlich, daß Paulus eines Nachts ein Gesicht hatte: Ein Mazedonier stand vor ihm und sprach: »Komm herüber nach Mazedonien und hilf uns!« Mazedonien war der richtige Ausgangspunkt für Griechenland, und von Troas aus konnte man direkt hinübersegeln.

Es war Hochsommer, und die Etesien wehten, jene Winde, die sich fast als einzige im Mittelmeer annähernd mit den Passaten der großen Ozeane vergleichen lassen. Sie sind immer aus Nordwest bis Nord zu erwarten, erreichen Windstärke 6 bis 7 und flauen im allgemeinen gegen Abend ab, manchmal aber wehen sie unvermindert die ganze Nacht über. Versucht ein Schiff, bei einem solch starken Wind luvwärts zu steuern, so wird es beträchtlich vom Kurs abgetrieben – und die Segelschiffe der Antike waren dem schlecht gewachsen. Der Zielort des Schiffes, das sie nehmen wollten, war Neapolis, ein mazedonischer Hafen, über 160 Kilometer weiter nordwestlich und somit genau in der Richtung gelegen, aus der der Wind wehte. Wahrscheinlich konnten sie ihn nicht direkt ansteuern, was die Strecke auf etwa 240 Kilometer vergrößerte. Und ebenso wahrscheinlich mußten sie in Troas einige Tage warten, bis der Wind abflaute oder sich so weit nach Norden drehte, daß die Fahrt möglich war.

Paulus und seine beiden Gefährten begegneten wohl während dieser Wartezeit Lukas zum erstenmal. Paulus nannte ihn später den »geliebten Arzt«. Lukas war Grieche und stammte der Überlieferung nach aus Antiochien in Syrien. Selbst wenn das wahr ist, muß die Begegnung rein zufällig gewesen sein, denn Paulus hatte ursprünglich nicht die Absicht, nach Troas zu reisen. Vielleicht war Lukas aber auch ein Mazedonier, der in Troas zum christlichen Glauben übertrat und sich der kleinen Gruppe auf ihrer Reise in sein Heimatland anschloß. Jahrhundertelang hat man immer wieder darüber spekuliert, wer der Verfasser der Apostelgeschichte ist. Zweifellos war Lukas Arzt, und da Julius Cäsar allen Ärzten in Rom das römische Bürgerrecht verliehen hatte, könnte es Lukas durchaus geerbt haben. Sicher ist er der einzige wirkliche *Homme de lettres* unter den Evangelisten, ein gelehrter Mann mit prüfendem und forschendem Geist, was vielleicht von seiner Ausbildung als Arzt herrührte. Dr. Bartlet schreibt über Lukas: »Sein Glaube war in der Tat eine *religio medici*, voll Mitleid für die schwache, leidende Menschheit. Er konnte den Gedanken vom Sieg der göttlichen ›Heilkunst‹ über Leib und Seele des Menschen gut nachfühlen.« Ernest Renan nannte das Lukasevangelium »das schönste Buch, das je geschrieben wurde«. Gewiß gehört Lukas zu den bedeutendsten Männern aller Zeiten. Außerdem war er, ungeachtet seiner Herkunft und seines Hintergrundes, der ideale Gefährte für einen Menschen, der anscheinend so oft krank war. Paulus' leidenschaftlichem Temperament setzte er einen kühlen, logischen Verstand entgegen, dazu einen gewissen Humor und des geborenen Historikers Forderung nach Genauigkeit. Mit Lukas bestand das Grüppchen nun aus vier Leuten – recht wenig, möchte man meinen, um einen Angriff auf den Glauben der gebildeten Griechen und der weniger gebildeten, aber weitaus mächtigeren Römer zu unternehmen.

Schließlich kam der Tag, da der Kapitän des Kauffahrteischiffes fand, der Wind sei jetzt günstig, man könne die Überfahrt nach Neapolis wagen. Man sagte den Reisenden in den Herbergen, sie sollten ihr Bündel schnüren. Wer in der Taverne saß, nahm noch einen letzten

Schluck vom trojanischen Wein. Dann ging es an Bord. Die Matrosen machten die Leinen los. Da der Wind noch von Norden wehte, brauchte die Schaluppe das Schiff nicht aus dem Hafen zu ziehen. Die Rah mit dem Hauptsegel wurde gedreht, bis sie parallel zu Bug und Heck stand, und das Schiff lief in Richtung Nordwesten aus. Es ist nicht zuviel gesagt, wenn man behauptet, daß die Invasion Europas begonnen hatte.

24 Nach Europa

Die Überfahrt wird wohl nicht angenehm gewesen sein – der Wind pfiff, Gischt sprühte, die Passagiere an Deck zogen eng ihre Mäntel um sich. Der Kapitän hielt erst auf die kleine Insel Tenedos zu, die man schon beim Auslaufen im klaren Licht der Ägäis deutlich erkennen konnte. Vor Jahrhunderten hatte die griechische Flotte sich im Windschatten von Tenedos versteckt; die Trojaner dachten, die Feinde seien abgezogen – doch da wurde gerade das riesige hölzerne Pferd langsam in ihre Stadt gerollt... Der Kapitän hielt sich an die in der Ägäis verbreitete Praxis, hüpfte sozusagen von Insel zu Insel und war bemüht, möglichst immer schon die nächste in Sicht zu haben. Dann erblickten sie vor sich das waldige, hügelige Imbros. Hier gab es zwei natürliche Häfen, in die sich das Schiff flüchten konnte, falls der Nordwind zu stark auffrischte. Aber sie hatten anscheinend Glück, denn in der Apostelgeschichte heißt es: »und geradeswegs kamen wir nach Samothrake«. Gut möglich, daß sie hier einen kurzen Zwischenaufenthalt machten, damit Passagiere von Bord gehen konnten – jetzt war Hochsommer, und im August fand das Fest der geheimnisvollen samothrakischen Gottheiten, der Kabeiri, statt.

Paulus und seine Begleiter müssen, selbst wenn sie es nicht wollten, schon auf dem Schiff Gerede über die Kabeiri gehört haben, das sich noch gesteigert haben dürfte, als sie sich dem Bergmassiv der Insel näherten, das über 1300 Meter hoch ist und die gesamte nördliche

Ägäis beherrscht. Die Kabeiri waren Fruchtbarkeitsgötter und wurden auf Samothrake schon in vorgriechischer Zeit verehrt. Ihr Name leitet sich vielleicht vom phönizischen *Quabirim* (die Mächtigen) ab. Der Ritus wurde strikt geheimgehalten. Zugang hatten nur Eingeweihte. Die Kabeiri waren vor allem den Seeleuten wohlgesinnt. Christen und Juden, die auf dem Schiff mitfuhren, wandten die Augen ab, als die Griechen und anderen Heiden zum Gebet niederknieten und auf dem Altar, der normalerweise immer am Heck stand, Weihrauch verbrannten. Einige Matrosen trugen wohl farbenprächtige Amulette oder purpurne Schärpen – Zeichen dafür, daß sie Eingeweihte waren und unter dem Schutz der Kabeiri standen, die sie vor Schiffbruch und Tod durch Ertrinken bewahrten. Das Schiff drehte nach Backbord, umrundete die Nordspitze von Samothrake und passierte die Inselhauptstadt. Dahinter lag in einem tiefen, engen Tal das Heiligtum, wo die Kabeiri lebten, wo der Weihrauch vor ihren Symbolen, steinernen Phalli, aufstieg.

Tags darauf fuhren sie nach Thasos hinüber, der nördlichsten Insel in der Ägäis, berühmt für Marmor, Wein und Nüsse. Die Hänge waren dicht mit Kastanien bewachsen, und drunten bewegten sich leicht und silbern schimmernd die Blätter der Ölbäume. Eine gesegnete, schöne Insel! Man kann nur Vermutungen darüber anstellen, ob Paulus und seine Gefährten ihr viel Aufmerksamkeit schenkten, denn die Apostelgeschichte handelt nicht von szenischen Schönheiten, aber selbst ein Mann, der von seiner Aufgabe besessen ist, kann wohl nicht an einem hellen Sommertag an Thasos vorbeifahren, ohne daß ihm das Herz höherschlägt. Bald glitten sie an der mazedonischen Küste vorbei. Die Matrosen trimmten die Segel oder standen bereit, sie zu reffen, falls Böen von den Hügeln herunterfegen sollten. Schon sahen sie vor sich in der Tiefe einer Bucht den Hafen Neapolis. Im Süden ragte der mächtige Bergkegel des Acte über 2000 Meter hoch in den Himmel auf – eines Tages würde er Athos heißen, und Dutzende von Klöstern würden von dem Glauben künden, der jetzt zum erstenmal diese Küsten erreichte.

Von Neapolis aus führte eine römische Straße zu ihrem Zielort Philippi. Sie stiegen die Paßhöhe des Berges Simbolon hinauf, sahen hinter sich Neapolis und das stets bewegte Meer liegen und vor sich die Ebene und Philippi unter der gleißenden Sonne. Philippi ist heute eine tote Stadt, damals aber war es eine wichtige Garnison. Auf dem Gelände der Akropolis stand eine große befestige Kaserne, steinerne Umwallungen umgaben die Stadt, und über der Via Egnatia, die weiter nach Rom führte, wölbte sich ein massiver Triumphbogen. Benannt nach Philipp von Mazedonien, dem Vater Alexanders des Großen, rühmte sich Philippi gern, »die erste Stadt in Mazedonien« zu sein, obwohl ihr diesen Rang Amphipolis, das Zentrum des östlichen Landesteils, streitig machte. Philippi war zu einem Symbol des Imperium Romanum geworden. Bei Philippi, behauptete die Geschichtsschreibung, hatte Augustus über die Mörder von Julius Cäsar gesiegt – über Brutus und Cassius. Zwei Schlachten wurden geschlagen. In der ersten fiel Cassius, in der zweiten wurden die restlichen Truppen unter Brutus völlig aufgerieben. Brutus, den Shakespeare fälschlicherweise als den »edelsten der Römer« bezeichnete (er war möglicherweise ein Sohn Cäsars, ganz sicher aber ein Verräter), überlebte die zweite Schlacht und wurde von einem Freund gedrängt, die Walstatt eiligst zu verlassen. Und jetzt kam sein Augenblick von Größe. »Fliehen?« sagte er. »Ja, aber dazu müssen uns die Hände dienen, nicht die Füße.« Und damit stürzte er sich in sein Schwert. Die Legende, würdig ausgedrückt im großen Triumphbogen von Philippi, schrieb Augustus den Sieg zu. So stellte man es zumindest dar, als Augustus über Antonius und Kleopatra triumphiert und die ganze römische Welt an sich gerissen hatte. In Wirklichkeit war der Sieg über die abtrünnigen Republikaner fast ausschließlich Antonius zu verdanken, der ein glänzender Feldherr war – im Privatleben allerdings *der* typische Römer, den Paulus so sehr verabscheute. Trotzdem gebührt ihm der Ruhm, alles andere ist pure Erfindung. Oktavian (den Beinamen Augustus nahm er erst später an) war damals zu krank gewesen, um sich wirklich am Gefecht oder an der Schlachtenlenkung beteiligen zu können. All das wird Paulus und seinen Gefährten wenig oder nichts bedeutet haben, als sie auf der schönen gepflasterten Straße bergab gingen und den Triumphbogen erblickten, der nichts weiter als eine Lüge verewigte.

Philippi war eine Kolonialstadt, ein kleines Rom in Mazedonien sozusagen, ein lokales Verwaltungs- und Herrschaftszentrum. Die jüdische Gemeinde war so winzig, daß es nicht einmal eine Synagoge gab, sondern nur einen kleinen Versammlungsplatz außerhalb der Stadtmauern, nahe beim Flüßchen Gangites. Hier trafen am Sabbat Juden und Proselyten zusammen, nahmen die rituellen Handwaschungen

vor, beteten dann und lauschten einer Lesung aus dem Gesetz und den Propheten. Paulus, Silas, Timotheus und Lukas, die wahrscheinlich in einem Gasthaus wohnten, wie man es in vielen römischen Städten fand – gewöhnlich eine Mischung aus Taverne, Bordell und Herberge –, hatten sich bald nach der jüdischen Gemeinde durchgefragt. Paulus nahm die erste Gelegenheit wahr, die sich bot, um das Evangelium zu verkündigen. Er predigte vom Messias, von der Auferstehung und von der Verheißung, die für alle Menschen unter der Sonne galt, wenn sie nur glaubten.

In Anbetracht dessen, was später in Philippi und anderswo geschah, müssen wir uns einmal überlegen, warum die Paulinische Botschaft, die politisch nicht relevanter zu sein schien als der Isis- oder Attiskult, überhaupt mißverstanden werden konnte. Paulus und alle anderen griechischsprechenden Christen sagten für »Auferstehung Christi« *Anastasis Christou. Anastasis* hatte aber auch die Bedeutung *Aufstand.* Die Christen waren ständig der Feindseligkeit der orthodoxen Juden ausgesetzt, weil sie behaupteten, der Messias sei bereits gekommen. Unter den Römern mußten sie einiger Mißverständnisse wegen leiden. *Aufstand Christi* – das ließ an eine messianische Revolte denken, und dergleichen fürchteten die Römer natürlich, ebenso die orthodoxen Juden, die sich mit den Römern arrangiert hatten und unter dem Schutz des römischen Gesetzes lebten. Die Christen waren demnach also Revolutionäre. Aus der Wendung *Christus, der König,* schlossen sie außerdem, hier werde ein zweiter Herrscher auf Erden ausgerufen – aber es konnte nur einen geben: den Kaiser in Rom.

Dazu kamen weitere Faktoren, die R. H. Barrow in seinem Werk *The Romans* beschreibt: »Erstens war das Christentum besonders anfällig für Fehlinterpretationen, zweitens schienen die Christen das Menschengeschlecht geradezu zu hassen. Sie erwarteten die baldige Wiederkehr Christi – alle außer ihnen würden dann durchs Feuer umkommen; und auf diesen Zusammenbruch des ›Ewigen Rom‹, diese Katastrophe für alle Hoffnungen der Menschheit, schienen sie sich auch noch zu freuen. Im zweiten Jahrhundert und später drückte sich diese geistige Einstellung anders aus: die Christen traten ans Licht der Öffentlichkeit und provozierten Haß, um die Märtyrerkrone zu gewinnen. Die Christen kamen aus den unteren Gesellschaftsschichten, und es sah so aus, als zielte ihre Lehre auf eine soziale Revolution ab.«

Als später die Kirche, die Paulus mitbegründet hatte, weitverbreitet und wohlorganisiert war, ergaben sich neue Probleme. Die Christen hielten ihre Gebetsversammlungen nicht in der Öffentlichkeit ab wie die Anhänger anderer Götter (ausgenommen bestimmte Mysterienreligionen). Und das brachte sie leicht in den Verdacht, sie hätten merkwürdige unmoralische Praktiken oder seien gar dem Kannibalismus verfallen. Was zum Beispiel sollte sich ein Römer bei den folgenden Worten des Johannes denken, des geistigen Nachfolgers von Paulus? »Jesus sprach zu ihnen: Wahrlich, wahrlich, ich sage euch: Werdet ihr nicht essen das Fleisch des Menschensohnes und trinken sein Blut, so habt ihr kein Leben in euch. Wer mein Fleisch isset und trinket mein Blut, der hat das ewige Leben, und ich werde ihn am Jüngsten Tage auferwecken.«

All das lag in weiter Zukunft, aber im Keim waren die Mißverständnisse schon vorhanden. Es gab bereits einen Märtyrer, den von den Juden gesteinigten Stephanus; und Paulus söhnte sich weder mit seinen Gegnern aus, noch paßte er sich Anhängern anderer Religionen an – er ging unbeirrbar seinen Weg. Anfangs ließ sich in der kleinen Gemeinde von Philippi alles gut an. Der erste Mensch auf europäischem Boden, der zum Christentum übertrat, war eine Frau – Lydia aus Thyatira, einer Stadt in Lydien (Kleinasien). Wie damals üblich, benannte sie sich mit diesem Namen, den sie auch im Geschäft gebrauchte, vermutlich nach ihrem Heimatland. Sie war eine »Purpurkrämerin«, Auslandsvertreterin der berühmten lydischen Färbemittel, die neben den phönizischen in der Antike sehr begehrt waren. Lydia hatte sich bereits zum Judentum bekehrt und galt damit als »Gottesfürchtige« – so bezeichnete man die Proselyten –, aber in der Paulinischen Botschaft fand sie etwas, was sie weit mehr ansprach als Jahwe und die strengen Gebote des jüdischen Gesetzes. Das Christentum hat immer ein Element enthalten, das besonders auf Frauen anziehend wirkte, eine Freundlichkeit, ja Zärtlichkeit, die man in anderen Religionen vergeblich sucht.

Lydia war zweifellos eine recht wohlhabende Frau. Sie lud Paulus und seine Freunde ein, bei ihr zu wohnen. Doch vorher ließ sie sich »mit ihrem Hause« im Gangites taufen. Später half die kleine Kirche von Philippi Paulus mehrmals mit Geld aus, zum Beispiel als er in Rom gefangensaß. Das meiste davon, möchte man annehmen, kam von Lydia und damit indirekt von der lydischen Färbeindustrie. Das ist nicht ohne Ironie, denn Lydien war als Land des Luxus und des Reichtums bekannt. Hier hatte man das Würfelspiel und die Kunst des Münzenschlagens erfunden. Die lydische Musik war berühmt für ihre einschmeichelnden, sinnlichen Weisen. Doch an der Echtheit von Lydias Bekehrung gibt es keinen Zweifel, und Paulus und seine Gefährten, froh darüber, daß sie das Wirtshaus mit seiner schwülen Atmosphäre verlassen konnten, nahmen dankbar die Gastfreundschaft der Konvertitin aus Lydien an.

Paulus hatte den Grundstein zu einer Gemeinde in Philippi gelegt, was in Anbetracht der Tatsache, daß es so wenig Juden gab, die sozusagen das Rückgrat der Gemeinde zu bilden vermochten, keine geringe Leistung war – aber es verlief wie üblich nicht reibungslos. Diesmal waren die Schwierigkeiten recht ungewöhnlicher Art. Eines Tages, als Paulus und die anderen zum Beten an den Fluß gingen, folgte ihnen eine junge Sklavin, die offenbar schon öfter ihren Gesprächen und Predigten gelauscht hatte. Sie war keine gewöhnliche Sklavin, sondern »hatte einen Wahrsagegeist«. Kartenleger, Medien, Wahrsager – all das gibt es heute noch und war, wie wir bereits gesehen haben, im 1. Jahrhundert durchaus nichts Ungewöhnliches.

In Griechenland konnten sie auf eine uralte und hochgeachtete Ahnenreihe zurückblicken, etwa auf die Priesterinnen von Delphi, die mit ihren Orakeln jahrhundertelang griechische Schicksale beeinflußten. Im Urtext heißt es, das Mädchen sei von einem *python* besessen gewesen, wörtlich von einem Geist, doch *python* stand auch in einem gewissen Zusammenhang mit der riesigen Schlange, die Apollo in Delphi getötet haben soll (daher auch die Bezeichnung »der pythische Gott«). Wie die delphischen Priesterinnen scheint das Mädchen hin und wieder in kataleptische Trancezustände versunken zu sein, während deren sie mit veränderter Stimme vor sich hin phantasierte. Ihre Äußerungen wurden von ihren Herren ausgelegt – sie gehörte sozusagen einem Syndikat. Gewiß kannten die Herren sich in Philippi aus und konnten daher, handle es sich nun um Geschäftsangelegenheiten, Liebesgeschichten oder andere Fragen, die Schreie des Mädchens interpretieren, wie es ihnen am besten behagte, und außerdem ein stattliches Sümmchen einstreichen. Die junge Sklavin besuchte ständig die Zusammenkünfte von Paulus und seinen Freunden, folgte ihnen beharrlich und rief: »Diese Menschen sind Knechte des allerhöchsten Gottes, die euch den Weg des Heils verkündigen.« Natürlich hatte sie gehört, wie Paulus und andere am Fluß zu der kleinen Gemeinde pre-

digten, denn bezeichnenderweise gebrauchte sie eine typisch Paulinische Wendung: »Knecht Gottes« (oder »Knecht Jesu«). Der Name Jesus dürfte dem Mädchen gar nichts gesagt haben, *Theos* dagegen, Gott, klang ihr sehr vertraut. Anscheinend wurde sie Paulus durch das ständige Hinterdreinlaufen und Ausschreien dieser Worte so lästig, daß er nach einigen Tagen – wir wissen ja, seine Toleranzschwelle war sehr niedrig – die Geduld verlor. (Jeder, dem sich einmal im Osten ein Bettler so beharrlich an die Fersen geheftet hat, als wollte er sich nie wieder von ihm trennen, wird diese Reaktion verstehen.) Er drehte sich um und sagte zu ihr (und zu dem Geist:): »Ich gebiete dir in dem Namen Jesu Christi, daß du von ihr ausfahrest.«
Wie bei Bar-Jesus auf Zypern, wie beim Lahmen von Lystra wirkten seine Worte blitzartig: »Und er fuhr aus zu derselben Stunde.« Ganz offensichtlich gibt es bei diesen drei Ereignissen einen Faktor, der konstant bleibt. Bar-Jesus, der Wahrsager, glaubte an Zauberei; der Lahme glaubte an Paulus; und die Sklavin glaubte vielleicht nicht an Paulus, aber sicher an magische Kräfte. Bei allen drei immateriellen Ereignissen ist der Glaube die gemeinsame Verbindung.
Man begreift die Betroffenheit der Herren des Mädchens recht gut. Aus ihrer wertvollen Kapitalhilfe war eine gewöhnliche Sklavin geworden, wie es sie zu Millionen gab. Wie jeder, der sich einer profitablen Einkommensquelle beraubt sieht, waren sie aufs höchste erbost. Anscheinend konnten sie nur Hand an Paulus und Silas legen. »(Sie) griffen... Paulus und Silas, zogen sie auf den Markt vor die Obersten und führten sie vor die Stadtrichter...« Die Prätoren saßen auf dem Forum und entschieden über die Rechtsangelegenheiten, die ihnen im Laufe des Tages vorgetragen wurden. Als aber plötzlich ein Haufen Volks daherkam und vor sich zwei Fremde herstieß und trat, mußten sie den gewohnten Gang der Dinge unterbrechen und sich dieser Sache zuwenden, die offenbar recht dringlich war. Das Sklavenmädchen taucht übrigens nach der obigen Episode nicht mehr auf – und man kann gewiß nicht behaupten, Paulus hätte ihr mit der Austreibung des Wahrsagegeistes einen guten Dienst erwiesen. Jetzt war sie kein wichtiger und wohlgenährter Besitz mehr, sondern wahrscheinlich nur noch »Holzhauerin und Wasserträgerin«, Arbeitssklavin also.
Paulus und Silas wurden verklagt. Sie seien Fremde, Eindringlinge, Juden, Unruhestifter, sie hätten versucht, die römischen Gesetze umzustoßen. Jetzt hätten die beiden Männer auf ihr römisches Bürger-

recht pochen und das ordentliche Gerichtsverfahren fordern müssen, das ihnen voll zustand. Aber die Macht des Pöbels überwog; falls Paulus und Silas überhaupt etwas sagen konnten, gingen ihre Stimmen im Geschrei ihrer Feinde und im Geheul jenes Packs unter, das allem hinterherläuft, solange es ein Spektakel ist, das die Langeweile des Lebens würzt. Vielleicht versuchten die beiden Männer, den Mob zu überbrüllen und ihre römischen Bürgerrechte geltend zu machen, aber selbst wenn die Prätoren ihnen einen fairen Prozeß gegönnt hätten – wenn man den Frieden auf dem Marktplatz wahren wollte, war es das einfachste, sie an Ort und Stelle zu verurteilen und abzustrafen. Die Kleider wurden Paulus und Silas vom Leib gerissen, und die Liktoren gingen ans Werk. Liktoren waren jene Beamte, die den römischen Würdenträgern beigestellt wurden. Sie schritten ihnen voraus, trugen ein Rutenbündel mit einer Axt (für die Todesstrafe) und führten den Urteilsspruch des Gerichts aus.

Ausgepeitscht oder mit Ruten geschlagen werden ist eine qualvolle Erfahrung, die sich unauslöschlich ins Gedächtnis eingräbt. Richard Wurmbrand, der über sein Leben in kommunistischen Gefängnissen schrieb (New York 1968), sagt: »Die Schläge brannten wie Feuer... Es war, als würde der Rücken auf einem glühendheißen Rost gebraten, gleichzeitig kam es zu einem schweren Schock für das Nervensystem.« Im grausamen 1. Jahrhundert war die Pein der Körperstrafen gewiß ebenso schlimm, wie es ein anonymer Matrose beschreibt, der Anfang des 19. Jahrhunderts bei der britischen Marine diente: »Man schlägt mit der neunschwänzigen Katze auf den entblößten Rücken... (der) bald aussieht wie verfaulte Leber. Jeder Peitschenhieb reißt die dünnen Krusten von geronnenem Blut wieder auf...« All das mußten Paulus und Silas erleiden, nirgendwo steht verzeichnet, ob sie schrien. Für Paulus war es gewiß eine Buße für seine Schuld an der Ermordung des Stephanus, und beide taten es ihrem Heiland nach und erduldeten Schmerzen für ihren Glauben. Die Standhaftigkeit des Menschen grenzt manchmal ans Unfaßliche, was uns auch Aufzeichnungen aus den Kriegen unseres Jahrhunderts beweisen. Man mag eine noch so materialistische Gesinnung haben – wenn man sich die Mühe macht, gründlich die Geschichte zu studieren, wird man feststellen, daß Männer und Frauen fast unerträgliche Qualen und Entbehrungen um eines Glaubens willen auf sich genommen haben. Das Tier, das nicht aus seinen einfacheren Reaktionen auf die Umwelt ausbrechen kann, gibt schneller nach und stirbt gewiß nicht für etwas Abstraktes. Wer (wie Dr. Morris in *Der nackte Affe*) den Menschen mit seinen biologischen Vorfahren gleichsetzt, begeht einen Fehler. Es handelt sich nicht um quantitative, sondern um qualitative Unterschiede.

Blutüberströmt und halb bewußtlos wurden Paulus und Silas vom Forum geschleift und ins Gefängnis geworfen.

25 Erdbeben

Paulus und Silas kamen ins »innerste Gefängnis«. Ihre Füße wurden in den Stock gelegt. Die anderen Gefangenen hatten beobachtet, wie man sie vorwärtsstieß – ganz klar, die Liktoren hatten sie ausgepeitscht! Nun, es gab Schlimmeres. Eine Zeitlang lagen Paulus und Silas und empfanden nichts als Schmerz, spürten nur ihren zerschundenen Rücken. Sie waren noch zu schwach, um Einspruch zu erheben, auf ihr römisches Bürgerrecht hinzuweisen und auf das Unrecht, das sie erlitten hatten. Doch nach einer Weile lebten sie wieder auf. Sie wehrten sich, so gut sie es vermochten – aber es war mehr als das. »Um die Mitternacht aber beteten Paulus und Silas und lobten Gott. Und es hörten sie die Gefangenen.« Man kann sich vorstellen, was die Gefangenen dazu sagten – ein stadtbekannter Trunkenbold etwa, dem der Schädel brummte und der sie anraunzte, sie sollten gefälligst den Mund halten, denn bei dem Lärm könne kein Mensch schlafen.

Und dann geschah es. Philippi lag wie ein großer Teil dieser Gegend in einem Erdbebengebiet, und mindestens drei Monate im Jahr muß man hier jeden Augenblick mit Erdbeben rechnen. In dem solid gebauten Gefängnis wird man die ersten leichten Stöße wohl gar nicht gemerkt haben. Aber die Tiere, Hunde, Katzen und Vögel vor allem, spürten das herannahende Erdbeben, und drückendes, drohendes Schweigen senkte sich über Philippi herab. Dann das unverkennbare dumpfe Grollen, und die Erdbebenwelle traf die Stadt. Im Abstand

von ein bis zwei Sekunden erzitterte der Boden. Die Zelle wankte, das ganze Gefängnis wankte, der Riegel vor der Tür flog auf. Die im äußeren Gefängnis lagen – vermutlich alle an eine Kette gefesselt, die in die Wand eingelassen war – sahen verdutzt, daß die Schließhaken sich von der großen Kette gelöst hatten. Sie waren frei! Die Einlaßtür drehte sich kreischend in den Angeln, Nachtluft strich herein. Der Kerkermeister fuhr aus tiefem Schlaf hoch und sah, daß alle Türen offenstanden. Er kannte die römischen Gesetze – wenn ihm ein Gefangener entwich, war er des Todes schuldig. Erst vermutete er, es sei zu einem Massenausbruch gekommen. Er wußte nicht, was ihn geweckt hatte. Vielleicht der Lärm, als die Gefangenen die Türen aufbrachen, flohen. Doch sie waren zu verwirrt und erschreckt, um den Sprung in die Freiheit zu wagen. Flach lagen sie auf dem Boden. Der Kerkermeister zog sein Schwert und schrie, er werde sich töten. Paulus griff ein. So laut er konnte, rief er: »Tu dir nichts Übles; denn wir sind alle hier!«
Befremdet steckte der Kerkermeister sein Schwert in die Scheide, rief nach einem Sklaven, sagte, er solle ein Licht bringen, eilte ins Gefängnis und »fiel Paulus und Silas zu Füßen«. Erdbeben sind entsetzlich; sie gemahnen daran, daß es Naturgewalten gibt, die der Mensch nicht in der Hand hat – und damals waren sie noch etwas Mysteriöses und Gegenstand des Aberglaubens. Man kannte Poseidon, den Gott des Meeres, auch als »Erderschütterer«. Sein Palast war nicht allzuweit von Mazedonien entfernt, er lag tief drunten im Meer bei Ägä in Euböa. Wenn er ausritt – wie jetzt eben –, schlug er manchmal mit seinem Dreizack gegen Felsen oder ließ zum Beweis seiner Macht die Erde beben. Der Kerkermeister glaubte wohl, die beiden Männer im innersten Gefängnis hätten auf geheimnisvolle Weise mit dem zu tun, was gerade geschehen war. Auch jetzt noch besuchten die Götter, als Sterbliche verkleidet, hin und wieder die Erde, um Tun und Trachten der Menschen zu beobachten. Und das Verhalten der beiden Gefangenen war unerklärlich. Warum hatten sie sich nicht in die Freiheit geflüchtet, als ihre Tür so zauberisch aufsprang? Er führte sie in den Haupttrakt des Gefängnisses. Mittlerweile hatten seine Sklaven wohl Öllämpchen entzündet und Fackeln neben dem Haupteingang festgesteckt. Die anderen Gefangenen wurden wieder fest verwahrt. Aufgeregtes Stimmengewirr, alles redete über das große Glück, daß das steinerne Dach nicht eingestürzt war und sie zerschmettert hatte.

Die ungewöhnliche Ruhe dieser beiden Männer schien zu beweisen, daß sie nichts mit anderen Menschen gemein hatten. Der Kerkermeister erfuhr, kurz bevor der Gott vorbeizog und die Mauern bebten, seien sie in Gesang und Gebet vertieft gewesen. Er zitterte noch vor Angst und fragte: »Liebe Herren, was soll ich tun, daß ich gerettet werde?« Daß er zwei zerschundene und zerschlagene Männer in blutbefleckten Gewändern so anredete, zeigt uns die Kraft und Persönlichkeit von Paulus und Silas. Ihre Antwort lautete: »Glaube an den Herrn Jesus, so wirst du und dein Haus selig!«

Jetzt verstand er gar nichts mehr. Er hatte schon von vielen Göttern reden hören, aber von diesem noch nie. In den frühen Morgenstunden sammelten sich er, seine Familie und die zum Hause gehörenden Sklaven um Paulus und Silas, die ihnen das Wichtigste über Leben und Auferstehung des Heilands erzählten und ihnen die Verheißung predigten, die für alle Menschen galt. Immer noch von Angst vor dem Unbekannten geschüttelt, immer noch verwirrt, lauschten der Kerkermeister und sein Haus der Botschaft vom Menschensohn, der gleichzeitig der eine und einzige Gott war. Es gab keine anderen Götter neben ihm. Als wolle er sich nachträglich entschuldigen, führte er Paulus und Silas zum Gefängnishof, wusch ihnen den zerfleischten Rücken und behandelte ihre Wunden. Sie hatten ihm gesagt, er müsse sich taufen lassen – offenbar ein Reinigungsbad, wenn er's recht verstanden hatte, das ihn vom Makel seines alten, falschen Glaubens befreien und ihn zu einem neuen Leben erwecken würde. Mit dieser Vorstellung dürfte der Kerkermeister nicht ganz unvertraut gewesen sein, denn den symbolischen Tod und die Läuterung durch Wasser gab es auch bei anderen östlichen Religionen, vor allem beim Isiskult. (Apuleius beschreibt, wie ein Adept der Isis sich einer Heiligungszeremonie unterzieht. Danach wird für sein Seelenheil gebetet.)

Er und seine Familie ließen sich taufen, wahrscheinlich gleich am Brunnen. Zu dieser Stunde werden sie kaum zum Fluß gegangen sein, zumal in Philippi noch der Schock des Erdbebens nachwirkte und Paulus und Silas nach wie vor Gefangene waren. Hier erwies sich wieder ihr Sinn fürs Praktische. Paulus und Silas wurden ins Haus des Neubekehrten eingeladen und bewirtet, wahrscheinlich mit Oliven, Brot, Ziegenkäse und Wein. Als man sie nach dem Blitzurteil ins Gefängnis geworfen hatte, waren sie wohl noch zu schwach, um die magere Gefangenenkost zu sich zu nehmen. Ihre Wunden waren jetzt versorgt (dem Stand des damals nicht allzu großen medizinischen Wissens entsprechend), sie hatten gegessen und Wein getrunken – den Paulus später dem nicht allzu robusten Timotheus empfahl, »um deines Magens willen« –, und damit schwebten die beiden Apostel nicht mehr in Lebensgefahr. Ihre Leidenschaft und ihre Überzeugungen machten sie so stark, daß sie unter Bedingungen durchhielten, die bei anderen einen Zusammenbruch und mehrwöchiges Krankenlager zur Folge gehabt hätten. Es ist beachtlich, wie zäh die Menschen damals waren. Sie waren, wenn auch unabsichtlich, Produkte einer weitaus spezifischeren Selektion. Heute kann man Kranke und Mißgebildete am Leben erhalten und ihnen somit auch die Fortpflanzung ermöglichen. Im 1. Jahrhundert überstanden nur die Kräftigsten die Kindheit und erreichten die Pubertät. Noch weniger erlebten das Erwachsenenalter. Es ist eine Ironie des Schicksals, daß die Gefühlshaltung und das technische Geschick, die in der westlichen Welt darauf verwandt werden, Kranke am Leben zu erhalten, zu einem Gutteil von dem Glauben herrühren, den Paulus verkündigte. Wäre er nicht ungeheuer robust gewesen, von Wind und Wetter gegerbt, abgehärtet gegen alle Widrigkeiten und Unbequemlichkeiten, so hätte seine Botschaft Europa kaum erreicht.

Wahrscheinlich führte der Kerkermeister seine Schützlinge, wenn auch widerwillig, ins Gefängnis zurück und legte sie wieder in den Stock. Was immer sie gesagt haben, wie stark sie ihn überzeugt haben mögen, sie blieben römische Gefangene, und wenn er sie aus dem Gewahrsam entließ, war sein Leben verwirkt. Die Apostelgeschichte berichtet: »Und da es Tag ward, sandten die Stadtrichter die Amtsdiener und sprachen: Laß die Menschen gehen!« Sie hatten wohl erfahren, daß Paulus und Silas römische Bürger waren. Anders ist es kaum zu erklären. Vielleicht hatte sie Lydia von Thyatira davon unterrichtet – sie dürfte es gewußt haben, außerdem gehörte sie zu den bedeutenderen Bürgern von Philippi. Aber vielleicht stammte die Information auch von dem ungenannten Kerkermeister. Die beiden Männer haben ihm sicher mitgeteilt, daß sie römische Bürger waren. Er muß entsetzt gewesen sein. Sie waren ohne Gerichtsverhandlung geschlagen worden, und er hatte sie obendrein noch ins innerste Gefängnis gebracht und ihre Füße in den Stock gelegt. Es ist kaum anzunehmen, daß dieser Mann aus einem niederen Berufsstand römischer Bürger war. Möglicherweise stammte er aus Mazedonien. Und was half's, wenn er sagte, er sei in der Region Philippi geboren? Aber römischer Bürger! Sie gehörten zu der erlauchten Minderheit, die bei der Regierung des Reiches ein Wörtchen mitzureden hatten...

Die Liktoren kamen zum Gefängnis und sagten dem Kerkermeister, die beiden Juden sollten freigelassen werden. Er überbrachte den Gefangenen die Nachricht. »Die Stadtrichter haben hergesandt, daß ihr frei sein sollt. Nun ziehet aus und gehet hin mit Frieden!« Welch eine Nacht hatte er hinter sich! Erdbeben, Bekehrung, die Entdeckung, daß die beiden Männer gesellschaftlich weit höher standen als er, und jetzt die frohe Nachricht, daß die Oberen ihren Fehler eingesehen hatten und sie auf freien Fuß setzen ließen. Aber wenn er dachte, damit sei die ganze Wirrnis beendet, hatte er sich geirrt. Der ältere von den Männern, Paulus aus Tarsus, wollte keineswegs gehen. Er würde das Gefängnis erst dann verlassen, sagte er, wenn die Oberen sich bei ihnen entschuldigt hätten. Paulus und Silas wurden den Liktoren vorgeführt – fast mit Sicherheit denselben, die sie am Tag zuvor geschlagen hatten –, und die Liktoren wiederholten den Befehl der Prätoren. Sie könnten gehen, müßten jedoch die Stadt verlassen. Aber trotz seiner Verletzungen, trotz des überstandenen Erdbebens und einer bewegten Nacht, in der er neue Gläubige für die Kirche von Mazedonien gewonnen hatte, war Paulus nicht willens, sich auf einen so bequemen Kompromiß einzulassen. Zweifellos zeigten er und Silas jetzt den Liktoren die Dokumente, die sie als römische Bürger auswiesen.

Und dann sagte er: »Sie haben uns ohne Recht und Urteil öffentlich geschlagen, die wir doch römische Bürger sind, und in das Gefängnis geworfen, und sollten uns nun heimlich fortschicken? Nicht also; sondern lasset sie selbst kommen und uns hinausführen!«

Es gibt wenige Ereignisse, die auf so charakteristische Weise das Feuer und die Leidenschaft dieses Mannes beleuchten, der, wäre er nicht einer der größten religiösen Lehrer der Welt gewesen, gewiß einen ausgezeichneten Staatsmann abgegeben hätte. Die Prätoren der Provinzstadt Philippi saßen wie auf Kohlen – und Paulus wußte das. Was für ein peinlicher Irrtum! Sie hatten zwei römische Bürger öffentlich schlagen lassen! (Das untersagten mindestens drei Gesetze. Eine Körperstrafe durfte öffentlich nur dann vollzogen werden, wenn man den Rechtsweg einhielt – also korrekte Gerichtsverhandlung, formelle Überführung –, und dann konnten die Angeklagten immer noch in die Berufung gehen.) Die Liktoren begaben sich zum Forum zurück. Silas meinte vielleicht zu Paulus, es sei besser, Philippi schweigend zu verlassen und keine weiteren Umstände zu machen. Doch Paulus blieb unerbittlich. Sein Blut war in Wallung geraten – er drang darauf, daß die Mitglieder der Kirche Gottes Gesetze einhielten, und ebenso drang er darauf, daß die Richter Roms Gesetze einhielten. Was war Philippi denn? Eine Garnisonstadt in der Provinz – und er hatte das volle Bürgerrecht und kam aus Tarsus, einem Ort, den man schon kannte und schätzte, als Philippi noch gar nichts darstellte. Paulus besaß das jüdische Temperament; jenes Temperament, das die Juden bis zum Ende der Belagerung von Jerusalem (70 n. Chr.) aushalten ließ; jenes Temperament, das drei Jahre später die Zeloten von Masada dazu veranlaßte, lieber Selbstmord zu begehen, als ihre Festung dem Feind zu übergeben.

Sein Ultimatum – das Ultimatum eines von Schlägen gezeichneten Mannes, der im Stadtgefängnis saß – wurde den Prätoren überbracht. Sie erkannten sofort, in welche Gefahr sie nachlässigerweise geraten waren: die Sache könnte Vorgesetzten zu Ohren kommen, ja bis nach Rom dringen, und das bedeutete wohl den sicheren Ruin. Und sie hatten gedacht, sie würden lediglich zwei jüdische Vagabunden bestrafen! Klugerweise entschieden sie sich dafür, zu Kreuze zu kriechen und sich zu entschuldigen. Ärger von oben – das war das Letzte, was sie wollten, ebensowenig wie Unruhe in der Stadt. Je schneller sie diese beiden loswurden, desto besser, mochte es auch noch so demütigend sein. Und dann konnte Philippi wieder in die gewohnte provinzielle Schläfrigkeit versinken. Die Offiziere und ihre Frauen würden wieder zusammen tafeln und trinken, alle würden wieder die Rangunterschiede im Dienstgrad und in der gesellschaftlichen Stellung respektieren, alle würden wieder an den bescheidenen internen Wettstreit denken – wer das schönste Atrium, den besten Koch, den reichhaltigsten Weinkeller hatte.

Paulus war der Sieger. Die Stadtrichter kamen ins Gefängnis, entschuldigten sich und baten sie, die Stadt zu verlassen, weil sie nicht für ihre Sicherheit garantieren könnten, wenn der Mob sich noch einmal zusammenrottete. Paulus und Silas erklärten sich einverstanden – nicht ohne eine gewisse Herablassung –, aber zuvor mußten sie Lydia besuchen und zur Gemeinde sprechen. Es möchte scheinen, daß Lukas, der nicht in die Unruhen des Vortages verwickelt gewesen war, es vorzog, in Philippi zu bleiben. So konnte er der jungen Kirche als

Stütze dienen und außerdem seinen Arztberuf ausüben. Er ist Paulus wohl erst sechs Jahre später wieder begegnet, als dieser abermals Schwierigkeiten mit der Obrigkeit hatte und nach Cäsarea ins Gefängnis überführt wurde. Bevor Silas und Paulus die Stadt verließen, hat er gewiß noch ihre Wunden behandelt und ihnen eine Kräuterheilsalbe mitgegeben. Lydia von Thyatira, Lukas und die anderen Mitglieder der kleinen Gemeinde verabschiedeten sie. Paulus, Silas und Timotheus zogen auf der Via Egnatia, die durchs heiße, sumpfige Flachland führte, weiter nach Westen.

26 Orpheus mit der Leier

Herbst. Viele Jahrhunderte später schrieb der französische Dichter Arthur Rimbaud Worte nieder, die auch Paulus durch den Sinn gegangen sein könnten, als er mit seinen beiden Gefährten nach Westen zog, auf Amphipolis zu: »Schon Herbst! – Aber warum mich sehnen nach einer ewigen Sonne, wenn ich schon auf die Entdeckung der göttlichen Klarheit ausgegangen bin – fern von den Menschen, die in den Zeiten sterben. Herbst. Mein Kahn, aufgestiegen in die Regionen des unbeweglichen Nebels, wendet den Kiel zum Hafen des Elends, der gewaltigen Stadt mit dem von Feuer und Schlamm befleckten Himmel.« Und weiter: »Manchmal sehe ich am Himmel einen endlos weiten Strand, bedeckt mit weißen, der Freude hingegebenen Völkern. Ein großes goldenes Schiff über mir läßt seine vielfarbigen Fahnen flattern in den Morgenwinden...«

Die drei Männer wanderten durch Amphipolis, bekannt auch unter dem Namen »Neun Wege« – eine Stadt, die in einer Schleife des Flusses Strymon lag. Einst hatte sie zu den wichtigsten athenischen Besitzungen in Nordgriechenland gehört. Im 5. Jahrhundert v. Chr. stritten sich Athen und Sparta um die Stadt. Schließlich fiel sie dem großartigen spartanischen Feldherrn Brasidias zu. Er starb in der Schlacht und wurde in Amphipolis beigesetzt. Ein paar Jahrhunderte später war Amphipolis zur Bedeutungslosigkeit herabgesunken, ein kleiner, völlig provinzieller Ort – so schnell vergeht der Ruhm der Welt.

»Nachdem sie aber durch Amphipolis und Apollonia gereist waren...« Auch Apollonia am Bolbe-See gelegen, wird in der Apostelgeschichte nicht weiter erwähnt. Ihr Ziel war die volkreiche, aufstrebende Stadt Thessalonich. Der mazedonische Feldherr Kassander hatte sie nach seiner Frau benannt, einer Halbschwester Alexanders des Großen. Früher hieß die Stadt »Warmes Bad« – recht treffend, denn hier gab es heiße Quellen und ein ziemliches Treibhausklima. Thessalonich, heute Saloniki, liegt windgeschützt am Golf gleichen Namens. Im Sommer und im Herbst herrscht meist drückende Hitze. Drüben überm Golf erhebt sich im Südwesten der ehrfurchtgebietende Olymp, mehr als 3000 Meter hoch, sein Gipfel bedeckt von ewigem Schnee. Dort wohnten die Götter. Dort hatten sie ihre Paläste, von dort aus beobachteten sie die Torheiten und Leidenschaften der Menschen. Paulus war 160 Kilometer weit gewandert, als er Thessalonich betrat. Die Stadt hatte einen bedeutenden Hafen, Umschlagplatz für mazedonische Exportgüter und Importe aus anderen Ländern. Außerdem war Thessalonich eine freie Stadt, Sitz des Statthalters von Mazedonien, Mittelpunkt der mazedonischen Produktions- und Handelsbetriebe. Deshalb hatten sich hier viele Juden niedergelassen, und Paulus wußte schon von vornherein, daß er eine Synagoge vorfinden würde. Die Schwierigkeiten, die ihm auch in Thessalonich bevorstanden, dürfte er geahnt haben – Haß von seiten der orthodoxen Juden und Ärger mit der Obrigkeit, weil seine Botschaft Zwistigkeiten erregte. Nach den Erfahrungen, die sie jüngst in Philippi gemacht hatten, mußten er und seine Gefährten viel Mut aufbringen, um sich wieder in die Höhle des Löwen zu wagen.
Zuallererst wollte Paulus natürlich in der Synagoge sprechen. Die Ältesten luden ihn höflich für den nächsten Sabbat ein. Wie üblich legte er anhand von Zitaten aus den prophetischen Schriften dar, daß Jesus in jeder Hinsicht dem Bild des Messias entsprach. Und wieder predigte er, was die Orthodoxen erbosen mußte: daß ihr Messias nicht der große Kämpfer und König sei, der Israel die Weltherrschaft bringe, sondern daß er bereits gekommen, aber von den Römern auf Betreiben der Juden ans Kreuz geschlagen worden und von den Toten auferstanden sei. Er werde die ganze Welt erlösen, und in seinem Reich seien die Heiden ebenso willkommen wie die Juden. Wie wir aus den beiden Briefen an die Thessalonicher ersehen können, legte er zu dieser Zeit besonderes Gewicht auf die unmittelbar bevorstehende Wiederkehr

Christi. Jedermann sollte so leben, als würde morgen schon das Jüngste Gericht hereinbrechen. Das war, wenn man einmal so sagen darf, starker Tobak für die Juden und Proselyten und selbst für die Heiden. Die Nichtjuden und Heiden – unter ihnen etliche Frauen, die in der Stadt eine gewisse Rollen spielten – konnten Paulus' Lehre natürlich leichter akzeptieren als die Juden. Schließlich war man in Thessalonich vertraut mit auferstandenen Göttern, die Erlösung verhießen. In der ganzen Gegend fanden sich Anhänger des Dionysos- und Orpheuskults.

Die Orpheusverehrung weist zahlreiche mystische Züge auf, die wir genauer betrachten müssen, um zu verstehen, wie wohl ein Heide die Paulinische Lehre vom wiederauferstandenen Christus aufgenommen haben mag. Orpheus war der sagenhafte Stifter jenes Kultes, der unter der Bezeichnung Orphik bekannt wurde. Es ist sehr wahrscheinlich, daß viele Jahrhunderte zuvor eine Reihe von thrakischen Priesterkönigen den Namen Orpheus getragen hatte. Orpheus war jedenfalls der Sohn eines thrakischen Königs (oder der Sohn Appollos). Seine Mutter war die Muse Kalliope. Nach seiner Rückkehr von der Fahrt der Argonauten heiratete Orpheus die Nymphe Eurydike, die an einem Schlangenbiß starb. Untröstlich stieg Orpheus mit der Leier, die ihm Apollo geschenkt hatte, in den Hades hinab und bezauberte die Götter der Unterwelt so sehr mit seinem Gesang und Spiel, daß sie Eurydike erlaubten, in die Oberwelt zurückzukehren. Nur eine Bedingung war daran geknüpft: auf dem Weg dorthin durfte Orpheus sich nicht umdrehen. Aber im letzten Augenblick, kurz bevor sie dem Hades entronnen waren, wandte Orpheus sich doch noch um. Er war ungeduldig, er wollte sehen, ob Eurydike ihm tatsächlich folgte. Und sogleich wurde sie ihm entrissen und mußte ins Schattenreich zurück. Zum zweitenmal hatte Orpheus seine Frau verloren. Sein Schmerz war so groß, daß er alle anderen Frauen mit Kälte und Verachtung behandelte. Schließlich wurde er von thrakischen Bacchantinnen in Stücke gerissen. Seinen Kopf warfen sie in den Hebros. Er schwamm ins Meer hinaus und trieb in Lesbos an (daher galt Lesbos als frühes Zentrum der Musik). Die anderen Körperteile wurden von den Musen aufgelesen und am Fuße des Olymps bestattet. Dieser Mythos ist geläufig genug, doch war er überdies eng mit dem Kult des Dionysos verbunden, jenes thrakisch-phrygischen Gottes, bei dessen orgiastischen Ritualen die Omophagie, das Verzehren von rohem Fleisch, eine bedeutende Rolle spielte. Dazu Walter Pater in seinem Werk *Study of Dionysus:* »Und nun sehen wir auch, warum die Tradition des Menschenopfers in Griechenland im Zusammenhang mit dem Dionysoskult fortleben konnte, und zwar nicht als etwas Nebensächliches, sondern durchaus als aktuelle Wirklichkeit. Dionys von Halikarnassos rechnet dies zu den Schrecken der griechischen Religion. Daß die heiligen Frauen des Dionysos bei mystischen Zeremonien rohes Fleisch aßen und Blut tranken, ist eine oft erwähnte Tatsache. Wie es scheint, erinnert dieser Brauch an ein echtes Opfer, bei dem ein schöner Knabe in Stücke gerissen wurde. Daraus entstand mit der Zeit ein lediglich symbolisches Opfer.«

Zum Wesen der Orphik gehörte also das Opfer, dem eine Erneuerung des Lebens folgte. Die ursprüngliche Mythe – vielleicht stand ganz am Anfang ein alljährliches Menschenopfer, das die Wiederkehr des Frühlings sichern sollte – wurde allmählich von intellektuellerem, ja spirituellem Gedankengut überlagert. Man sah den Menschen als teils gut und göttlich, teils böse und gottlos an. Wichtigstes Ziel war es, das Böse auszutreiben. Das geschah durch eine Reihe von Reinkarnationen. Schließlich wurde die völlig geläuterte Seele vom »Rad der Geburt« erlöst. Man kannte in der Orphik sehr wohl den Begriff der Sünde. Überdies glaubte man an die Notwendigkeit der Buße, an die Passion und den Tod eines Menschengottes und schließlich an die Unsterblichkeit der vom Übel befreiten, mit dem Göttlichen vereinten Seele. Die Orphik beeinflußte Philosophen wie Platon und Pythagoras, fand in ganz Griechenland Verbreitung und drang auch nach Italien vor. Das ereignete sich, etwa fünfhundert Jahre bevor Paulus mazedonischen Boden betrat. Die Strenge seiner Religion dürfte die Griechen nicht überrascht haben. Selbst die jüdischen Speise- und Hygienevorschriften werden für Menschen, die mit der Orphik vertraut waren, nichts Neues gewesen sein. Denn in der Orphik gab es ähnliche Gebote. Die Gläubigen durften das Fleisch aller möglichen Tiere nicht essen (ausgenommen vielleicht beim mystischen Mahl) und mußten alle Handlungen und Situationen meiden, die man als unrein betrachten konnte – so sollten sie weder der Geburt noch dem Tod eines Menschen beiwohnen. Die Eingeweihten trugen weiße Kleider und lebten asketisch. Goldene Schrifttäfelchen, die man in Gräbern bei Rom, in Sybaris (Süditalien) und auf Kreta gefunden hat, geben uns weitere Aufschlüsse über den Kult. Sie enthalten Fragmente von Mysteriengesängen und wurden den Toten wohl beigegeben, damit sie unter göttlichem Schutz standen und in die göttliche Welt eingehen konnten. Hier tauchen Wendungen auf wie: »Ich sterbe vor Durst, gib (gebt) mir von den Wassern des Gedächtnisses zu trinken«, »Ich habe die Strafe für die Ungerechtigkeit abgebüßt«, »Aus der Reinheit komme ich« und »Ich bin dem mühseligen, unglücklichen Kreis des Lebens entflohen«.

Als Belohnung wird dem Gläubigen, der in die orphischen Mysterien eingeweiht ist, ein glücklicher Ausgang versprochen: »Oh, du Seliger und Gesegneter, du hast deine Sterblichkeit abgelegt und du sollst göttlich werden.«

Was Paulus predigte, unterschied sich insofern erheblich von den orphischen Mysterien, als das Christentum kein exklusiver Zirkel war, der zur Erlösung einiger weniger Auserwählter und Eingeweihter diente. Das Christentum nahm alle auf. Selbstverständlich besaß es so manche Ähnlichkeit mit den Mysterienreligionen; in der späteren Entwicklung ergeben sich sogar Parallelen (Geheimhaltung und Rückzug in die Katakomben zur Zeit der Christenverfolgungen). Doch keine Mysterienreligion gebot die Nächstenliebe. Zwar verhießen sie die Erlösung, aber trotzdem – den letzten beißen die Hunde! Paulus, Silas und Timotheus erhoben sich und sagten, ihr Gott sei leibhaftig auf Erden gewandelt (also keine Sagengestalt wie Attis und Orpheus) und seine Gnade und Liebe schließe *alle* ein. Das war das Revolutionäre. Die ausdrückliche Betonung dessen, daß jeder angenommen werden konnte, stellte für die Juden einen Affront dar. Wer sich ihren Riten, ihren Sitten und Gebräuchen nicht fügte, gehörte auch nicht dazu, nicht einmal als Bürger zweiter Klasse im verheißenen Königreich. Das Ende von Paulus' Aufenthalt in Thessalonich war abzusehen – und unvermeidlich.

27 Ausweisung

Kurz bevor Paulus, Silas und Timotheus aus Philippi ausgewiesen wurden, hatte Kaiser Claudius einen Beschluß gefaßt, der sich als folgenschwer auch für Paulus' Zukunft erweisen sollte. Er vertrieb die Juden aus Rom. Warum? Sie waren doch erfolgreich, arbeitsam und betrugen sich für gewöhnlich besser als die anderen Fremden? Zwar beharrten sie hartnäckig auf ihrem Glauben an ihren ganz besonderen Gott, aber ansonsten waren sie gute Bürger. Den Grund können wir bei Sueton nachlesen: »Die Juden, welche, aufgehetzt von Chrestus, fortwährend Unruhen machten, vertrieb er aus Rom.« Das ist das erste Mal, daß ein lateinischer Autor Chrestus (= Christus) und seine explosive Lehre erwähnt. Paulus wollte gern als erster die frohe Botschaft ins Herz des Römischen Reiches bringen. Aber irgend jemand war ihm zuvorgekommen.

Wie diese frühe römische Christengemeinde entstand, ist ein Rätsel. Vielleicht waren aus den großen Handelshäfen des Ostens Christen gekommen – Kaufleute möglicherweise, landflüchtige Bauern oder gar Matrosen; obwohl sich die Juden in der Seefahrt nie besonders hervortaten. Sei dem, wie ihm wolle, die Christen fielen in Rom unangenehm auf, und obwohl Sueton das nicht ausspricht, darf man vermuten, daß die »Unruhen« durch die Reaktion der orthodoxen Juden ausgelöst wurden. Wie bei Paulus empörten sie sich gegen das, was ihnen als falsche Auslegung der Propheten und blasphemische Behauptung erschien. Immer dasselbe Problem. Wie sollten die Juden, ein stolzes und empfindliches Volk, es hinnehmen, daß ihr Messias bereits gekommen und den Verbrechertod am Kreuz gestorben war? Was ihnen in den Zeiten der Verschleppungen, der Fremdherrschaft, der Okkupation ihres Landes durch die Römer Kraft gab, war der Glaube, daß der Tag anbrechen werde, da der verheißene Messias sein Volk befreien und alle Feinde vernichten würde. Und das wollten die Anhänger des »Chrestus« untergraben – Leute, die mit Heiden verkehrten, das Gesetz brachen und Unbeschnittene in ihre Gemeinschaft aufnahmen. Wenn der siegreiche, der heldische Messias derart herabgewürdigt wurde, konnte man sich an nichts mehr halten, dann gab es keine Hoffnung mehr, keinen Grund, sich den Römern, Griechen und anderen Fremden überlegen zu fühlen. Und die Christen behaupteten, die Juden seien keine Elite, nicht das von Gott von jeher auserwählte Volk.

Die Unruhen müssen ernster Natur gewesen sein, denn Claudius griff nicht einfach grundlos zu solchen Maßnahmen. Anschließend an das weiter oben angeführte Zitat schildert Sueton, wie Claudius die Angehörigen anderer fremder Völker behandelte: »Den Gesandten der Germanen erlaubte er, in der Orchestra (halbrunder Platz vor der Bühne, in römischer Zeit mit Sitzen für angesehene Theaterbesucher) zu sitzen. Hierzu hatte ihn die naive Äußerung ihres Selbstgefühls vermocht, mit welchem sie, als man ihnen ihre Sitze in den dem gemeinen Volke bestimmten Abteilungen des Amphitheaters angewiesen hatte und sie der Parther und Armenier ansichtig wurden, die auf den Senatsplätzen saßen, stolz erklärten, ihre Tapferkeit und ihr Rang seien um nichts geringer.«

Er war also kein Fremdenhasser. Fremdenhaß fand man überhaupt kaum bei den Römern. Trotz ihres Hanges zur Macht tolerierten sie andere Völker und Glaubensbekenntnisse in recht hohem Maße. Egal, welche Götter jemand anbetete, solange er sich römischen Gebräuchen fügte – wozu jetzt auch die Kaiserverehrung gehörte – und solange er natürlich seine Steuern bezahlte. Die Juden waren im allgemeinen bereit gewesen, dem Cäsar rituellen Tribut zu zollen. Man konnte sie also in der Hauptstadt dulden. Doch jetzt hatte sich eine Gruppe von ihnen abgespalten, die behauptete, ein König (höher als der Cäsar) sei auf Erden gewandelt, habe verheißen, er werde die bestehende Welt vernichten, Rom und das Reich zerstören und seine Anhänger zum Sieg führen. Schwer zu begreifen für einen Römer und außerdem unerträglich. Anscheinend waren die Juden selbst größtenteils gegen diesen neuen Glauben, und anscheinend führte der Konflikt zwischen der Mehrheit und der seltsamen Minderheit zu Unruhen in der Stadt. Am einfachsten, man vertrieb alle Juden – außer denen vielleicht, die zweifelsfrei bewiesen hatten, daß sie sich den römischen Gesetzen und Gebräuchen unterwarfen. Schließlich war es äußerst schwierig, die Juden, die an ihren Jahwe oder Zeus oder jupitergleichen König der Götter glaubten, von jenen Juden zu unterscheiden, die den »Chrestus« anbeteten. Also fort mit ihnen aus Rom!

Daß Claudius die Juden vertrieb, war, wie wir bereits sahen, keineswegs charakteristisch für diesen besonnenen und gelehrten Mann. Selbst Sueton, eins der größten Klatschmäuler der Geschichtsschreibung (ein Titel, den man sich nicht leicht verdient), wußte wenig Nachteiliges über ihn zu sagen. Gewiß, er war ein Vielfraß, und seine Frau Messalina machte ihn ständig zum Hahnrei. Doch dieses Mißgeschick ist schon vielen Männern zugestoßen, und Messalina war zudem eine Ausnahme – sie, die sich so gern verkleidete, ins Bordell ging, dort als gewöhnliche Hure arbeitete und es »ungestillt verließ«. Viele Maßnahmen des Kaisers zeugen von Gutherzigkeit: »Als es vorkam, daß manche Herren ihre kranken und mit schweren Gebrechen behafteten Sklaven, um sich der Last ihrer weiteren Behandlung zu entziehen, auf der Insel des Äskulap (Tiberinsel mit einem Tempel des Heilgotts) aussetzten, verordnete er, daß alle, die so ausgesetzt würden, frei sein und im Falle der Genesung nicht wieder ihren Herren zu eigen werden sollten und daß, wenn sich jemand beikommen ließe, seinen Sklaven, statt ihn auszusetzen, lieber zu töten, als Mörder prozessiert werden sollte.« »Die Provinzen Achaja und Makedonien, welche Tiberius zu kaiserlichen gemacht hatte, gab er dem Senate zurück. Den Lyciern (kleinasiatisches Bergvolk; im lycischen Hafen Myra brach Paulus zu seiner letzten Reise nach Rom auf), die fortwährend untereinander in der verderblichsten Weise haderten, nahm er die Freiheit, während er dieselbe den Rhodiern, die über ihre alten Vergehungen Reue bezeigten, wiedergab.«

Den Trojanern, den sagenhaften Stammvätern der Römer, erließ er für alle Zeiten die Steuern. Augustus hatte sich noch damit zufriedengegeben, den römischen Bürgern jegliche Teilnahme an den druidischen Kulten Galliens und Britanniens zu verbieten, Claudius schaffte sie ganz ab. Er verabscheute die grausamen Gepflogenheiten der Druiden. So mordeten sie beispielsweise Gefangene zum Zwecke der Zukunftsschau und verbrannten, wie uns Julius Cäsar überliefert hat, Menschen bei lebendigem Leibe in geflochtenen Käfigen. All das klingt nicht danach, als habe Claudius die Juden völlig grundlos aus Rom vertrieben.

Betrachten wir sein Regiment noch unter anderen Aspekten. Das ist wichtig, denn zu seiner Zeit unternahm Paulus die Missionsreisen. Claudius war kein harter Herrscher. Gute Verbindungen und Verkehrswege standen zur Verfügung. Andernfalls hätten Paulus und seine Gefährten nicht so weit und so ungehindert reisen können – und das, obwohl sie in mehreren Städten wegen »schlechten Betragens« bestraft wurden. Sie legten weite Strecken in Gebieten zurück, die nicht einmal heute völlig sicher sind, und dabei wurden sie anscheinend weder überfallen noch beraubt. Erst im 19. und 20. Jahrhundert waren die Reisemöglichkeiten im Mittelmeerraum wieder so gut wie im 1. Jahrhundert. Zwar litt Claudius unglücklicherweise unter schwacher Gesundheit und unausrottbarer Ängstlichkeit (die freilich nicht wundernimmt bei jemand, der unter der Herrschaft von Tiberius und Caligula aufgewachsen ist), aber er zeigte sich in mancher Hinsicht als fähiger und aufgeklärter Kaiser. Er gab vielen Menschen in den Provinzen das römische Bürgerrecht, sorgte für Ruhe an den Ostgrenzen des Reiches, leitete erfolgreich die Eroberung von Britannien in die Wege und verwandte die öffentlichen Mittel sehr vernünftig, etwa zum Bau der *Aqua Claudia,* eines nach ihm benannten Aquädukts. Zu seiner Zeit wurde Mauretanien (das etwa dem heutigen Algerien enspricht) dem Reich einverleibt. Unbeeindruckt vom Widerstand des Senats führte er in Angelegenheiten, die die Provinzen betrafen, jene liberale Politik weiter, mit der Julius Cäsar begonnen hatte. Doch wandte er nicht nackte Gewalt an, richtete keine Blutbäder an wie Cäsar bei der Eroberung Galliens – vielleicht bedurfte er dessen nicht.

Claudius' größter Fehler bestand darin, daß er sich immer mehr von talentierten und reichen Freigelassenen abhängig machte. Das empörte verständlicherweise die Römer von vornehmer Geburt, obwohl es fast zu einer solchen Entwicklung kommen mußte, weil der römische Adel erwiesenermaßen unzuverlässig und den Konzepten des Kaisers gegenüber feindlich eingestellt war. Zu der Zeit, da Paulus sich in Thessalonich aufhielt – Claudius hatte nur noch wenige Jahre zu leben –, war der Einfluß von Freigelassenen wie Pallas und Narcissus nahezu ins Unermeßliche gewachsen. Der Kaiser beschäftigte sich lieber mit seinen Studien, mit seinen historischen Werken und seiner Autobiographie. Leider ist nichts davon erhalten, man hätte aus diesen Schriften allerhand Aufschlüsse über die Zeit gewinnen können, in der Paulus lebte und wirkte. Die Freigelassenen (die eine ähnliche Rolle spielten wie später im Osmanischen Reich die Eunuchen) trieben zwar keine Mißwirtschaft, aber ihre Herrschaft verletzte die Menschen, die eigentlich hätten regieren sollen, tief in ihrem Stolz. Die Oberklasse war durch die Bürgerkriege sowie durch Tiberius und Caligula dezimiert worden und klammerte sich zwar nach wie vor an die machtvolle Selbstdarstellung, hielt aber in Wirklichkeit nie die Zügel in der Hand. Auf Claudius' Aktivseite standen der Bau eines Hafens für Rom-Ostia, die Trockenlegung des Fuciner Sees und zwei neue Aquädukte. Auf der Debetseite verzeichnete man die immer stärker werdende Abhängigkeit von seinen Freigelassenen, die Stellung und Macht ausschließlich ihm verdankten, und seine katastrophalen Mißgriffe bei der Wahl von Frauen, die sein einsames Leben mit ihm teilen sollten. Messalina ist zu Recht in die Geschichte und Literatur als Musterbeispiel einer verdorbenen und sexuell unersättlichen Frau eingegangen. Claudius ließ sie schließlich hinrichten. Doch bei der nächsten Gattin hatte er auch keine glücklichere Hand. Agrippina war vor der Eheschließung mit Claudius bereits zweimal verheiratet gewesen. Von ihrem ersten Mann hatte sie einen Sohn – den späteren Kaiser Nero. Sie brachte den schwachen, auf seine Studien versessenen Claudius dazu, ihren Sohn zum Thronnachfolger zu bestimmen und Britannicus, seinen Sohn aus der Ehe mit Messalina, einfach zu übergehen. Ein Jahr nachdem Nero die Regierung angetreten hatte, ließ er Britannicus vergiften. Obendrein war Agrippina des Claudius Nichte, was etliche Römer gegen ihn aufbrachte, denn sie betrachteten die Beziehung als inzestuös. Es ist zweifelhaft, ob Paulus diese Verwicklungen und die hochkomplexen Machtverhältnisse Roms kannte. Vielleicht wußte er einiges vom Hörensagen. In Korinth, wo er aus Rom vertriebenen Christen begegnete, müßte er eigentlich etwas davon erfahren haben. Und das konnte ihn nur in seinem Willen bestärken, die Welt anders zu ordnen.

Trotz seiner Anfangserfolge in Thessalonich – vielleicht hoffte er, hier

könne er sich für eine Weile niederlassen und eine griechische Kirche aufbauen – stieß Paulus auf die nun schon vertrauten Schwierigkeiten. Den gesetzestreuen Juden war seine Botschaft zuwider. Manchmal hat man das Gefühl, daß Paulus, obwohl stolz auf seine pharisäische Ausbildung und sein Judentum, das eigene Volk nicht schätzte. Auch römischer Bürger zu sein bedeutete ihm eine Stütze. Schwierigkeiten bekam er fast ausschließlich mit den Juden. Die Heiden dagegen, auch wenn sie seine Botschaft nicht annahmen, verhielten sich im allgemeinen toleranter als seine eigenen Leute. In Rom hatte man schon entdeckt, was den Umgang mit den Juden so komplizierte: Sie waren das intoleranteste Volk im ganzen Reich. Man konnte sie dulden, solange sie sich an ihresgleichen hielten, was sie früher auch immer getan hatten. Doch jetzt ergab sich eine völlig neue Lage. Die Anhänger dieses »Chrestus« schienen den Staat zu bedrohen. *Crimen maiestatis*, Majestätsverbrechen – das war es. Denn einen Gegenkönig auszurufen stellte ein Verbrechen gegen den Kaiser dar. Die orthodoxen Juden verkündeten einen anderen Gott, was man billigen konnte, denn man kannte ja viele Götter, und jedermann hatte das Recht, nach seiner Fasson selig zu werden. Doch die neue Sekte, die nicht nur aus Juden, sondern auch aus Angehörigen anderer Völker bestand, predigte, Christus könne jederzeit wiederkommen, seine Herrschaft aufrichten und ein völlig anderes Reich schaffen. Kein Zweifel, Paulus und fast alle frühen Christen glaubten an die baldige Rückkehr des Messias. Paulus' Worte, Worte aus dem ersten Thessalonicherbrief etwa, mußten die othodoxen Juden erbosen. Die Orthodoxen, sagte er, »...haben den Herrn Jesus getötet und die Propheten und haben uns verfolgt und gefallen Gott nicht und sind allen Menschen feind«.
Und so kann es nicht überraschen, was bald nach der Ankunft von Paulus und seinen Gefährten in Thessalonich geschah: »Aber die Juden wurden voll Neid und nahmen zu sich etliche Männer aus dem Pöbel, rotteten sich zusammen und richteten einen Aufruhr in der Stadt an...« Sie stürmten das Haus eines Juden, der den griechischen Namen Jason trug. Die drei »Unruhestifter« wohnten bei ihm. Doch zufälligerweise oder aufgrund einer Warnung war keiner von den Gesuchten da. Dafür wurden Jason und einige andere Christen vor Gericht geschleift. Die Beschuldigung lautete: »Und diese alle handeln wider des Kaisers Gebote, sagen, ein anderer sei König, nämlich Jesus.«

Und das war nicht einmal falsch. Denn genau das predigte Paulus. Schlichtere Gemüter faßten die Lehre von der baldigen Rückkehr wohl so auf, als käme in Kürze ein großer König aus dem Osten, der das Römische Reich zerschlug. Anders als ihre Kollegen in Philippi waren die Richter von Thessalonich sehr vorsichtig. (Viellicht wußten sie bereits, daß Paulus und Silas das römische Bürgerrecht besaßen.) Wie fast alle Personen von der römischen Verwaltung, mit denen Paulus im Laufe seines Lebens in Konflikt geriet, wollten sie nichts weiter als Ruhe und Frieden. In ihrem Bereich sollte alles seinen gewohnten Gang gehen. Und wer könnte ihnen daraus einen Vorwurf machen? Zu diesem Zweck hatte man sie ja in ihr Amt eingesetzt. Und nun trat dieser jüdische Unruhestifter auf, erzählte wirre Geschichten von einem anderen Juden, der anscheinend gekreuzigt worden war und es überlebt hatte (ausgeschlossen!) und irgendwann in nächster Zeit die Weltherrschaft übernehmen würde. Jason war ein bekannter Mann. Andere angesehene Bürger und Frauen aus gutem Hause teilten seinen wahnwitzigen, aber auch gefährlichen Glauben. Am besten sollten sie alle eine Bürgschaft hinterlegen. Vielleicht bewahrten sie dann endlich Ruhe. Und natürlich mußten die Rädelsführer dieses aufwieglerischen Unsinns die Stadt verlassen, und zwar so schnell wie möglich.

28 Ablehnung

Das Städtchen Beröa liegt am Fuße des Olymp, damals wie heute bekannt für sein mildes und angenehmes Sommerwetter – kühle Winde umfächeln die Hänge, während drunten überm Flachland und dem Küstenstreifen drückende Hitze lastet. Beröa war etwa 30 Kilometer vom Meer entfernt, gehörte zu den ältesten Städten Mazedoniens und hatte, wie so viele Orte, auch jüdische Einwohner. Jason und die Neubekehrten von Thessalonich dürften Paulus und Silas vorgeschlagen haben, sich nach Beröa zurückzuziehen, wo es friedlich zuging und wo es außerdem eine jüdische Gemeinde gab, die Neuem gegenüber aufgeschlossen war. Timotheus blieb anscheinend noch in Thessalonich und folgte erst später nach. Er und Lukas kamen offenbar nicht so oft in Schwierigkeiten wie Paulus und Silas. Allerdings kam Paulus sein ganzes Leben lang in Schwierigkeiten, unabhängig davon, wer bei ihm war. Er suchte die Auseinandersetzung, möchte man sagen, ähnlich wie der Pilot eines Wetterflugzeugs, der einen Wirbelsturm zu erforschen hat. Barnabas, eine gesetzte Persönlichkeit, versuchte die Zuhörer durch Vernunft oder freundliche Überredungskunst zu gewinnen, Lukas hielt sich zurück und beobachtete aus dem Hintergrund – nicht so Paulus. Wo immer er war, schlugen die Wellen hoch, herrschte Sturm. »Die Brüder aber ließen alsbald bei der Nacht Paulus und Silas nach Beröa ziehen.«

Es war schön dort – kühl strömte ein Bergfluß zu Tal, und die Men-

schen waren freundlich zu Reisenden aus fremden Ländern und ihnen wohlgesinnt. Ein kleiner Ort. Die Synagogenältesten lauschten mit Vergnügen und Aufmerksamkeit jenem Fremden, der eine seltsame Botschaft zu verkündigen hatte. Sie waren gastfreundlich und interessiert an Neuigkeiten aus der Außenwelt. Also war der Messias tatsächlich erschienen, und er würde wiederkommen, und alles würde sich von Grund auf ändern. Wahrhaftig eine frohe Botschaft! »Diese aber waren besser als die zu Thessalonich; die nahmen das Wort auf ganz willig... So glaubten nun viele von ihnen, auch nicht wenige von den angesehenen Frauen und Männern unter den Griechen.« Es ist bezeichnend, welchen Anklang Paulus' Predigt bei den Griechen fand. Er formulierte die Geschichte vom jüdischen Heiland dergestalt, daß Menschen, die mit Dionysos, Demeter und Orpheus vertraut waren, sie annehmen und in das große Gedankengebäude von Wiederauferstehung und Wiedergeburt einordnen konnten.
Selbst die Juden scheinen diese Ergänzung zur Geschichte ihres Volkes tolerant aufgenommen zu haben. Beröa war kein Ort der vehementen Leidenschaften, und ob man diesem Wanderprediger pharisäischer Herkunft nun Glauben schenkte oder nicht – jedenfalls gab es keinen Grund, ihn respektlos zu behandeln. Außerdem war er römischer Bürger und damit schon einiger Hochachtung wert. Überdies besaß er eine einwandfreie Bildung: er hatte bei Gamaliel studiert. Paulus wollte gewiß weiter, über die Via Egnatia an die Adria und nach Rom. Gewiß war Beröa eine bezaubernde Provinzstadt, aber ihn zog es zum Mittelpunkt der Macht und der Finsternis. Dort suchten Millionen nach einem Sinn, dort konnte er Millionen mit dem Feuer des Glaubens erfüllen. Er war wieder einmal vom Ziel abgelenkt worden, aber jetzt brannte er erst recht darauf, nach Westen zu gehen. Doch bald wurde es selbst in Beröa zu gefährlich. Natürlich sprach es sich schnell herum, daß in der Stadt zwei Juden weilten, die eine völlig ausgefallene Lehre verkündeten. Ein Mann namens Jeschua oder Jesus habe die Schrift in allen Stücken erfüllt. Er sei der Messias und werde bald wiederkommen. Eine hochbrisante Lehre. Sie konnte das Leben aller Juden im Römischen Reich gefährden. Schließlich wußten die jüdischen Gemeinden (einige wenige in Provinzstädten wie Beröa vielleicht ausgenommen), daß Kaiser Claudius vor kurzem die Juden aus Rom vertrieben hatte, weil die Anhänger Christi das römische Staatswesen bedrohten. Vielleicht schaltete sich sogar der

Sanhedrin ein. Er hielt mit starker Hand die Disziplin in den Synagogen aufrecht, und da auf den friedlichen Straßen des Reiches viele Juden reisten, konnte er ohne weiteres mit den Gemeinden außerhalb Judäas in Verbindung bleiben. Die Theorie von der Intervention des Sanhedrin, die öft erörtert wurde und den führenden Männern des Judentums die Schuld gibt, bedarf genauer Prüfung. Denn zu einem gewissen Teil ist das die Ursache für die spätere Verdammung der Juden durch die Christen – unlogisch und irrational wie Hitlers Judenverfolgungen, die ideologisch gewiß nicht im christlichen Glauben verwurzelt waren. Die Juden wirkten irritierend. Sie sagten, sie seien anders, sie seien das auserwählte Volk, als einzige für ein göttliches Reich bestimmt. Die übrige Menschheit dagegen verbliebe in Finsternis und Unwissenheit. Irritierend auch, daß sie aus irgendeinem Grund klüger, gewitzter zu sein schienen als die meisten anderen Völker. Kein Zweifel, im Geschäft waren die Juden besser als die Phönizier – ebenfalls Semiten –, und sie lebten ruhiger und würdiger als viele andere Nationalitäten. Sie schienen tatsächlich etwas ganz Eigenes zu besitzen, und das machte sie bei ihren Nachbarn nicht eben beliebt. Und nun trat eine weitere, aber wieder völlig andere jüdische Sekte auf, die auch Fremde, Nichtjuden, aufnahm, jedoch behauptete, sie sei etwas ganz Besonderes, »besonderer« noch als die Juden selbst.

Als in Thessalonich bekannt wurde, daß Paulus und Silas in Beröa waren, kam es zu einer prompten Reaktion. Es ist immer und in jeder Sozietät einfach gewesen, einen Pöbelhaufen von Taugenichtsen und Tunichtguten zu mobilisieren, denen die Sache selbst ganz gleichgültig ist, wenn nur Geld dabei herausspringt. Wieder gab es Gewalttätigkeiten, Ausschreitungen des Mobs, und wieder mußte Paulus fliehen, um sein Leben zu retten. Bemerkenswerterweise blieben Silas und Timotheus (der mittlerweile aus Thessalonich nachgekommen war) in Beröa. Die Obrigkeit hatte es in erster Linie immer auf Paulus abgesehen. Das spricht dafür, daß er der bedeutendste Prediger des Glaubens an »Chrestus« war, und beweist, daß man diesen Glauben für revolutionär hielt.

»Da ließen die Brüder Paulus alsbald ziehen, daß er ginge bis an das Meer« – mehr teilt uns der Verfasser der Apostelgeschichte nicht mit. Er sagt noch, daß Paulus dann in Athen eintraf, und wir dürfen fast mit Sicherheit annehmen, daß er auf dem Seeweg dorthin gelangte. Einige Autoren behaupten, er sei über Land gereist, aber das scheint reichlich unlogisch. Beröa lag etwa 30 Kilometer vom Meer entfernt, und von Methone aus fuhren Schiffe nach allen wichtigen Häfen der Ägäis. (Philipp, der Vater Alexanders des Großen, verlor bei der Belagerung dieser Stadt ein Auge.) Paulus schiffte sich also höchstwahrscheinlich in Methone ein. Es ging an der Küste entlang. Dieser Landstrich gehört zu den schönsten in der ganzen Ägäis. Paulus war geradezu besessen von der Vision einer anderen Welt, aber es steht kaum zu vermuten, daß ihn die herrliche Szenerie unberührt ließ. Seine Briefe weisen ihn als Dichter aus, als einen der größten Dichter der Weltliteratur, und sein Geist besitzt gewisse Züge, die an die seltsame Helligkeit und Klarheit Griechenlands erinnern. Soweit wir wissen, war er jetzt zum ersten Mal allein auf einer Missionsreise. Während jener »fehlenden Jahre« dürfte er allerdings auch oft einsam gewesen sein. Es ist zweifelhaft, ob ihm das viel ausmachte, denn wirklich einsam konnte man ihn nicht nennen. Das geheimnisvolle Ereignis auf der Straße nach Damaskus hatte sein Leben von Grund auf verändert und ihm ein Bewußtsein von der Allgegenwart Gottes eingegeben, das ihn nie verließ.

Das Schiff hielt höchstwahrscheinlich Westkurs, um in den Windschatten von Euböa zu kommen, jener langgestreckten, fischförmigen Insel, die die Nordwinde der Ägäis abfängt. Paulus fuhr auf einem Küstenfahrzeug, das Segel und Ruder hatte, denn ein reines Segelschiff konnte die Durchfahrt zwischen Euböa und dem griechischen Festland gar nicht bewältigen. Im Kanal von Euböa dürfte er die gewaltige Strömung gesehen haben, die hier eine Geschwindigkeit von 7 bis 8 Knoten hat. Und er wird die rasenden Wellen bei Chalkis gesehen haben, wo der Abstand zwischen Euböa und Attika nicht mehr als 43 Meter beträgt. Nichts deutet darauf hin, daß Paulus mit Homer vertraut war, von seinen Mitpassagieren aber darf man es vermuten. Sie passierten die Bucht von Aulis. Und vielleicht wurde jetzt darüber gesprochen, daß die griechische Flotte, bevor sie zur Belagerung von Troja auslief, hier auf einen günstigen Wind warten mußte. Hier hatte sich Agamemnons Tochter der Göttin Artemis geopfert, damit die Flotte eine gute Fahrt hatte und unversehrt Troja erreichte. (Wo sie gestorben sein soll, steht jetzt eine kleine Kapelle, die dem heiligen Nikolaus geweiht ist.) Rechter Hand lag Böotien, eine Landschaft, deren Bewohner als ungebildet, bäurisch und stumpfsinnig galten. Diesen Ruf hatten sie nur, weil die Athener die Literatur beherrschten. Die

Böotier waren nicht dumm, sie waren schlau und durchtrieben. Hören wir Christopher Wordsworth: »Die Böotier ersannen einen besonders schlauen politischen Schachzug, indem sie sich Euböa ganz alleine vorbehielten... Damit war der athenische Handel draußen, sie hatten selbst den Schlüssel in der Hand. Diesen Weg nahm das Gold von Thasus, dazu die thessalischen Pferde und das mazedonische Bauholz, von dort aus gelangten sie erst nach Piräus.« Doch das gehörte der Vergangenheit an, lag weit zurück – vor dem Aufstieg Roms, vor der Besetzung Griechenlands durch die römischen Legionen.
Paulus lebte in einer Welt jenseits der Zeit. Seine Gedanken kreisten um die große Wende, um den Beginn einer neuen Ära, in der die Zeit stillstand oder nicht mehr ins Gewicht fiel. Alte Sagen dürften ihm wenig oder gar nichts bedeutet haben. Doch Athen, die grandiosen Gebäude auf dem Parthenon, die gewaltige Athene-Statue, an der sich die Seeleute orientierten – all das muß ihn doch beeindruckt haben. Die kleineren Städte, die er kannte – Beröa, Lystra, Tarsus und selbst Antiochien – können ihn nicht auf das Wunder Athen vorbereitet haben, das Denkmal und Mahnmal aller Zeiten, die Heimat der erlauchtesten Geister des Mittelmeers. Selbst jetzt noch, fünfhundert Jahre nach der Hochblüte unter Perikles, schickte jeder Römer, der es sich leisten konnte, seinen Sohn nach Athen, damit ein wirklich kultivierter Mann aus ihm wurde. Sechzig Meter über der Ebene ragte die Akropolis auf, schimmernd in herrlichem Marmor, aus dem athenischer Genius eine der größten architektonischen Leistungen der Welt gebildet hat – Bauten, denen die Römer nacheiferten und denen man noch heute nacheifert. Die Stadt erfüllte den Betrachter mit Staunen und Verwirrung. Paulus war in seiner Zuversicht erschüttert. Bei den Begegnungen mit den Athenern trat er denn auch nicht so glänzend auf wie sonst.
»Selbst ein Jude kann in Athen kein Geld verdienen«, so hieß es hier. Die Athener mit ihrem beweglichen Geist konnten von anderen Nationen eigentlich nichts lernen, schon gar nicht, was Kommerzielles, handwerkliche Meisterschaft und Künstlertum betraf. Trotzdem gab es hier eine jüdische Gemeinde und eine Synagoge. Paulus machte sich ans Werk. »Und er redete zu den Juden und Gottesfürchtigen in der Synagoge...« Aus der Apostelgeschichte geht nicht hervor, daß er zu diesem frühen Zeitpunkt schon Neubekehrte gewinnen konnte. Die lächelnde Gleichgültigkeit dieser Stadt erboste ihn. Überall marmorne Götter und Göttinnen, viele in grellen Farben bemalt. Opfergaben ver-

brannten auf den Altären, Weihrauchschwaden drangen aus den Tempeln, an kleinen Schreinen brachten Menschen ihre eigenen Opfergaben dar, priapische Statuen mit stark betonten Phalli (die von denen, die vorübergingen, zärtlich und spaßhaft berührt wurden) standen neben Statuen von nackten Frauen – Götzen, heidnisches Blendwerk! Überall die flimmernde Atmosphäre der Skepsis. Man glaubte eigentlich an gar nichts, ausgenommen das Leben selbst. Seltsam, daß Paulus, der in Tarsus aufgewachsen und von Kindheit an mit dem Heidentum vertraut war, so heftig auf diese Umgebung reagierte. Vielleicht wurde sogar seine Selbstgewißheit von der unerschütterlichen Sicherheit der Athener untergraben.
Wie viele andere, wie die Philosophen, Gelehrten, Studenten und Müßiggänger, »gerichtet auf nichts anderes, als etwas Neues zu sagen oder zu hören«, verwickelte sich Paulus auf der Agora, dem Marktplatz, in Streitgespräche. Auf der Agora fanden nicht nur kaufmännische, sondern auch geistige Transaktionen statt. Selbstverständlich traf Paulus hier auf Mitglieder der damals führenden philosophischen Richtungen, auf Stoiker und Epikuräer. Bis zum heutigen Tag lassen sich im menschlichen Denken stoische und epikuräische Züge finden. Zwar gab es bei den Stoikern, wie später bei den Christen auch, verschiedene Richtungen, doch sie alle behaupteten, der Mensch besäße eine unsichtbare Entität, die Seele. Sie hat ihre Heimat nicht auf der Erde, sondern im All – im Licht der Sonne oder im ewigen Schweigen der Sterne. Der Mensch braucht den Tod nicht zu fürchten. Denn entweder geht er ins Universum ein, in den Zustand der Bewußtlosigkeit, in dem er auch vor der Geburt schwebte, oder er wird neu geboren im Bewußtsein des Gottes, der alles geschaffen hat. E. H. Blakeney umreißt in seinem *Classical Dictionary* die Prinzipien der Stoiker wie folgt: »Ihr Name leitet sich von der ›Bunten Halle‹ in Athen ab, von der *Stoa* (wörtlich: Säulenhalle)... Der Stoizismus ist hauptsächlich ein großes ethisches System. In diesem tritt die Philosophie an die Stelle der Religion; und diese Philosophie besteht darin, Tugend zu üben und Weisheit als ein praktisches Interesse zu setzen. Den Stoikern zufolge besteht die Tugend aus (1) absolutem Urteil, (2) absoluter Beherrschung der Begierden, (3) absoluter Kontrolle der Seele über den Schmerz, (4) absoluter Gerechtigkeit. Der Hauptakzent des Systems liegt auf der Pflicht...«
Nichts davon dürfte Paulus ungewohnt geklungen haben. Die Stoiker

ihrerseits waren einigermaßen vertraut mit den paulinischen, christlich-jüdischen Gedanken zur Ethik. Nur diesen Menschengott kannten sie gar nicht. So bewundernswert der Stoizismus auch war, er wies einen entscheidenden Unterschied zur Paulinischen Botschaft auf. Stoizismus bedeutete Annehmen, Sich-Fügen. Er hatte viel mit dem Kismet der Moslems gemeinsam – man anerkennt etwas Vorgegebenes, dem der Mensch nicht zu entrinnen suchen, sondern dem er mutig ins Auge blicken soll. Paulus sagte dagegen, daß man die Welt verändern könne, daß der Mensch durch den Glauben an Christus Gewalt über sein Schicksal habe. Und eins vor allem: Gott liebte die Menschen. Der Stoizismus hatte geistigen Adel, aber, genau betrachtet, auch eine gewisse Leere.

Der Epikuräismus wiederum war keine so platte Sache, wie uns manche Autoren glauben machen wollen. Er baute vor allem auf der Idee auf, daß das wichtigste Lebensziel die Glückseligkeit sei. Viele Anhänger Epikurs verfälschten dies Prinzip, und in späteren Jahrhunderten wurde es gröblich mißverstanden. Die Lehre dieses höchst bemerkenswerten Mannes hatte nämlich so gut wie nichts mit der bloßen Sinneslust zu tun. Epikur wurde 341 v. Chr. auf der Insel Samos geboren und eröffnete 306 v. Chr. seine Schule zu Athen. Das höchste Gut, die Glückseligkeit, läßt sich nur durch Ruhe der Seele erlangen. Und diese Ruhe der Seele kommt nur zustande durch Übung der Tugend. Die Stoiker sahen die Tugend als Selbstzweck, Epikur galt sie als Mittel zum Zweck. »Ruhe der Seele und unerschütterliches Vertrauen« empfahl er, und er ergänzte: »Eine richtige Vorstellung von der Lust führt zum richtigen Leben, denn man kann ohne ein weises, gutes und gerechtes Leben nicht glückselig werden.« Epikur starb 270 v. Chr. im Alter von 72 Jahren in Athen.

Mit Anhängern dieser beiden philosophischen Richtungen kam Paulus also ins Gespräch. Er verkündete die Auferstehung Christi und wurde natürlich mißverstanden. Sie alle waren bereit, über die Natur des Menschen zu reden, über seine Stellung im Universum und über die Existenz eines allmächtigen Gottes. Sie waren gebildet, sie beteten keine Idole an – das mochte das Volk tun, die Bauern, die auf sichtbare und schlichte Weise an die Naturkräfte, welche die Welt formten, gemahnt werden mußten. Wovon sprach dieser merkwürdige, kurzgewachsene Jude nun eigentlich? Die Vorstellung von der fleischlichen Wiederauferstehung des Menschen war einfach lächerlich. Man hatte an Bestattungen teilgenommen, man wußte, daß der Leib zu Staub zerfiel, ob man ihn nun begrub oder verbrannte, daß er sich in Atome auflöste, die Bausteine aller Dinge. Zur selben Zeit sagte in Rom der stoische Philosoph Seneca, jeder rechtdenkende Mensch sei ein Pilger auf der Suche nach dem Guten. Diese Weisheit versuchte er einem Schüler zu vermitteln, der ihm leider nicht viel Ehre machte: dem späteren Kaiser Nero.

Daß Paulus seinen Glauben so leidenschaftlich verfocht, vermochte die gelehrten und kultivierten Athener nicht sonderlich zu beeindrukken. »Und etliche sprachen: Was will dieser Schwätzer sagen?« Die griechische Entsprechung für »Schwätzer« heißt *spermologos* und bedeutet wörtlich: ein Mensch, der aus der Gosse Samenkörner aufliest, um sich am Leben zu erhalten, und im übertragenen Sinne: jemand, der die Ideen anderer Menschen übernimmt, ohne sie wirklich zu begreifen, und sie als seine eigenen feilbietet. Was fiel ihm nur ein? Er kam nach Athen, der Heimat der Philosophie, und erzählte wortreich von einer völlig obskuren Gestalt. Wie meinte er? »Es sieht aus«, sagten einige, »als wolle er fremde Götter verkündigen.« Sie waren neue Kulte und Mysterienreligionen aus dem Osten gewohnt, aber nur wenige davon konnten dem Blick eines prüfenden Geistes standhalten. Es spricht für Paulus' außergewöhnliche Persönlichkeit, daß die Athener ihn immerhin ernst genug nahmen, um ihn zu einer Versammlung auf dem Hügel des Ares, dem Areopag, einzuladen.

Früher hatte man auf dem Areopag Gericht gehalten. Hier trugen eines Mordes oder eines Verbrechens gegen den Staat Angeklagte ihre Verteidigung vor. Es ist zweifelhaft, ob das Gericht auch zu Paulus' Zeit noch auf dem Areopag tagte, aber er galt den Athenern als Stätte des – zumindest symbolischen – Gerichts. Hier kam die Wahrheit ans Licht. Zwei weiße Steine bezeichneten den Platz, der dem Angeklagten und dem Ankläger zugewiesen war: der Stein der Schande und der Stein der Unerbittlichkeit. Kaum anzunehmen, daß Paulus oder die Fragesteller sich gerade hier postierten, bei den alten Symbolen, die von den alten Tagen zeugten, da die Athener die stolzesten Bürger Griechenlands waren und ihre Angelegenheiten selbst bestimmten. Trotzdem haftete dem Areopag noch jene Nebenbedeutung an – und mochte Paulus das auch nicht wissen, seine Zuhörer wußten es sicherlich. Diesem Fremden mit seinem cilicischen Griechisch, der da behauptete, ihre Philosophen hätten sich geirrt, *er* besäße einen zauberi-

schen Schlüssel zu allen Geheimnissen des Universums, diesem Fremden wurde sozusagen der intellektuelle Prozeß gemacht. Wenn er recht haben wollte, sollte er's beweisen. Sie bewiesen ihrerseits, daß der athenische Liberalismus für alle galt, sogar für obskure jüdische Wanderprediger: vorausgesetzt natürlich, sie konnten ihre Meinung auch vertreten und vernünftig argumentieren.
Paulus begann nicht schlecht. »Ihr Männer von Athen, ich sehe, daß ihr in allen Stücken gar sehr die Götter fürchtet...« Das ließen sie sich eingehen, obwohl es einen Anstrich von Gönnerhaftigkeit hatte; und das ihnen, den Erben von Sokrates, Platon und Aristoteles – um nur einige wenige Namen aus dem gewaltigen geistigen Vermächtnis zu nennen. Und jetzt sprach er von einem Altar, der »dem unbekannten Gotte« geweiht war. Nichts Ungewöhnliches, solche Altäre gab es öfter. Und es bedeutete lediglich, daß man nicht eine Gottheit beleidigen wollte, die vielleicht bei der Errichtung von Altären in dieser oder jener Stadt vergessen worden war. Er verehrte also diesen unbekannten Gott? Seltsam. Sehr seltsam. Und jetzt sagte er, dieser Gott, sein Gott, habe die Welt geschaffen und gebiete über das Universum.
Nichts Neues. Er hatte wohl auch einmal die große Hymne des Kleanthes gelesen: »Ruhmreichster der Unsterblichen, oh, Zeus der vielen Namen, allmächtig du und ewig, der Herrscher der Natur, der du alles dem Gesetz gemäß lenkest...« Wie? »Gott... wohnt nicht in Tempeln« – das brauchte er ihnen nun wirklich nicht zu sagen. Ihre Ahnen mochten das geglaubt haben, aber sie wußten, daß die Tempel nur Glaubenssymbole waren und die Standbilder und Malereien darin nur Trost und Beruhigung für die Massen. Also zur Sache! Was hatte er ihnen Neues zu sagen? Ah, jetzt, endlich. Es würde ein Gerichtstag kommen, und die ganze Welt würde gerecht von einem Mann gerichtet werden, den dieser Gott auserwählt habe. Unglaublich. Unglaublicher noch, daß dieser Richter auf Erden gewandelt und von den Toten auferstanden war! Zuviel des Guten. Wer bis dahin nur gegähnt hatte, brach in schallendes Gelächter aus. Zeitverschwendung, nichts als Zeitverschwendung, hierherzukommen und diesem ignoranten, arroganten, völlig irrwitzigen Marktschreier sein Ohr zu leihen. Aber trotzdem, sie waren Athener. Selbst wenn sie ihm nie wieder lauschen wollten, mußten sie ihm, dem Fremden, die übliche Höflichkeit erweisen: »Wir wollen dich davon ein andermal hören...«
Was in Anbetracht des geistigen Klimas in Athen wirklich überrascht,

ist die Tatsache, daß nicht alle skeptisch waren. Als Paulus den Areopag verließ, folgten ihm einige, die mehr über diesen Glauben erfahren wollten. Unter ihnen befanden sich ein Mitglied des Rats von Athen, Dionysius, und eine Frau namens Damaris. Er hatte nicht umsonst in der intellektuellsten Stadt der Welt zu den Klügsten gesprochen. Aber einen großen Erfolg kann man das nicht nennen. Wenn er mehr Erfolg gehabt hätte, wäre er wohl länger in Athen geblieben, aber so »schied Paulus von Athen und kam nach Korinth«. Diese kurze Feststellung ist ein Zeugnis der Ablehnung.

29 Zeltmacher in Korinth

Korinth, die alte Rivalin Athens, war – zumindest in der griechischen Mythologie – die Heimat der Zauberin Medea, des Sisyphos, der seines habgierigen Lebens wegen dazu verurteilt wurde, im Hades für alle Ewigkeit einen Stein hügelan zu rollen, und des Bellerophon, der versuchte, auf seinem Flügelroß Pegasus zum Himmel aufzusteigen. Der Überlieferung nach galt Korinth als Wiege der Seemannskunst und des Handels. Hier wurde die Trireme erfunden. Und besonders in Korinth hatte der Handel mit den Ionischen Inseln, mit Sizilien und Italien geblüht. Das Korinth, das Paulus nun vor sich sah, war eine Neuschöpfung.

146 v. Chr., im selben Jahr, da Karthago von den Römern besiegt und geplündert wurde, hatte auch die letzte Stunde des alten Korinth geschlagen. Erbost wegen mehrerer Aufstände der Griechen hatten die Römer beschlossen, an dieser mächtigen und berühmten Stadt ein Exempel zu statuieren. Der Konsul Lucius Mummius leitete die Strafaktion und tat seine Arbeit mit wahrhaft verheerender Gründlichkeit. Korinth wurde dem Erdbeben gleichgemacht. Die Heimatstadt solcher Philosophen wie Diogenes (der Alexander den Großen einmal frank und frei zurückwies), die Heimatstadt großer Kunsthandwerker und Künstler war nunmehr von der Landkarte ausradiert. Die Männer von Korinth wurden getötet, die Frauen und Kinder in die Sklaverei verkauft, die Kunstschätze nach Rom geschafft. Mit typisch römi-

scher Schläue schloß Mummius mit den Kapitänen, die die Beute nach Italien transportieren sollten, einen Vertrag ab, der dahingehend lautete, daß bei der Überfahrt verlorengegangene Kunstgegenstände durch andere, ebenso kostbare, ersetzt werden mußten. Seine Wertmaßstäbe waren die des *homo novus*, des Emporkömmlings, der nichts vom verfeinerten Leben versteht. 44 v. Chr., im selben Jahr, da er ermordet wurde, gründete Julius Cäsar die Stadt neu. Mittlerweile war Griechenland römisches Protektorat geworden. Korinth wurde die Hauptstadt der Provinz Achaia. Die neue Einwohnerschaft bildeten römische Veteranen und die Nachkommen von Freigelassenen.

Vielleicht erreichte Paulus die Stadt auf dem Landweg, vielleicht ging er aber auch in Piräus, dem Handelshafen Athens, an Bord eines Küstenfahrzeugs und fuhr nach Kenchreä, dem Hafen an der Ostseite des Isthmus von Korinth. Diese Landenge, die Ionisches Meer und Ägäis voneinander trennte, machte die Stadt zum bedeutenden Handelsplatz. Die Schiffe wurden auf Rollen über den Isthmus nach Lechäum, dem Hafen von Korinth, transportiert. So ersparte man sich den langen Seeweg um die Südspitze von Griechenland – und man tat gut daran. Kap Malea gehört zu den gefährlichsten Stellen im Mittelmeer. Ein altes Sprichwort lautete, wer Kap Malea umführe, könne vergessen, daß er je eine Heimat besessen habe.

Korinth war vor allem eine Stadt der Seeleute. Trunkenheit, Prasserei, Zügellosigkeit grassierten. Hier hatte auch Lais gewirkt, eine schöne und gescheite Hetäre, deren berühmtester Liebhaber Aristipp war, der Philosoph aus Kyrene. Sie prägte sozusagen die Atmosphäre der Stadt. Nach Korinth kamen die Geschäftsleute von Athen, um ungesehen eine Woche lang alten Wein und junge Mädchen zu genießen. Aus der Ebene ragte über 600 Meter hoch der Bergrücken von Akrokorinth auf, droben die Stadtburg von Korinth, von der aus sich die gesamte Umgegend überblicken und beherrschen ließ. Strabo gibt uns eine detaillierte Beschreibung der Stadt. Darin heißt es, daß der Bergrücken nicht nur kriegerischen Zwecken diente. Wie auf dem Vorgebirge Eryx (Sizilien) und in Paphos (Zypern) befand sich auch hier ein Tempel der Liebesgöttin Astarte/Aphrodite/Venus, für den tausend Tempelprostituierte gearbeitet haben sollen. Obwohl der Glanz von Korinth schon längst verblaßt und durch reinen Kommerz ersetzt war, als Paulus die staubige Straße entlangschritt, wo Sklaven die Schiffe nach Osten und Westen schleppten, muß die Atmosphäre der Stadt

im großen und ganzen gleichgeblieben sein. Geld gab den Ton an, mit Geld konnte man alles kaufen – ganz anders als in Beröa oder Athen, wo man immer noch den Geist über alles schätzte.
Eine Überraschung erwartete Paulus. Er wußte natürlich, daß in Korinth eine blühende jüdische Gemeinde und eine Synagoge bestanden, doch er dürfte nicht damit gerechnet haben, daß vor ihm schon Christen nach Korinth gekommen waren. Es können natürlich mehrere gewesen sein, aber erwähnt werden nur zwei: Aquila, ein Jude aus Pontus (an der Südküste des Schwarzen Meers), und seine Frau Priscilla (der Diminutiv des römischen Namens Prisca), die sich nach Claudius' Vertreibung der Juden aus Rom in Korinth niedergelassen hatten. Sie übten denselben Beruf aus wie Paulus. Er zog zu ihnen und arbeitete wieder als Zeltmacher. Aquila, Priscilla und Paulus, Zeltmacher – vielleicht hatten sie das als Ladenschild. Wie jeder Rabbiner hatte Paulus gelernt, daß er auch als Vermittler und Ausleger des Gesetzes der Gemeinde nicht zur Last fallen dürfe, sondern sein Brot selbst verdienen müsse. Eine sehr gute Regelung, nur haben sie in späteren Jahrhunderten leider allzu viele christliche Sekten vergessen. Paulus mag den Juden oft Anathema gewesen sein, trotzdem war es die Strenge des Judentums, die ihn dazu befähigte, ein so erfolgreicher christlicher Revolutionär zu werden.
Wie üblich durfte er vor der Gemeinde sprechen, »und er lehrte in der Synagoge an allen Sabbaten und überzeugte Juden und Griechen«. Später bedankte er sich bei den Korinthern für die Behandlung, die sie ihm hatten angedeihen lassen. Er bekannte: »Auch war ich bei euch in Schwachheit und in Furcht und mit großem Zittern.« Eine interessante Äußerung, die sich allerdings nicht auf seine Erlebnisse in Athen beziehen lassen dürfte, denn dort hatte man ihm wohl skeptisch gelauscht, ihm aber keine Gewalt getan. Man kann vermuten, daß der kumulative Effekt seiner Erfahrungen in anderen Städten ihn innerlich auf noch mehr Schläge, Steinigungen und Volksaufläufe vorbereitet hatte. Er mußte schwierige Straßen und Bergpässe überwinden, auf nassen, von Brechern überspülten Decks sitzen, Schiffbrüche, Seestürme und die Gewalttätigkeit in den Städten durchstehen, aber seine Beherztheit und Ausdauer verließen ihn nie. Obwohl sie einem Glauben anhingen, der besonders den Wert des Muts betonte, können nur wenige »Soldaten« des Mithraskults an Durchhaltevermögen diesem kleinen, kahlköpfigen, oftmals kranken Juden gleichgekommen sein.

Paulus ist ein lebender Beweis dafür gewesen, daß man körperliche Schwächen überwinden kann und daß dem Willen eine Kraft innewohnt, die von der medizinischen oder psychologischen Analyse bis jetzt noch nicht recht erkannt wurde.
Silas und Timotheus kamen von Mazedonien nachgereist und brachten beunruhigende Nachrichten mit. Die Christen wurden von den orthodoxen Juden verfolgt. Diese behaupteten, Paulus sei ein Scharlatan, seine Botschaft eine Lüge. Das war schlimm genug, aber Paulus hatte es erwartet. Was er nicht erwartet hatte, war, daß seine Lehre von der baldigen Wiederkunft Jesu zu einem völligen Verfall der Moral führte. Wenn das Ende der Welt nahe herbeigekommen war, warum sollte man sich dann noch um sein tägliches Leben kümmern? Warum arbeiten? Paulus' erster Brief an die Thessalonicher versucht, Mut zuzusprechen und im Glauben zu bestärken. Er diktierte ihn höchstwahrscheinlich dem Timotheus, und der dürfte ihn mit einer Rohrfeder und Tinte, die aus Gummiharz und Ruß gefertigt war, auf Papyrus geschrieben haben, jenen Papyrus, der Ägyptens wichtigsten Beitrag zum Verwaltungs- und Nachrichtenwesen der Antike darstellte. Abgefaßt ist der Brief im demotischen Griechisch der damaligen Zeit, untermischt natürlich mit einigen Hebraismen. Dem Stil antiker Briefe gemäß, beginnt er mit einem Grußwort, dann folgt das Wesentliche, und am Ende schließt sich ein Segenswunsch an. Vermutlich brachte Timotheus ihn selbst nach Thessalonich. Er arbeitete für Paulus anscheinend nicht nur als Sekretär, sondern auch als Kurier.
Bezeichnenderweise beschließt Paulus den zweiten Brief an die Thessalonicher mit einer Wendung, die man geradezu ein »Markenzeichen« nennen könnte: »Der Gruß mit meiner, des Paulus, Hand. Das ist das Zeichen in allen Briefen. So schreibe ich. Die Gnade unsers Herrn Jesus Christus sei mit euch allen!« Also gab es auch gefälschte Briefe, Machwerke von Feinden der neuen Lehre – fast mit Sicherheit orthodoxe Juden. Denn warum sollten sich Heiden darum bekümmern, was ein unbedeutender Ausländer an ein unbedeutendes Ausländergrüppchen schrieb?
Doch wie anderswo führte auch in Korinth Paulus' missionarischer Eifer schließlich zu Komplikationen. Die Juden bestritten die Stichhaltigkeit der Argumente, mit denen er beweisen wollte, daß Christus der Messias sei. Sie wollten den Erlöser Israels einfach nicht mit einem Mann gleichgesetzt wissen, der zwischen zwei Dieben gekreuzigt

worden war, und sie wollten nicht hören, daß dies auf Betreiben der Juden geschehen sei. Man sah Paulus nicht mehr gerne in der Synagoge. Man beschimpfte ihn und lästerte seinen Messias. Paulus antwortete darauf mit einer traditionellen Geste. Er schüttelte den Staub von seinen Kleidern und sagte: »Euer Blut komme über euer Haupt; rein gehe ich von nun an zu den Heiden!« Trotzdem vermochte er es, den Krispus zu bekehren, der in der Apostelgeschichte als »der Vorsteher der Synagoge« bezeichnet wird. Er taufte Krispus und seine Familie. Man kann also kaum behaupten, daß ihm bei seinem eigenen Volk überhaupt nichts gelungen sei. Jetzt wohnte er bei einem gewissen Titius Justus, einem Proselyten, dessen Haus neben der Synagoge stand. Justus dürfte, seinem Namen nach zu schließen, Römer gewesen sein, vielleicht ein Nachfahr von einem jener Veteranen oder Freigelassenen, die Julius Cäsar in Korinth angesiedelt hatte.

Nun erhielt Paulus eine Geldspende von der Gemeinde in Philippi. Wahrscheinlich gab er sein Handwerk auf, nachdem er ins Haus des Justus gezogen war. Paulus hatte mittlerweile über ein Jahr unbeirrt gepredigt und missioniert. Die meisten Neubekehrten waren wohl griechischer oder römischer Abkunft. Fast alle Juden hatten Paulus abgewiesen, doch er fand Trost in einem Traum. Jesus sprach zu ihm und sagte: »Fürchte dich nicht, sondern rede und schweige nicht! denn ich bin mit dir, und niemand soll sich unterstehen, dir zu schaden; denn ich habe ein großes Volk in dieser Stadt.« Im Sommer 52 kam es zu einer dramatischen Wende. Der neue Prokonsul von Achaia, Lucius Junius Annaeus Gallio, trat im Juli dieses Jahres sein Amt an. Er war der Bruder des Philosophen Seneca und ein recht angesehener Mann. Der Dichter Statius nennt ihn den »sanften Gallio«. Seneca selbst schrieb, keiner sei »so freundlich zu jedermann wie Gallio«. Also keiner von den strengen, ja grausamen römischen Prokonsuln, deren es so viele gab, sondern ein feinfühliger und feinsinniger Mann. Die jüdische Gemeinde machte einen schweren Fehler. Sie dachten nun, da sie eine neue Obrigkeit hatten, könnten sie mit ihrem Wunsch durchdringen. Es war ein sehr einfacher Wunsch: Paulus sollte aus Korinth gewiesen werden.

»Als aber Gallio Landvogt war in Achaja, empörten sich die Juden einmütig wider Paulus und führten ihn vor den Richterstuhl...« Die Apostelgeschichte erwähnt in diesem Zusammenhang weder Silas noch Timotheus. Immer entzündete sich der Streit an Paulus. Mit seiner Überzeugungskraft brachte er alle Gemeindeältesten gegen sich auf, weil sie ihm vor Zeugen und Zuhörern unterlagen. Wenn sie nicht glauben wollten, dann mochten sie zugrunde gehen und verderben! Eine solche Zuversicht kann viele Menschen bewegen und begeistern, vor allem diejenigen, die nicht wissen, was sie eigentlich wollen und meinen – und eine solche Zuversicht macht außerdem böses Blut. Und wieder wurde dieser alternde, aber unbezähmbare Mann – zweifellos unter Schlägen und Tritten – vor die Obrigkeit geschleift.

Die Juden beschuldigten ihn, er versuche die Menschen zu überreden, daß sie Gott auf gesetzeswidrige Weise dienten. Und was sollte das heißen? Es gab viele Götter, Myriaden von Göttern, und jeder hatte sein eigenes Ritual, sein eigenes Zeremoniell. Wie konnte man also Leute lehren, irgendeinen orientalischen Gott auf gesetzeswidrige Weise anzubeten? Und unter Gesetz verstand ein Römer natürlich das römische Gesetz, nicht die Thora. Gesetzeswidrig? Der Antwort darauf geht man oft aus dem Weg, obwohl sie sehr einfach ist: Paulus' Lehre war Rom und dem Kaiser gegenüber subversiv. Er predigte das nahe Weltende, die Wiederkehr eines jüdischen Königs, der der König der Könige war, die Zerstörung Roms und der römischen Welt, die Erhebung einer kleinen Gruppe von Juden und Nichtjuden, die ein neuartiges Staatsgebilde schaffen würden. So erschien es jedenfalls vielen Leuten, und so wollten es die Juden immer der römischen Obrigkeit darstellen.

Doch zu ihrem Pech ging der liberale und feinfühlige Gallio nicht recht auf sie ein. Gallio wird oft als ein zweiter Pontius Pilatus verleumdet, der lediglich seine Hände in Unschuld waschen wollte. Das entspricht keineswegs der Wahrheit. Gallio lauschte der Beschuldigung: »Dieser Mensch überredet die Leute, Gott zu dienen dem Gesetze zuwider.« Er dachte nach und kam zu dem Schluß, daß kein Verstoß gegen das römische Gesetz vorlag. Anscheinend ging es hier nur um Interpretationsfragen, um Streitigkeiten, die gewisse Punkte der jüdischen Geschichte und Religion betrafen. Und wo und was war das Delikt? Ach, die Juden waren doch das lästigste Volk im ganzen Reich! Die Gallier, die Germanen, die Britannier – nicht einmal mit diesen Barbarenvölkern hatte man so viele Schwierigkeiten wie mit dem kleinen, heißblütigen Volk aus dem Osten. Erst kürzlich hatte sie der Kaiser aus Rom verbannt – und recht daran getan. Und hier in Korinth verwickelten sie einen in die gleichen langweiligen Dispute. Gallio kam zu einer

klaren Entscheidung. Er sagte: »Wenn es ein Frevel oder ein Vergehen wäre, ihr Juden, so hörte ich euch billig; weil es aber Fragen sind von der Lehre und von Personen und von dem Gesetz unter euch, so sehet ihr selber zu; ich gedenke, darüber nicht Richter zu sein.«
Und damit gebot er ihnen, sich zu entfernen. Die jüdische Gemeinde hatte das Gefühl, Sosthenes, der Vorsteher der Synagoge, habe die Sache falsch angepackt und sich zu sehr auf Verstöße gegen das jüdische Gesetz konzentriert. Er hätte dem Römer einleuchtend vor Augen führen müssen, daß die Paulinische Lehre eine Bedrohung für den Kaiser darstellte! In ihrem Zorn über den Ausgang der Affäre ergriffen sie Sosthenes und schlugen ihn vor dem Richterstuhl. »Und Gallio kümmerte sich nicht darum.« »Diese Juden!« dachte er wohl. Und der da würde ihn sicher nicht noch einmal belästigen. Paulus ging als freier Mann von dannen.

30 Wieder unterwegs

Die Entscheidung des Prokonsuls verhalf Paulus dazu, daß er ungehindert seine Arbeit fortführen konnte. Die Juden, zweifellos gedemütigt durch die kühle Gleichgültigkeit, mit der Gallio ihren internen Auseinandersetzungen und Disputen gegenüberstand, hielten sich zurück. Im März 53, als das Segeljahr offiziell eröffnet wurde, verließ Paulus Korinth. Er hatte dort mindestens anderthalb Jahre gewirkt. Eine kleine, aber zuverlässige Christengemeinde war entstanden. Er dürfte das Gefühl gehabt haben, daß sein Aufenthalt in Korinth sich gelohnt hatte. Korinth gehörte, wie Alexandrien (das Paulus nie kennenlernte), wegen seiner Bedeutung als Handelsplatz und Hafen zu den Nervenzentren der römischen Welt. Neubekehrte Seeleute und Kaufleute würden das Wort ausbreiten, es in die Hafenstädte des Mittelmeers und in die Provinzen des Reiches tragen. Mit Paulus kamen Aquila und Priscilla.

In der Apostelgeschichte heißt es lakonisch: »Und er schor sein Haupt zu Kenchreä, denn er hatte ein Gelübde.« Das ist hochinteressant, denn es legt die Vermutung nahe, daß Paulus krank gewesen war. Nach altem Brauch legten die Juden, wenn sie eine schwere Krankheit oder bittere Notzeiten überstanden hatten, das Gelübde ab, zum Tempel nach Jerusalem zu pilgern. Zum Zeichen dafür schoren sie sich den Kopf, hoben das abgeschnittene Haar auf und verbrannten es später zeremoniell auf dem Altar. Korinth war bekannt als Brutstätte der

Malaria. (Auch Gallio zog sich während seiner Amtszeit die Malaria zu und ging auf eine Seereise, um seine Gesundheit wiederherzustellen.) Soviel wir wissen, hatte Paulus keinen weiteren Grund, unzufrieden oder gar verzweifelt zu sein. Der Aufenthalt in Korinth war sehr fruchtbar gewesen. Wenn er sich, wie manche Autoren vermuten, bereits in Kleinasien die Malaria zugezogen hatte, muß ein Wiederauftreten der Krankheit sehr bedrohlich gewesen sein. Im Römerbrief, den er etwa vier Jahre nach seinem Besuch in Korinth schrieb, erwähnt er auch eine Diakonin der kleinen Gemeinde von Kenchreä namens Phöbe: »...sie hat Beistand vielen getan, auch mir selbst.«

Paulus war für damalige Begriffe fast schon ein alter Mann, außerdem suchten ihn immer wieder einmal Fieberanfälle heim, und in dieser Verfassung ging er mit seinen beiden Freunden an Bord. Sie nahmen ein Schiff nach Ephesus. Die starken Nordwinde der Ägäis, die Etesien, dürften noch nicht geweht haben. Dafür war es zu früh im Jahr. Doch angenommen, sie stachen im April in See, dann werden wohl schon die »Vorläufer« der Etesien eingesetzt haben. Diese Winde wechseln zwar nach Richtung und Stärke, stellen aber auch für kleine Boote kein großes Problem dar. Man darf vermuten, daß Paulus an Bord eines typischen Küstenfahrzeugs der Ägäis ging. Vielleicht transportierte es Manufakturwaren aus Korinth zum großen Markt von Ephesus. Nördlich von ihnen lag Salamis, südlich das felsige Ägina. Sie fuhren am schimmernden, ruhmreichen Athen vorbei, und vor ihnen, Backbord voraus, tauchte Kap Sunion auf. Dort stand der große Poseidontempel, der Tempel des Gottes mit dem Dreizack, der ihnen Glück und Segen und eine gute Reise durch die Ägäis verhieß. Wenn der Wind es erlaubte, wählten sie wohl die kürzeste Route, die nördlich von der Insel Zea verlief und dann durch die schmale Passage zwischen den Inseln Andros und Tenos führte. Die Paulinischen Schriften sind voll von Musik. Man kann einfach nicht glauben, daß dieser Mann unberührt blieb von den Frühlingstagen und -nächten und von den schönen Inseln der Ägäis. Sie waren damals grüner und fruchtbarer als heute, obwohl viele bereits im ersten Jahrhundert baumlos waren, kahlgeschlagen. Man wollte um jeden Preis Bauholz, Bauholz für Schiffe wie jenes, auf dem Paulus reiste. Sie ließen das einsame, wie ein Delphin geformte Ikaria südlich liegen, und dann erschien Samos mit all seiner Pracht, mit den beiden mächtigen Bergzügen, die sich über dem fruchtbaren Flachland der Insel erheben. Es gab kaum Etappen auf dieser Reise, wo kein Land in Sicht war. Überall Inseln, die die Phantasie vieler griechischer Dichter befruchtet haben – und wir dürfen nicht vergessen, daß Paulus wie so manche Juden nicht nur ein Gläubiger, sondern auch ein Dichter war. Kaum denkbar, daß das eine ohne das andere möglich wäre.

Der Aufenthalt in Ephesus war nur von kurzer Dauer. Paulus wollte der Gemeinde lediglich einen kurzen Besuch abstatten, bevor er nach Jerusalem weitereilte. Alles blieb ruhig und friedlich. Sein nächster Besuch in der Stadt sollte einen ganz anderen Verlauf nehmen. Paulus ließ Aquila und Priscilla in Ephesus zurück. Vermutlich arbeiteten sie wieder als Zeltmacher, vielleicht sollten sie auch dafür sorgen, daß die Glaubenslehren bei den Christen nicht falsch ausgelegt wurden. Paulus fuhr allein auf einem Kauffahrteischiff weiter, an der Küste von Kleinasien entlang und passierte Rhodos. Möglicherweise lief das Schiff die Insel des Sonnengottes* an. Waren wurden ausgeladen, Passagiere gingen von Bord, andere stiegen zu, und dann weiter, an Zypern vorbei und nach Cäsarea. Paulus' zweite große Missionsreise ging zu Ende. Er stand im Tempel, um sein Gelübde zu erfüllen.

Der Gemeinde zu Ephesus hatte er gesagt: »Will's Gott, so will ich wieder zu euch kommen.« Er verließ Jerusalem und reiste wieder nach Norden, nach Antiochien in Syrien. Und so beschloß er seine zweite Missionsreise am selben Ort, von wo aus er seine erste angetreten hatte. Die antiochenische Gemeinde hatte ihn ja entsandt, und daher war es nur recht und billig, daß er zu diesen Menschen zurückkehrte und ihnen alle Neuigkeiten selbst mitteilte. Zwar reisten auch viele andere auf den Land- und Wasserstraßen des Römischen Reiches, aber Paulus' geradezu besessenes Unterwegs-Sein steht völlig einzig da. Er muß oft unter erbärmlichen Umständen geschlafen haben und zur See gefahren sein. Wahrscheinlich konnte er sich meistens weder Esel noch Pferd leisten, und so wanderte er eben über die Straßen des Ostreichs – verschwitzt, sein Ränzel auf dem Rücken, einen Stock in der Hand. Aber es zeugt von der erstaunlichen Organisation des Römischen Reiches, daß er und viele seinesgleichen sich frei und ungehindert in Gebieten bewegen konnten, die jahrtausendelang von Räubern und Piraten bedroht gewesen waren, in denen sich

* Der Sonnengott Helios wurde ganz besonders auf Rhodos verehrt. Die Insel soll ihm bei der Verteilung der Welt unter die Götter als alleiniger Besitz zugesprochen worden sein. (A. d. Ü.)

jahrtausendelang kleine Stämme und große Reiche bekriegt hatten und wo es nicht viel gegeben hatte außer Gefahr, Dreck und fruchtlosem Bemühen. Jetzt spürte man überall Roms starke Hand.

Dazu schreibt R. H. Barrow in *The Romans:* »Die Mobilität der Menschen war ebensogroß wie die Mobilität der Götter. Soldaten und Kaufleute, Militär- und Zivilbeamte, Vergnügungsreisende, Studenten, wandernde Philosophen und Prediger, Handelsagenten, kaiserliche Kuriere, Boten von Banken und Reedereien und noch viele andere drängten sich auf den Straßen und Schiffen. Die großen Städte, vor allem die an der Küste, waren ihrer Bevölkerung nach kosmopolitisch. Syrer und Griechen, Spanier und Afrikaner sowie zahlreiche Gruppen aus anderen Nationalitäten lebten bunt zusammengemischt in den Städten und arbeiteten in denselben Büros und Abteilungen oder Handwerksbetrieben und Privathaushalten. Die Satiriker wurden es nicht müde, darauf hinzuweisen, daß der Orontes – ein Fluß in Syrien – seine Wasser in den Tiber ergieße. Die Ausländer brachten ihre Sitten, ihren Aberglauben, ihre Kulte und Moralbegriffe mit; und die östlichen Religionen drangen bis tief in den Westen vor...« Bedenken wir, wie riesig das Römische Reich war. Bedenken wir, wieviel Millionen Einwohner es hatte. Es spricht für die Effizienz der römischen Waffen und für die Effizienz der römischen Verkehrs- und Nachrichtenverbindungen, daß die Heere, die die Grenzen bewachten, kaum stärker als eine halbe Million Mann gewesen sein dürften. Und von diesen waren etwa fünfzig Prozent örtliche Hilfstruppen. Paulus' missionarisches Wirken, seine wiederholte Rettung vor Gefahr und Gewalt, sein Noch-am-Leben-Sein – all das war zum großen Teil den Römern zu verdanken.

Wir wissen so gut wie nichts über seinen Aufenthalt in Antiochien. Vielleicht dürfen wir darum annehmen, daß dort alles in bester Ordnung war. Aber wahrscheinlich erfuhr er während dieser Zeit, da ihm bereits eine Reise nach Ephesus vorschwebte, von den Mißständen in Galatien. Die pharisäische Partei, die die Beschneidung forderte, war in den Jahren seiner Abwesenheit wieder tätig geworden und hatte verkündet, der Mensch sei nicht vom Gesetz befreit, nur weil er an Christus als den Messias glaube. Das erregte Paulus' Zorn. Diese Leute zerstörten, was er aufgebaut hatte, untergruben seine Lehre, daß es über dem mosaischen Gesetz ein anderes Gesetz gab, das alle Gläubigen frei machte. Der Brief an die Galater beginnt ganz formell:

»Paulus, ein Apostel nicht von Menschen, auch nicht durch einen Menschen, sondern durch Jesus Christus und Gott, den Vater, der ihn auferweckt hat von den Toten...« Dann weist er sie wegen ihres Abfalls vom wahren Glauben zurecht. Er ist offensichtlich erbost, und deshalb schont er seine Feinde nicht. Er schleudert sogar einen Fluch gegen sie: »Wenn jemand euch Evangelium predigt anders, als ihr es empfangen habt, der sei verflucht.« Zwar hatte der Fluch noch nicht dieselbe Bedeutung wie in der späteren Kirche, aber Menschen, die mit heidnischen Gepflogenheiten vertraut waren, wußten gleichwohl, was gemeint war. Fluch – das hieß, daß man Wachsfigürchen formte, in die die Haare oder Nägel des Feindes gesteckt wurden. Oder man beschrieb Bleitäfelchen (eine Reihe davon hat man in unserer Zeit gefunden), damit der Fluch möglichst lange wirkte, so lange, bis das Metall aus irgendeinem Grund zerstört wurde. Obwohl der Brief die Gläubigen tröstet, obwohl sich hier einige von Paulus' edelsten Sätzen finden, spricht aus ihm das hitzige Temperament seines Verfassers. Paulus konnte ebenso Feuer speien wie die alttestamentarischen Propheten. Er scheute sich auch nicht, eine recht bildhafte und derbe Ausdrucksweise zu gebrauchen – was nicht wundernimmt bei einem Mann, der unter widrigen Umständen gereist ist und unter Seeleuten gelebt und in Städten wie Korinth gewohnt hat. Über diejenigen, die ihm in der »Beschneidungsfrage« widersprechen, sagt er: »Sie sollten sich doch lieber gleich verschneiden (= kastrieren) lassen, die euch in Unruhe bringen!«
Er reiste wieder ab aus Antiochien, wandte sich erst nord- und dann westwärts – nach Galatien und Phrygien. Wenn die Kirchen, die er selbst gegründet hatte, vom Glauben abgefallen waren oder seine Botschaft falsch ausgelegt hatten, nun, dann würde er selbst dafür sorgen, daß die Irrtümer bereinigt wurden. Außerdem mußten die Gelder für die Armen und für die Jerusalemer Kirche regelmäßig eingesammelt und abgeschickt werden, und jeder Christ mußte einen Teil seiner Einkünfte zu diesem Zweck beisteuern. Auch das wollte er sicherstellen. Und wieder machte er den weiten Weg nach Derbe und Lystra, nach Ikonion und Antiochien in Pisidien. Gealtert, aber unbezähmbar, allein und doch nie einsam durchwanderte er vertraute Gegenden: die Pässe hinauf, durchs Hochland, an den Seen vorbei – ein Soldat, der sich unerbittlich gegen alle Feinde stellte, aber die Hand über die hielt, die glaubten. Wäre Paulus nicht blindlings Gott ergeben gewesen, so

hätte er einer der größten Feldherren werden können, die die Welt je gesehen hat. Und er war besser als etwa ein Alexander. Denn er brachte nicht Feuer und Schwert, brachte nicht den Tod, sondern die frohe Botschaft vom Mitleid und von der Liebe, die das ganze Imperium Romanum verwandeln sollte – und dazu Reiche, von denen er sich nie hätte träumen lassen.

Während Paulus diese frühen Christengemeinden bereiste, »kam... nach Ephesus ein Jude mit Namen Apollos, von Geburt aus Alexandrien«. Er war ein begabter Mann, ein glänzender Redner, und er glaubte, daß der Messias bereits in Gestalt Jesu erschienen sei. In der Apostelgeschichte heißt es: »(Er) wußte aber nur von der Taufe des Johannes.« Er predigte also, wie Paulus auch, daß das Königreich Gottes nahe herbeigekommen sei, doch Auferstehung und Pfingstwunder waren ihm nicht bekannt. Aquila und Priscilla, jene Pfeiler der Urkirche, die Paulus in Ephesus zurückgelassen hatte, »legten ihm die Lehre Gottes noch genauer aus«. Bevor Paulus in Ephesus eintraf, hatte Apollos bereits ein Schiff nach Griechenland bestiegen und überbrachte der dortigen Kirche einen Brief von der Epheser Gemeinde. Er predigte in Korinth und war den Christen offenbar eine große Hilfe: »Denn er überwand die Juden mit Kraft und erwies öffentlich..., daß Jesus der Christus (= der Gesalbte, der Messias) sei.« Apollos war ein alexandrinischer Jude, und so wird er wohl in dieser hochkultivierten Stadt sich alle Feinheiten und Kniffe der gelehrten Auseinandersetzung angeeignet haben. Man wüßte gern mehr von ihm, aber leider tritt er von der Szene ab. Paulus kommt wieder ins Rampenlicht.

31 Die grosse Göttin

Er reiste nach Ephesus, diesmal aber nicht nur zu einem Kurzbesuch. Jetzt wollte er längere Zeit bleiben und diese mächtige und unermeßlich reiche Stadt zu einem Bollwerk des Glaubens machen. Sie war nicht nur ein höchst bedeutendes Handelszentrum, sondern auch eine Heimstatt der Geheimwissenschaften. Ephesus rühmte sich des Beinamen *neocorus,* Dienerin der Göttin. Hier traf das Schiff des römischen Statthalters der Provinz Asien ein, hier ging er an Land, hier trat er sein Amt an. Ephesus wurde allgemein als erste Stadt Kleinasiens anerkannt, obwohl Smyrna und Pergamon denselben Rang für sich beanspruchten. Später, lange Zeit nach Paulus' Tod, glaubte man, die Jungfrau Maria habe zuletzt in Ephesus gelebt und sei in Ephesus gestorben. Doch da hatte die christliche Kirche schon gesiegt. Man kann jedoch kaum daran zweifeln, daß die Marienverehrung nichts weiter war als eine Ausweitung des Kults der Großen Göttin über den ganzen Mittelmeerraum – jener Göttin, die als Mutter aller Dinge schon seit der Steinzeit angebetet wurde.

»Die Diana der Epheser« – das war die griechische Artemis, die jungfräuliche Göttin der Jagd, doch vereinigte sie in sich auch die Eigenschaften der ägyptischen Isis. Dazu sagt Dr. R. E. Witt in *Isis in the Graeco-Roman World:* »Im gesamten Roman des Xenophon von Ephesus wird stillschweigend vorausgesetzt, daß Artemis und Isis vertauschbare Rollen spielen. Zu Beginn des 5. Jahrhunderts n. Chr.

schreibt Makrobius über die Gestalt der *Isis*, ihr ganzer Körper sei mit Brüsten bedeckt... Und so ergab sich insgesamt das Bild der Großen Göttin Artemis/Isis, die als Fruchtbarkeitsgöttin Geburt und Wachstum verkörperte.«

Paulus mußte erfahren, daß er mit seiner Lehre von Christus, dem Messias der Juden und Erlöser der ganzen Menschheit, auch in Ephesus auf beträchtlichen Widerstand stieß. Die Göttin, der Ephesus vor allem seinen Reichtum und seine Bedeutung verdankte – es war gewissermaßen das Lourdes der Antike – hatte sich tief in die Gedanken und Gefühle der Menschen eingesenkt. Sie gehörte zu den frühen Manifestationen der Religion und leitete sich von den Muttergottheiten ab, die man überall im Mittelmeerraum findet, handle es sich um Kleinasien, um die Kykladen oder um Sizilien. Isis/Artemis war die Verkörperung des weiblichen Prinzips, was nicht nur Fruchtbarkeit bedeutete, sondern auch Wiederauferstehung in Form von Wiedergeburt sowie die ewige Wiederkehr des Lebens auf Erden. Wie uns frühe Felszeichnungen zeigen (zum Beispiel Tarxien auf Malta), stellte sie außerdem den »Baum des Lebens« dar. Als Isis hatte sie einen göttlichen Sohn, Horus; als Artemis war sie die Mutter des Wilden, die Göttin der Tiere. Das Isis/Artemis-Konzept umgriff nahezu alles. Und es bot Raum für viele Abstufungen: von der Vorstellung des schlichten Bauern, die Göttin werde stets für die Fruchtbarkeit seiner Tiere und seines Ackers sorgen, bis zum intellektuellen Gebilde der allerschaffenden Mutter, die das ganze Universum erhielt.

Ihr Tempel, eines der sieben Weltwunder, war in der Ebene nördlich vom Berg Pion in der Nähe eines kleinen Hügels gelegen. Er maß über 130 Meter in der Länge und über 73 Meter in der Breite. Ionische Säulen trugen das Dach, jede 20 Meter hoch und von verschiedenen Herrschern der Göttin zu Ehren errichtet. Davor hatten an derselben Stelle, angefangen mit einem kleinen, archaischen Heiligtum, mindestens drei oder vier ältere Tempel gestanden. Das Bauwerk, das Paulus nun sah, benötigte zu seiner Vollendung mehr als hundert Jahre. Die Kosten trug zu einem Großteil der berühmte Krösus, der letzte König von Lydien, dessen Reichtum und Macht damals wie heute sprichwörtlich waren. Der Überlieferung nach soll Krösus eines Tages den großen athenischen Gesetzgeber Solon gefragt haben, wer der glücklichste Mensch auf Erden sei – zweifellos in der Erwartung, die Antwort werde lauten, das sei er, Krösus. Doch Solon erwiderte darauf, nie-

mand sei vor seinem Tode glücklich zu preisen. Einige Jahre später verlor Krösus einen Krieg gegen den Perserkönig Kyros. Krösus sollte den Feuertod erleiden, und da erinnerte er sich an Solons Worte und rief dreimal laut Solons Namen. Kyros fragte ihn, zu wem er da am Ende seines Lebens flehe. Krösus erzählte ihm die Geschichte, Kyros erkannte, daß sie auch für ihn einen tieferen Sinn enthielt, und begnadigte Krösus. Doch das war sechshundert Jahre her. Sechshundert Jahre früher als Paulus in die Stadt kam, die man das Licht von Asien nannte, sechshundert Jahre bevor er den wahrhaft berückenden Tempel sah, der das weibliche Prinzip feierte, die Fruchtbarkeit und ewige Wiederkunft alles Lebendigen. Seine wichtigste Lehre lautete, daß ein *Mensch*, der auch ein Gott war, auf die Welt gekommen sei und daß das Ende dieser Welt bevorstünde. An diesem Ende würden alle gerichtet und die Guten von den Bösen geschieden werden. Die Auserwählten wurden des »Reichs Gottes« teilhaftig, welches ganz anders war als das von den römischen Kaisern regierte.
Warum sollte man ans Ende der Welt glauben wollen? Die Menschen wünschten glücklich zu leben und möglichst viele Daseinsfreuden zu genießen. Die Paulinische Lehre sagte den Ephesern nicht zu. Bezeichnenderweise konnte Paulus hier auch nur wenige Gläubige gewinnen. Unter diesen befanden sich solche, die »auf des Johannes Taufe« getauft waren. Paulus erweiterte ihr Wissen und erklärte, des Johannes Taufe sei Zeichen der Buße gewesen, aber Jesu Taufe sei die Taufe des heiligen Geistes. Er führte sie zum Kaystros, jenem Fluß, der Ephesus als Handelsort bedeutend machte (er mündete nur sechs Kilometer weiter in die Ägäis), und taufte sie. »Und da Paulus die Hände auf sie legte, kam der heilige Geist auf sie, und sie redeten in Zungen und weissagten.«
Wir sagten bereits, Ephesus sei ein Zentrum der Geheimwissenschaften gewesen, und tatsächlich nannte man es »Heimat der Magie«. Dies Zungenreden mit wilden und wirren Worten und dies Prophezeien war nicht nur Sache der Christen. Auch die Anhänger des Dionysos oder der Isis und der Kybele neigten unter Wein- oder Drogeneinfluß zur Glossolalie. Es wäre absurd, John M. Allegro *(The Sacred Mushroom and the Cross)* zu folgen und das Christentum als antiken Drogenkult zu betrachten, dessen Inhalte sich aus der Wirkungsweise des Pilzes *Amanita muscaria* (Fliegenpilz) ableiten lassen. Doch wäre es ebenso absurd vorzugeben, das Christentum sei völlig unberührt

von den Kulten und Mysterienreligionen der Antike entstanden und gewachsen. Paulus wurde wie jeder Mensch von seiner Umgebung beeinflußt.

Drei Monate lehrte er in der Synagoge. Doch wie üblich verhielten sich die meisten Juden dieser neuartigen und widerwärtigen Lehre gegenüber feindselig. Und so zog er mit einer kleinen Gruppe von Gläubigen auf Einladung eines Schulmeisters, der den schönen Namen Tyrannus führte, in dessen Schule um und lehrte dort weiter, vermutlich am Abend, nach Ende der regulären Unterrichtszeit. Natürlich entstanden in einer Stadt wie Ephesus bald Gerüchte über diesen Mann. Er predige eine seltsame, mystische Lehre, und er verfüge über übernatürliche Kräfte. In Ephesus wimmelte es von weisen Männern, Zauberern, Hexen, Astrologen und anderen Leuten, die Zukunft und Schicksal voraussagen konnten: Sie lasen beides aus den Eingeweiden von Tieren, aus der Hand, aus dem Knöchelspiel heraus.

Paulus, hieß es, sei ein mächtiger Zauberer, und man wußte wohl, daß alles, was mit einem Zauberer zu tun hatte, voll zauberischer Kraft war. Auf das, was der so geheimnisvoll Begabte am Leib getragen oder berührt hatte, ging die Kraft unmittelbar über. Und deshalb waren »Schweißtüchlein« und auch Schürzen, die sich Paulus beim Zeltmachen umband, sehr begehrt. Man behauptete, durch diese Gegenstände seien wahre Wunder gewirkt worden. Das Entscheidende ist hier, wie immer, der Glaube. Erst in den letzten Jahren wurde die Wirkung des Geistes auf die Materie wissenschaftlich erforscht. Es gilt als gesichert, daß manche Menschen zum Beispiel die Fähigkeit besitzen, das Fallen eines Würfels zu beeinflussen oder einen Satz zugedeckter Karten zu lesen, und dies in einer Weise, die die Zufallswahrscheinlichkeit signifikant überschreitet. Bei den »Wundern«, die Paulus im Laufe seines Lebens vollbrachte, ist es stets bemerkenswert, daß die Menschen, denen sie geschahen, insgeheim an Paulus glaubten. Der Glaube ist die Voraussetzung. Erst durch ihn kommen die Dinge in Gang.

Neben Paulus gab es viele andere, denen man, ob Scharlatane oder nicht, magische Kräfte nachsagte. Die Fähigkeit, Krankheiten zu heilen oder, in der Sprache der damaligen Zeit, »böse Geister auszutreiben«, wurde von einer Reihe von Juden beansprucht, darunter auch von sieben Männern, die in der Apostelgeschichte als »Söhne eines jüdischen Hohenpriesters Skevas« bezeichnet werden. Allerdings dürfte

Skevas kaum mehr als ein normaler Rabbiner gewesen sein. Er und seine Söhne gehörten offensichtlich zu der Schar von umherwandernden Mystikern, die von einer Stadt zur anderen zogen (wie die Quacksalber späterer Jahrhunderte) und ihre Zaubertränke oder Zaubersprüche austeilten – letztere in aramäischer Sprache auf Papyrus geschrieben, was den Römern und den Griechen und den Einheimischen wohl sonderbar und auf geheimnisvolle Weise wundermächtig erscheinen mußte. Als sie von Paulus und dem Menschen oder Gott hörten, der ihnen unbekannt war, aber angeblich vieles bewirkte, vom »Herrn Jesus«, verwandten sie das, was ihnen als Zauberspruch vorkam, zur Heilung eines Mannes, der von bösen Geistern besessen war. »(Sie) sprachen: Ich beschwöre euch bei dem Jesus, den Paulus predigt.« Die bösen Geister sollten also ausfahren, aber der Mann erwiderte: »Jesus kenne ich wohl, und von Paulus weiß ich wohl; wer seid ihr aber?« Und damit stürzte er sich auf die sieben, riß ihnen die Kleider vom Leib und jagte sie aus seinem Haus. Die Geschichte müßte logischerweise eigentlich damit schließen, daß Paulus gekommen wäre und den Mann geheilt hätte, doch davon steht nichts in der Apostelgeschichte. Und wenn dergleichen geschehen wäre, so hätte es der Chronist sicher aufgezeichnet. Wieder der springende Punkt: Der Kranke glaubte nicht an diese sogenannten Heilkünstler und vertraute ihnen nicht.

Viele Juden und Nichtjuden, die von diesem Ereignis hörten – und es dürfte sich in Ephesus blitzschnell herumgesprochen haben –, waren nunmehr davon überzeugt, daß der Gott, von dem Paulus sprach, tatsächlich der wahre und wahrhaftige Heiland sei. In einem geistigen Klima, wo sich Attis, Osiris, Artemis und Isis kunterbunt miteinander vermischten, wo Männer und Frauen an so viele Mythen und Mystizismen glaubten, war auch Paulus' Version vom wiederauferstandenen Gottmenschen annehmbar – nicht eben erstaunlich. In der Apostelgeschichte heißt es: »Und es fiel eine Furcht über sie alle, und der Name des Herrn Jesus ward hochgelobt ... Viele aber, die da Zauberei getrieben hatten, brachten die Bücher zusammen und verbrannten sie öffentlich.« Es ist ein Zeugnis für die außerordentliche Kraft von Paulus' Persönlichkeit, daß die Zauberbücher, die jetzt zu Ephesus in Flammen aufgingen, »fünfzigtausend Silbergroschen«, also Tausende von Mark, wert gewesen sein sollen. Diese Ereignisse, die an die Auswirkungen von Savonarolas Predigten im Florenz des 15. Jahrhunderts erinnern, dürften der Mehrheit der Bevölkerung kaum gefallen haben – ganz zu schweigen von denen, die am Kult der Göttin ein rechtmäßiges Interesse hatten. Und so kam es schließlich zum berühmten Aufruhr des Demetrius.

32 Von menschlichen Wesen

Dieser Aufruhr war zu erwarten. Der Erfolg von Paulus' Arbeit erweist sich daraus, daß viele Menschen von der Großen Göttin abfielen. Da dieser Kult seit undenklichen Zeiten bestand und da Artemis/Isis alle Strebungen und Sehnsüchte des Menschen zu verkörpern und zu stillen schien, muß man sich fragen, was Paulus und seine Mitarbeiter, etwa Aquila und Priscilla, zu geben hatten. Was fehlte der Großen Göttin? Es gibt eine Antwort darauf. Nicht ohne Grund ist der gewaltige Tempel von Ephesus verfallen. Die Göttin war der gesamte Kosmos, aber sie hatte den Menschen keine andere Hoffnung zu bieten, als daß sie das Leben auf Erden erneuerte. Paulus predigte eine Lehre, die, abgesehen vom Glauben an das unmittelbar nahe Weltende, heute noch Bestand hat. Er lehrte, daß Redlichkeit und Güte (damit meinte er die jüdisch-mosaische Idee vom rechten Verhalten dem Nächsten gegenüber, die die Liebe zum Schöpfer ergänzte) sehr wichtig sind im menschlichen Leben. Wichtiger aber war die Liebe. Wenn man das begriffen hat, versteht man, warum seine Lehre die römische Welt veränderte. »Wachet, stehet im Glauben, seid männlich und seid stark!« In diesen Worten klingt vielleicht der Mithraismus an, aber schon der nächste Satz bringt das einzigartige: »Alle eure Dinge lasset in der Liebe geschehen!« Diese Botschaft, die weder in den Mysterienreligionen noch im Kult der Diana von Ephesus enthalten ist, war der Sauerteig der Paulinischen Lehre.

Der Aufruhr wurde entfacht von einem Goldschmied namens Demetrius, »der machte silberne Tempel der Diana«. Er war wohl Vorstand der einschlägigen Gilde, denn es heißt, er habe alle Männer dieses Handwerks zu einer Versammlung einberufen. Demetrius und seine Kollegen beschwerten sich darüber, daß Paulus mit seiner Lehre die Menschen der Artemis abspenstig machte. Wie in jedem Touristengebiet auf dieser Erde lebten die Goldschmiede zum größten Teil von Souvenirs. Tausende kamen Jahr für Jahr nach Ephesus, um den großen Tempel zu besichtigen, und Tausende nahmen Nachbildungen des Tempels und der Statue der Göttin mit. Hören wir Demetrius: »Liebe Männer, ihr wisset, daß wir großen Gewinn von diesem Gewerbe haben; und ihr sehet und höret, daß nicht allein zu Ephesus, sondern auch fast in der ganzen Landschaft Asien dieser Paulus viel Volks abfällig macht, überredet und spricht: Was von Händen gemacht ist, das sind keine Götter. Aber es droht nicht nur unser Gewerbe dahin zu geraten, daß es nichts mehr gilt, sondern auch der Tempel der großen Göttin Diana wird für nichts geachtet werden, und sogar ihre göttliche Majestät wird untergehen, welcher doch die ganze Landschaft Asien und der Weltkreis Anbetung erzeigt.«
Er sprach also die religiösen Gefühle und Geschäftsinteressen seiner Zuhörer an, was unmittelbare Wirkung hatte. Die Gilden des römischen Reiches waren, wie heute die Gewerkschaften, äußerst empfindlich, unfreundlich gegen Außenseiter und erst recht unfreundlich gegen dahergelaufene Fremde, die versuchten, sie um ihren Lebensunterhalt zu bringen. Und schon wurden die Banner geschwenkt, die sie bei den Prozessionen mitführten, schon erschallten Trommeln und Zimbeln. Und der Ruf stieg auf: »Groß ist die Diana der Epheser!« Wie immer hatte es die Menge auf Paulus abgesehen. Doch zufällig hielt er sich bei Freunden auf, die ihn klugerweise daran hinderten, sich auf die Straße zu wagen. Paulus wollte Rede und Antwort stehen, aber mittlerweile war die ganze Stadt in Aufruhr geraten. Überall Rufe und Schreie. Die Göttin werde von diesen Fremden beleidigt! Artemis sei die Mutter aller Dinge! Ephesus die Heimat der allergrößten Göttin! Der einzigen, die allumfassende Macht habe! Schließlich strömte der Mob im Theater zusammen. Auf dem Weg dorthin hatte man Gajus und Aristarchus ergriffen, zwei mazedonische Gefährten des Paulus. Wie üblich hatten die meisten in der Menge keinen Begriff davon, worum es wirklich ging – es hatten eben irgendwelche Fremde ihre

Göttin beleidigt. Am stärksten besorgt waren wie immer die Juden. Und deshalb haßten sie Paulus auch unweigerlich. Obwohl sie glaubten, daß allen Heiden die Gehenna bestimmt war, vermochten sie mit ihnen zweckdienliche Beziehungen zu unterhalten. Dann kamen diese Irren daher, ihnen voran jener *Saul*, der stets und ständig Aufruhr machte. Natürlich wußten sie, daß die Diana von Ephesus ein Götzenbild war, nichts als Abgötterei, vor der die Propheten sie gewarnt hatten – aber dieses Wissen behielten sie für sich.

Ein Jude namens Alexander, der offenbar zu den führenden Köpfen der Gemeinde gehörte, wurde von den anderen gebeten, er möge der Menge klarmachen, daß nicht die Juden schuld seien, sondern nur ein paar Abweichler, vor denen sie selbst nicht die geringste Achtung hätten. (Dieser Alexander könnte durchaus der Schmied sein, über den Paulus im zweiten Brief an Timotheus so herbe Worte sagt.) Doch immerhin war er tapfer genug, um vor die heulende Menge im Theater zu treten. Der Mob wußte wohl, daß die Juden nicht an ihre Göttin glaubten. Man hörte Alexander nicht zu. Als er das Wort ergreifen wollte, erkannten die Leute ihn, den Juden aus der Lokalprominenz, und riefen: »Groß ist die Diana der Epheser!« Der Lärm hielt zwei Stunden an. Die Menge wurde erst beschwichtigt durch den »Kanzler« der Stadt, der offenbar mit Menschenmassen umzugehen wußte. Erst einmal beruhigte er sie, indem er ausführte, jedermann wisse, daß die Stadt Ephesus die Hüterin des Tempels der Großen Göttin sei und die Hüterin »ihres Bildes, das vom Himmel gefallen ist«. (Ein interessanter Hinweis – der Kult entstand hier vor Jahrhunderten, als ein Meteorit niederging.) Dann sagte er ihnen eindringlich, sie sollten nichts Unbedachtes tun. Er fügte hinzu, wenn die Gilde der Goldschmiede eine berechtigte Klage zu führen habe, so gebe es bekanntlich ja Gerichte, die dergleichen verhandelten. Außerdem wies er darauf hin, für alle Bürger von Ephesus bestünde die Gefahr, wegen Aufruhrs angeklagt zu werden (und jeder wußte, daß die Römer hart durchgriffen, wenn der Friede ernstlich gestört wurde). Das genügte. Die Menge schwieg stille, zerstreute sich, und alle gingen nach Hause.

Letzten Endes hatte Paulus die ganze Affäre verursacht. Kein Zweifel, wenn die Freunde ihn hätten gehen lassen, wäre er als erster vor die Menge getreten, um das Wort an sie zu richten. Wahrscheinlich hätte man ihn in Stücke gerissen. Es ist bezeichnend, daß er gleich nach diesem Vorfall die Stadt verließ. Personen von der hiesigen Obrigkeit, die ihn schätzten und die vielleicht sogar zum Christentum übergetreten waren, hatten ihn davor gewarnt, sich im Theater zu zeigen. Wahrscheinlich rieten sie ihm jetzt zu gehen. Er war zwei Jahre lang in Ephesus gewesen. Obwohl das Ende wie üblich turbulent war, konnte er auf gewisse Erfolge zurückblicken: Er hatte in einem Bollwerk des Heidentums eine kleine Christengemeinde aufgebaut und viele dazu gebracht, an ihrer Fruchtbarkeitsgöttin zu zweifeln. Es mag seltsam scheinen, daß die Botschaft der Liebe und des Friedens stets in Gewalttätigkeit endete, doch Paulus provozierte – er stellte jahrtausendealte, allgemein gebilligte Glaubensrichtungen in Frage. Und der Mensch denkt nicht gern über sein gefühlsmäßiges Erbe nach, unter anderem, weil dies beträchtlichen intellektuellen Aufwand erfordert. Während Paulus sich in Ephesus aufhielt, geschah etwas, was sich für das ganze Römische Reich als bedeutungsschwer erweisen sollte. Kaiser Claudius starb. Manche behaupteten, seine Frau habe ihn umgebracht, ihm Gift in sein Lieblingsessen, ein Pilzgericht, geträufelt. Es ist in der Tat nicht ganz unwahrscheinlich, daß Claudius' Gattin Agrippina, die er selbst als »unzüchtig und auch ungezüchtigt« bezeichnete, ihre Hand mit im Spiel hatte. Unbeschadet seiner körperlichen Schwäche war Claudius ein guter Herrscher gewesen. Er hatte versucht, das riesige Reich gerecht und klug zu regieren. Paulus erfuhr in Ephesus wohl von der Neuigkeit, aber wahrscheinlich erkannte er nicht, daß der Tod dieses Römers sich auch auf sein Leben auswirken würde – zwar hing er nicht übermäßig am Leben, aber er wollte es gewiß so gut und nützlich verwenden, wie er konnte. Claudius war 64, als er starb. Er hatte vierzehn Jahre geherrscht. Wir wiesen schon einmal darauf hin, daß Paulus' große und erfolgreiche Zeit in die Regierung dieses Kaisers fällt. Und das war nicht nur Zufall. Verwaltung und Justiz arbeiteten gut, Straßennetz und Seewege waren sicher und wurden ständig überwacht, und Paulus hatte sein Leben mehr als einmal der Unparteilichkeit und Gerechtigkeit von Römern zu verdanken. Den Mann, der ihm auf den Thron folgte, hatte Claudius adoptiert. Er entstammte einer früheren Ehe seiner Gattin Agrippina mit einem gewissen Gnaeus Domitius Ahenobarbus (der dritte Name bedeutet »Rotbart«). Die Überlieferung wollte wissen, daß die Götterjünglinge Kastor und Pollux das bisher schwarze Haupt- und Barthaar des Familiengründers zum Zeichen ihrer Gunst in »ehernes«, rötlich-bronzefarbenes, verwandelten. Der neue Kaiser hieß mit vollem Namen

Nero Claudius Cäsar Drusus Germanicus. Über einen seiner Vorfahren hatte man gesagt, als er in Rom einen Triumph feierte, bei dem er auf einem Elefanten ritt: »Kein Wunder, daß er einen ehernen Bart hat, da doch seine Stirn von Eisen und sein Herz aus Blei ist.« Und sein Ur-Ur-Urenkel zeigte ähnliche Züge, wenn auch auf recht andere Weise. Sueton schreibt von Neros Vater, er sei in jeder Hinsicht ein abscheulicher Mensch gewesen: »... wie er denn ... in einem Weiler an der Appischen Straße einen Knaben in einem plötzlichen Anfall seiner Laune vorsätzlich durch zu schnelles Fahren räderte und in Rom selbst einem römischen Ritter, der sich erlaubte, ihm in einem Zanke mit dreisten Worten zu erwidern, mitten auf dem Forum ein Auge ausschlug ... Auch wegen Majestätsbeleidigung, mehrfachen Ehebruchs und Blutschande mit seiner Schwester Lepida ward er kurz vor dem Tod des Tiberius angeklagt ...« Der Kaiser, während dessen Regierungszeit der römische Bürger Paulus den Rest seines Lebens verbrachte, hatte einen unheilschwangeren familiären Hintergrund. Seine Mutter Agrippina, die stets untreue Gattin des Claudius, war ebenso gewalttätig, sadistisch und psychisch instabil wie ihr erster Mann. Als man Neros Vater zur Geburt seines Sohnes gratulierte, meine er, »von ihm und der Agrippina habe unmöglich etwas anderes als ein Scheusal und Verderben der Welt geboren werden können!« Otto Kiefer schreibt in seinem Werk über das Sexualleben im alten Rom: »Es ist gewiß, daß Nero erblich schwer belastet war ... Der junge Nero entwickelte sexuelle Charakteristika von solcher Vielfalt und Widersprüchlichkeit, daß es verblüfft, sie alle bei ein und derselben Person vorzufinden. In vorläufiger Zusammenfassung hieße das: Nero war ein guter Ehemann, hatte aber nichtsdestoweniger starke homosexuelle Neigungen; außerdem unterhielt er viele außereheliche Beziehungen zu Frauen, auch wies sein Charakter sadistische Züge auf.« Es bleibt die Tatsache, daß er ein vorzüglicher Sänger war, ein Dichter, ein Bewunderer von Singspiel und Drama. Er liebte die Baukunst und tat viel zur Verschönerung Roms und anderer Städte des Reiches. Unter anderem hatte er den ehrgeizigen, aber durchaus vernünftigen Plan, den Isthmus von Korinth zu durchstechen. Ein Kanal sollte dann Ägäisches und Ionisches Meer verbinden. Dies kam jedoch erst im 19. Jahrhundert zustande. Die Arbeitskräfte und die relativ primitiven Werkzeuge, die den Römern verfügbar waren, reichten nicht hin, um die Schwierigkeiten dieses Geländes zu meistern, das zum großen Teil aus schierem Fels besteht. Und gleichzeitig war Nero ein völlig unverantwortlicher Herrscher. Im Privatleben ähnelte er dem Tiberius.

Hören wir dazu Sueton: »Seinen eigenen Leib gab er in dem Maße preis, daß er, nachdem fast kein Teil desselben unbefleckt geblieben war, eine Art Spiel ausdachte, in welchem er in das Fell eines wilden Tieres genäht aus dem Behälter herausgelassen wurde und in diesem Aufzuge sich auf die Schamteile der an den Pfahl gebundenen Männer und Frauen losstürzte und, nachdem er seine wüste Lust gebüßt, sich endlich von Doryphorus, einem Freigelassenen, erlegen ließ, den er sogar ebenso seinerseits zum Manne nahm, wie er den Sporus zur Frau genommen hatte, wobei er auch die Töne und Aufschreie der Gewalt leidenden Jungfrauen nachahmte.« Sporus war ein schöner Knabe, den Nero (theoretisch wenigstens) in ein Mädchen verwandelte, indem er ihn entmannen ließ, und den er mit allen offiziellen Heiratszeremonien ehelichte. Sueton zitiert auch ein damals verbreitetes Witzwort aus Rom: »Es wäre ein Glück für die Menschheit gewesen, wenn Neros Vater eine solche Gemahlin gehabt hätte!«

In Neros berühmtem »Goldenen Haus« stand eine über 30 Meter hohe Statue von ihm. Dazu gehörte außerdem ein Teich, der von zahlreichen Gebäuden umgeben war. Die ganze Anlage ähnelte eher einer Stadt als einem Haus oder einem Palast. »Die Speisezimmer hatten getäfelte Decken von Elfenbeinplatten, welche beweglich waren, um Blumen, und mit Röhren versehen, um wohlriechendes Wasser von oben her über die Gäste zu streuen und zu sprengen. Der Hauptspeisesaal war eine Rotunde, dessen gewölbte Decke in einem fort Tag und Nacht sich wie das Weltall herumdrehte. Die Bäder wurden teils mit Meerwasser, teils mit Wasser aus der Albula gespeist. Als er dieses Prachtgebäude ... einweihte, sagte er, um seine Zufriedenheit mit demselben auszudrücken, bloß: jetzt fange er doch endlich an, wie ein Mensch zu wohnen!«

Ungefähr zur selben Zeit ging ein anderer Mensch, ein kahlköpfiger, bärtiger kleiner Mann, mit einigen Gefährten an Bord eines Küstenfahrzeugs, das den Hafen Troas zum Ziel hatte. Er war verantwortlich für einen Aufruhr in der Stadt Ephesus. Zweifellos ein Unruhestifter. Nero wußte nicht einmal von seiner Existenz.

33 Der Weg steht fest

Paulus bewegte sich in Raum und Zeit. Sein fast besessenes Reisen durch das östliche Europa läßt sich natürlich nicht mit den Fahrten der Entdecker in späteren Jahrhunderten vergleichen. Christoph Columbus zum Beispiel war von einem Traum beseelt – und dahinter stand die Hoffnung auf ein großes Vermögen. Francis Drake trieb die Begierde nach Rache an seinen Feinden – und dahinter stand die Hoffnung auf ein großes Vermögen. Paulus suchte kein Vermögen im weltlichen Sinn. Sein Werk kann nur aus jenem blendendhellen Licht gedeutet werden, das ihn unversehens auf der Straße nach Damaskus umleuchtet hatte.

Von Troas fuhr er wieder hinüber nach Mazedonien. In Mazedonien gab es wieder den üblichen Ärger – man hatte seine Botschaft falsch ausgelegt. Und es war immer *seine* Botschaft. Wenn sie anders interpretiert wurde, als er es wollte, kannte sein Zorn keine Grenzen. Die Energie, mit der er uns in seinen Briefen und in seinem Leben entgegentritt, ist wahrhaft erstaunlich, zumal wenn man bedenkt, daß er oft sehr krank war. Von Mazedonien zog er weiter nach Süden, nach Griechenland, »und verweilte allda drei Monate«.

Er ging zu Fuß oder ritt auf dem Maultier oder saß auf den schwankenden Decks kleiner Segelschiffe. Das hätte jeden Menschen angestrengt. Mag Paulus auch im Innersten ein Träumer, ein Romantiker und Dichter gewesen sein, daneben war und blieb er Praktiker und

Geschäftsmann. Sein Erfolg, der Erfolg der Organisation, die er im Laufe seiner Reisen aufzubauen vermochte, läßt sich durchaus mit dem eines erstklassigen Verkaufsleiters vergleichen. Paulus war die personifizierte Energie, aber nichts davon zielte auf weltlichen Gewinn ab. Letzten Endes kann man wohl sagen, daß einzig und allein ein Mann aus einem Wüstenvolk es vermochte, soviel Vitalität und Kraft auf ein Ziel zu konzentrieren, das unerreichbar schien. Paulus hatte in den Jahren nach seiner Bekehrung die Wüste kennengelernt, doch stammte er aus dem nachlässigen und leichtfertigen Tarsus. Seine außerordentliche Fähigkeit, abstrakt zu denken, kann nur aus der geistigen Tradition seines Volkes abgeleitet werden. Zudem waren die Juden gute Kaufleute, gleichzeitig aber durchaus nicht unempfänglich für kühne Träume.

Die Apostelgeschichte berichtet vom weiteren Verlauf der Reise mit der ihr eigenen Prägnanz: »Da ihm aber die Juden nachstellten, als er zu Schiff (von Griechenland) nach Syrien wollte fahren, beschloß er, zurückzukehren durch Mazedonien.« Mit ihm kamen einige Gefährten. »Wir aber fuhren nach den Tagen der ungesäuerten Brote mit dem Schiff von Philippi ab« – und zwar nach Troas, wo Paulus bereits erwartet wurde, unter anderem auch von Timotheus. Troas ist heute recht unbedeutend, war damals aber ein wichtiger Hafen, und Paulus liebte Hafenstädte, weil niemand besser Nachrichten verbreiten konnte als die Seeleute. Sie bereisten das ganze Reich, und wenn man unter ihnen Gläubige gewann, würden diese das Wort in die Ferne tragen – nach Italien, Frankreich und Spanien.

Beim letzten Besuch in Troas ereignete sich die berühmte Geschichte mit dem »Jüngling mit Namen Eutychus«. An einem Samstagabend waren Paulus und alle Gemeindemitglieder zum Liebesmahl zusammengekommen. Danach predigte Paulus »und zog die Rede hin bis zur Mitternacht«. Wahrscheinlich hatte man sich in einem Raum getroffen, der sich in einem der typischen Mietshäuser der damaligen Zeit befand. Sie waren meist drei Stockwerke hoch und um einen Innenhof gebaut. Eutychus saß in einem Fenster. Paulus hörte und hörte nicht auf zu monologisieren, und Eutychus hatte vielleicht ein bißchen zu tief ins Glas geschaut – der Wein von Troas war sehr gut –, und so nickte er schließlich ein. Dann sank er in tiefen Schlaf und fiel aus dem Fenster. Alle stürmten die Treppe hinunter. Man hielt ihn für tot. Paulus aber drängte sie beiseite, warf sich über den scheinbar leblosen

Körper und sagte, sie sollten sich nicht sorgen, »denn seine Seele ist in ihm«. Erstaunt und erleichtert sahen sie, daß Paulus die Wahrheit gesprochen hatte, und brachten den jungen Mann nach Hause.
Eutychus hatte mehr Glück als der junge Elpenor aus Homers Odyssee. In der Nacht, bevor Odysseus und seine Freunde Kirkes Eiland verließen, sprach er dem Wein zu sehr zu und stieg zum Schlafen aufs Dach. Am Morgen verfehlte er die Leiter, fiel mit dem Kopf voran vom Dach und war auf der Stelle tot. Und unglücklicherweise hatte Odysseus nicht die heilende Kraft eines Paulus. Doch die beiden Geschichten sind so ähnlich, daß man unwillkürlich eine entfernte Verwandtschaft zwischen Homers berühmtem Irrfahrer und dem jüdischen Wanderer aus der Apostelgeschichte feststellt.
In tiefster Seele wußte Paulus, daß ihm nicht mehr viel Zeit blieb. Er sah sozusagen das Ende des Weges vor sich. Es ist bezeichnend, daß die Gefährten nach dem Abschied von Troas ohne Paulus an der Küste entlang mit dem Schiff nach Assos fuhren. Paulus wollte diese Strecke zu Fuß gehen – und allein. Er hatte beschlossen, nach Jerusalem und von dort nach Rom zu reisen. Erst mußte er in die heilige Stadt zurückkehren, in die Stadt, wo Christus gestorben war. Und dann kam das Ziel, das er schon so lange vor Augen hatte – Rom. Das Gedränge und der Schmutz auf dem kleinen Küstenfahrzeug – das wollte er nicht, er verschmähte sogar die Gesellschaft seiner Freunde. Was er jetzt brauchte, war ein Fußmarsch. Nicht um Gläubige zu gewinnen, sondern um seinen Stand zu überdenken und den Weg, den er vor sich hatte. Wo immer er gegangen war in den letzten Jahren, wo immer er sich aufgehalten hatte, ob in Korinth oder in Philippi, überall hatte er hinter sich bedrohlich den Schatten des Sanhedrin gespürt. Er wußte, was die Rückkehr nach Jerusalem bedeutete: Geißelung vielleicht, fast mit Sicherheit Gefangennahme und wohl auch ein erneuter Versuch, ihn endgültig zu beseitigen. Aber das stand nicht in der Macht des Sanhedrin – es sei denn, er ließ es durch gedungene Meuchelmörder besorgen. Außerdem wußte Paulus, daß ihm immer noch eine Zuflucht blieb. Als römischer Bürger konnte er, gleichgültig, wessen man ihn beschuldigte, an die höchste gerichtliche Instanz appellieren, an den Kaiser selbst. Und das hieß: eine Seereise nach Rom auf Staatskosten.
Er kam nach Assos mit dem gewaltigen Felsen, der von einem Athene-Tempel beherrscht wurde. Er hatte über die Lage nachgedacht

und seine Entscheidung getroffen. In ganz Kleinasien, Mazedonien und Griechenland hatte er Gemeinden begründet. Durch ständige briefliche Unterweisung hatte er nach Kräften sicherzustellen versucht, daß seine Botschaft nicht verfälscht wurde und daß die Gemeinden ihre Beiträge an die Mutterkirche in Jerusalem entrichteten. Darin hatte er Jakobus den Gerechten nicht enttäuscht. In Assos ging er an Bord, und sie fuhren weiter an der Küste entlang und erreichten das liebliche Mitylene, Hauptstadt und Haupthafen von Lesbos, von Sapphos Insel. Obwohl die Dichterin schon seit vielen hundert Jahren tot war, sang man auf der Insel, wo einst Orpheus' Kopf an den Strand gespült worden war, noch ihre Lieder zur Leier. Die Olivenhaine wirbelten, als tanzten sie. Einen Tag darauf waren sie in Chios, Heimat des Katzengamanders, dessen harte ovale Tränen wegen ihrer Heilkraft gerühmt wurden. Dann ging es nach Samos. Hier war Aristarch geboren, der tausend Jahre vor Kopernikus zu dem Ergebnis gekommen war, daß die Sonne der Mittelpunkt unseres Systems sei und die Erde sich wie die anderen Planeten in einer fast exakten Kreisbahn um sie bewege. Man fragt sich, was Paulus wohl dazu gesagt hätte… Wieder einer von diesen verblendeten Griechen?

Dann liefen sie Milet an, die Stadt mit den vier Häfen, deren Hinterland reich an Schafen war. Aus ihrer Wolle stellten die Weber einen berühmten Stoff her, die *Milesia vellera.* Einst hatte Milet zu den mächtigsten Städten Kleinasiens gehört, und auch zu Paulus' Zeit war es noch eine bedeutende Ansiedlung mit einem wichtigen Handelshafen. Aus Milet kam der Philosoph Thales, der im 6. Jahrhundert v. Chr. starb und bereits so viel naturwissenschaftliche Kenntnisse besaß, daß er eine Sonnenfinsternis vorhersagen konnte; aus Milet kam der Philosoph Anaximander, der behauptete, das Unbegrenzte sei der Ursprung aller Dinge; aus Milet kam der frühe griechische Historiker Hekataios. Milet war also nicht nur eine Stadt des Wohlstands, sondern auch eine Stadt der Kultur – aber Paulus besuchte sie nicht darum. Er wollte Verbindung mit den Oberen der Gemeinde von Ephesus aufnehmen. Ephesus lag etwa 32 Kilometer von Milet entfernt. Warum er nicht hinreiste, ist klar genug: man hatte ihn gewarnt. Die Feindseligkeit gegen ihn sei in Ephesus nicht kleiner geworden. Und wenn er auftauchte, werde das fast mit Sicherheit neue Unruhen auslösen.

Er schickte eine Botschaft an die Ältesten und bat sie, ihn zu besuchen.

Wer diesen feurigen, unbezähmbaren kleinen Mann verstehen will, sollte seine berühmte Ansprache an die Ältesten von Ephesus lesen (Apostelgeschichte 20). Er sagt Asien Lebewohl und erklärt, er wisse, daß sie sich nie wieder begegnen würden. »Und nun siehe, im Geiste gebunden fahre ich hin nach Jerusalem...« Diese Worte gaben seinen Zuhörern wahrhaftig keine Rätsel auf. Er war gesteinigt und geschlagen und gegeißelt worden, er trug die Narben davon am ganzen Körper, und nun ging der Knecht Gottes wissentlich in seinen Tod. Irgendwo auf dem Weg nach Assos war er zu dem Schluß gekommen, er könnte zwar noch einige Jahre in Kleinasien oder Griechenland bleiben, müsse aber eine Entscheidungssituation erzwingen. Die Worte, mit denen der meisterhafte Geschichtsschreiber Lukas das Kapitel beschließt, sind in der Tat bewegend: »Und als er solches gesagt, kniete er nieder und betete mit ihnen allen. Es ward aber viel Weinen unter ihnen allen, und sie fielen Paulus um den Hals und küßten ihn, am allermeisten betrübt über das Wort, sie würden sein Angesicht nicht mehr sehen; und geleiteten ihn auf das Schiff.«

Paulus ist manchmal – besonders in protestantischen Kreisen – als wenig anziehende Persönlichkeit dargestellt worden, als einer, der das Christentum verfälscht und verdorben hat. Wenn man Nietzsches Behauptung akzeptiert, es habe nur einen Christen gegeben, und der sei am Kreuz gestorben, dann kann man vielleicht mit einigem Recht sagen, Paulus habe die Botschaft Jesu abgeändert. Doch wenn man die Paulinischen Schriften oder die Apostelgeschichte gründlich liest, tritt uns daraus ein Mann entgegen, der bei den orthodoxen Juden zwar glühenden Haß wecken konnte, aber nichtsdestoweniger unendlich liebenswert und freundlich war.

Von Milet fuhren sie nach Süden, zur Insel Kos, stets getragen von jenem günstigen Nordwind, der die Luft kühlt und der Ägäis eine erstaunliche, überdeutliche Klarheit verleiht, die man sonst nirgendwo im Mittelmeer findet. Vor fünfhundert Jahren war Hippokrates, der »Vater der Medizin«, auf Kos geboren worden, und zu der Zeit, da Paulus an der Insel vorbeisegelte, schrieb der griechische Arzt Soranus, der aus Ephesus stammte, gerade an einer Hippokrates-Biographie. Wenn Lukas nie auf der Insel gewesen war, muß er sich jetzt gewünscht haben, sie zu besuchen, war sie doch die Heimat des Mannes, der seinen Heilberuf begründet hatte. Sie legten nicht an, sondern fuhren weiter und ließen Rhodos steuerbords liegen. Es mag seltsam anmuten, daß Paulus nie auf Rhodos war. Die rhodischen Seeleute bildeten nämlich das Rückgrat der kaiserlichen Flotte, Handel und Schiffahrt blühten hier. Falls sie nahe an der Stadt vorbeikamen, wird er die Überreste eines weiteren Weltwunders gesehen haben, des 30 Meter hohen Kolosses von Rhodos. Diese Bronzestatue des Apollo hatte sich über der Hafeneinfahrt erhoben. Zweihundert Jahre bevor Paulus und seine Gefährten Rhodos passierten, war sie bei einem Erdbeben umgestürzt.

Jetzt wandten sie sich westwärts, auf die kleinasiatische Küste und Patara zu. Patara gehörte zu den bedeutendsten Städten Lyciens und war eine wichtige Kultstätte des Apollo. Hier gingen sie an Bord eines Kauffahrteischiffs, das nach Phönizien fuhr. Diesmal war es eine recht lange Seereise – an die 650 Kilometer durch das schöne, sommerliche Meer. In der schäumenden Bugwelle sprangen Delphine. Backbord voraus sichteten sie Zypern, sahen den schimmernden Aphrodite-Tempel über dem Hafen von Paphos aufragen. Paulus muß sich gefragt haben, was wohl aus dem falschen Propheten Bar-Jesus geworden, ob Sergius Paulus noch Prokonsul und seinem neuen Glauben treu geblieben sei. Und dann dehnte sich vor ihnen wieder die offene See, bis sie nach vierundzwanzig Stunden Tyrus erreichten, volkreiche Stadt und geschäftiger Hafen. Es spricht für das Wissen der Kapitäne jener Zeit, das Wissen um Wind und Wetter und den Stand der Sterne, daß sie ihre Ziele so präzis ansteuern und auf dem ganzen Meer einen zuverlässigen Handelsverkehr aufrechterhalten konnten. Ein Seemann unserer Tage wäre nicht gerade entzückt, wenn er ein Schiff ohne Kompaß von Patara nach Tyrus steuern müßte.

Paulus blieb eine Woche lang bei der Gemeinde von Tyrus, denn es dauerte seine Zeit, bis das Schiff seine Ladung gelöscht und Exportgüter aus Tyrus an Bord genommen hatte. Doch dann ging es weiter. Bevor Paulus Abschied nahm, flehte man ihn an, er solle sich auf keinen Fall nach Jerusalem wagen. Aber Paulus war bereits entschlossen. Er kniete am Strand unter den betenden Gläubigen, den Männern und Frauen und Kindern, und sosehr sie sein Herz auch anrührten, der Weg stand fest. Er ließ sich nicht davon abbringen. Von Tyrus aus segelte das Schiff einige Meilen an der Küste entlang, legte für einen Tag in Ptolemais an und fuhr dann nach Cäsarea weiter. Sie näherten sich dem Ende der Reise. Paulus hatte absichtlich und überlegt einen Weg gewählt, der ihm das Ersehnte bringen sollte.

34 Das Unvermeidbare

Man brauchte kein Prophet zu sein, um vorauszusehen, wie Paulus' Besuch in Jerusalem ausgehen würde. Zu Cäsarea wohnte er im Hause von Philippus, dem Evangelisten. Philippus hatte vier unverheiratete Töchter, und alle warnten ihn, er solle nicht nach Jerusalem reisen. Dann kam Agabus, der Mann, der vor vielen Jahren in Antiochien von der Hungersnot in Judäa berichtet hatte. Auch er warnte Paulus, auch er beschwor ihn, nicht zu gehen. Agabus war als Prophet bekannt. In einer symbolischen Geste nahm er Paulus' Gürtel, band sich damit Hände und Füße und sprach: »Das sagt der heilige Geist: Den Mann, des der Gürtel ist, werden die Juden so binden zu Jerusalem und überantworten in der Heiden Hände.« Paulus wußte das bereits, und »die Heiden«, das bedeutete natürlich: die römische Obrigkeit. Genau darauf hoffte er ja, aus keinem anderen Grunde wollte er nach Jerusalem. Doch muß ihm auch bewußt gewesen sein, daß ihm dasselbe Schicksal zustoßen konnte wie seinerzeit dem Stephanus. Er war schon einmal gesteinigt worden und hatte es überlebt, aber diesmal würde es nicht so glimpflich ausgehen. Doch wenn er starb, büßte er damit seine Schuld am Tode des Stephanus ab, seine stillschweigende Einwilligung in diesen Mord. Wenn ihn dagegen die römische Obrigkeit in ihren Schutz nahm, würde er endlich nach Rom gelangen. Nachdem Agabus ausgeredet hatte, baten alle flehentlich, Paulus solle nicht nach Jerusalm ziehen. Seine Erwiderung darauf zeugt von seiner

Entschlossenheit: »Was macht ihr, daß ihr weinet und brechet mir mein Herz? Denn ich bin bereit, nicht allein mich binden zu lassen, sondern auch zu sterben zu Jerusalem um des Namens willen des Herrn Jesus.« Er und seine Gefährten brachen auf. Sie ritten auf Maultieren und nahmen die Beiträge Cäsareas für die Mutterkirche mit. Dazu gehörte zweifellos nicht nur Geld, sondern auch Getreide, Trockenfrüchte und eingesalzener Fisch – ein wichtiges Grundnahrungsmittel für die Armen. Unterwegs verbrachten sie eine Nacht im Hause eines zypriotischen Konvertiten. Dann beeilten sie sich, nach Jerusalem zu kommen, ritten die gewundene Straße bergauf, die zu dieser Zeit wahrscheinlich von vielen Pilgern bevölkert war. Pfingsten stand vor der Tür, und da wollte Paulus bereits in Jerusalem sein. Kurioserweise entsprach Pfingsten, das im Jahre 57 auf den 28. Mai fiel, einem bäuerlichen Fest kanaanitischen Ursprungs. Es wurde als eine Art Erntedankfest 50 Tage nach dem zweiten Passahtag beziehungsweise sieben Wochen nach Beginn der Getreideernte gefeiert. Im Tempel wurden für die Ernte Dankopfer dargebracht. Und außerdem kreiste der Becher. Die Römer wußten, daß sie zu dieser Zeit immer mit Schwierigkeiten rechnen mußten.

Paulus suchte zuallererst Jakobus und die Kirchenältesten auf und überreichte ihnen das Geld. Er wurde freundlich empfangen. Man bat ihn, von seiner Arbeit in Asien, Mazedonien und Griechenland zu berichten. Natürlich waren alle hocherfreut über die Erfolge dieses außergewöhnlichen Missionars, der so viele Orte besucht hatte, die sie nie im Leben sehen würden, und der es vermocht hatte, so viele Menschen in der Fremde für ihren Glauben zu gewinnen. Allerdings gab es auch gewisse Vorbehalte. Seinem Bericht nach zu urteilen, war es überall, wo er weilte, zu Unruhen und Verdruß gekommen – und man erinnerte sich nur zu gut an seine Vergangenheit. Die Kirche von Jerusalem hatte sich ruhig und gedeihlich entwickelt und einen *modus vivendi* mit den orthodoxen Juden finden können. Sie redeten Paulus zu, er solle mit vier Männern, die ein Gelübde abgelegt hatten, in den Tempel gehen und sich der Zeremonie der Reinigung unterziehen. Dazu mußte man sich sieben Tage des Weins enthalten, sich den Kopf scheren und schließlich ein Opfer darbringen. Die orthodoxen Juden, meinten sie, würden dann glauben, daß Paulus sich noch ans Gesetz hielt und daß die Gerüchte, die durchgesickert waren – er habe Nichtjuden und Juden gelehrt, wider das Gesetz zu handeln –, nicht stimm-

ten. Ein guter und vernünftiger Plan, doch es war unwahrscheinlich, daß er bei der hitzigen Atmosphäre, die während der Festtage zu herrschen pflegte, gelingen konnte.
Noch vor Ablauf der sieben Tage wurde Paulus von Juden aus Kleinasien im Tempel gesehen. Sie erkannten ihn sofort. Das war doch der Bursche, der überall Unruhe gestiftet hatte! Er hatte die Gemeinden verdorben von Antiochien bis Lystra und Derbe, überall, sogar in Mazedonien und Griechenland! In Jerusalem hatten sie ihn zusammen mit einem Griechen namens Trophimus gesehen, und jetzt nahmen sie an, er habe sich gegen Gottes Gesetze vergangen und ihn frevelhafterweise mit in den Tempel genommen. Das allerdings war ziemlich ausgeschlossen, denn Paulus wußte so gut wie jedermann, daß kein Nichtjude den inneren Tempelbezirk betreten durfte. Man zog ihn zum Tempel hinaus. Die Verantwortlichen schlossen klugerweise die Türen hinter ihm. Massenhysterie peitschte die Stadt auf. Sie wollten Paulus töten.
Der römische Standortkommandant wurde sofort davon unterrichtet, daß »das ganze Jerusalem in Aufruhr sei«. Genau das, was er erwartet hatte! Diese Juden, äußerlich so formell, so geschniegelt und gebügelt – kaum schauten sie ein bißchen zu tief ins Glas, und schon waren sie schlimmer als alle anderen Völker im ganzen Reich! Ein Einsatzkommando wurde eiligst aufgestellt. Die Soldaten stießen die Menge mit den Speergriffen beiseite, drängten sie mit den Schilden zurück. Zweifellos wünschten sie sich, lieber in einem ruhigen Winkel des Reiches zu sein, wo die Mädchen zugänglicher waren, der Wein besser und die Leute fügsamer. Wieder einmal hatte Paulus, der unablässig im Römischen Reich revolutionäre Lehren verbreitete, sein Leben den Gesetzen und Ordnungshütern dieses Reiches zu verdanken. (Man fühlt sich unwillkürlich an so manche Agitatoren und Revolutionäre im britischen Empire erinnert. Ihre eigenen Leute hätten sie oft umgebracht, wäre da nicht die schützende Hand jener Macht gewesen, die sie aus dem Sattel heben wollten.)
Gefolgt vom heulenden Mob wurde Paulus von den Legionären vorwärts gestoßen. Es ging zur Burg Antonia hinauf, die sich oberhalb vom Tempel erhob und die ganze Stadt beherrschte. Der Kommandant Claudius Lysias – noch ein Mann, der sich wohl nichts sehnlicher wünschte als eine baldige Versetzung – nahm Paulus fest »und hieß ihn binden mit zwei Ketten«. Dann wollte er von den Anführern der

aufgebrachten Menge wissen, was man gegen diesen geprügelten und übel zugerichteten Mann vorzubringen habe. Der eine schrie dies, der andere jenes. Lysias verstand nicht, um welche Anklage es sich handelte. Er ließ Paulus auf die Burg führen. Der Mob brüllte unaufhörlich: »Weg mit ihm!« Vor der Burg wandte sich Paulus an den Kommandanten und sagte auf Griechisch zu ihm: »Darf ich mit dir reden?« Der Römer erkannte sofort, daß er einen gebildeten Mann vor sich hatte und keinen Gelegenheitsdieb oder tumben Bauern. »Kannst du Griechisch?« fragte er einigermaßen überrascht. »Bist du nicht der Ägypter, der vor diesen Tagen einen Aufruhr gemacht und führte in die Wüste hinaus viertausend Meuchelmörder?« Er bezog sich dabei auf einen Vorfall, der kurze Zeit zurücklag – eine von den praktisch alljährlichen Unruhen im Lande. Der Prokurator Felix hatte eingreifen und die meisten von ihnen töten lassen müssen.
Paulus sagte: »Ich bin ein jüdischer Mann von Tarsus, ein Bürger einer namhaften Stadt in Cilicien. Ich bitte dich, erlaube mir, zu reden zu dem Volk.«
Der Römer merkte gleich, wenn man diesem Trubel ein Ende machen wollte, sei es das beste, dem Gefangenen seinen Willen zu lassen. Sollte er zu seinem Volk sprechen – vielleicht erfuhr man dann, worum zum Teufel es eigentlich ging. Er gab ihm Redeerlaubnis. Geschützt von den Legionären stand Paulus auf den Stufen der großen Burg und »winkte dem Volk mit der Hand« (seine charakteristische Geste). Und so erstaunlich wirksam war seine Persönlichkeit, daß die Menge verstummte und dem Mann lauschte, den sie noch vor wenigen Minuten in Stücke hatte reißen wollen. Er sprach aramäisch zu ihnen. Das bewies, er war wirklich ein Jude, denn welcher Grieche oder Römer hatte je gelernt, die Feinheiten ihrer Sprache zu meistern? Also kein Fremder, sondern, was immer man gegen ihn vorbringen mochte, einer von ihnen. Und darum schwiegen sie und waren vielleicht sogar bereit, ihn zu billigen.
Paulus erzählte, er stamme aus Tarsus, habe bei Gamaliel studiert und sei streng im Gesetz unterwiesen. Er erzählte, wie er die abweichlerische Sekte der Christusgläubigen bis in fremde Städte verfolgt hatte und wie er auf der Straße nach Damaskus mit Blindheit geschlagen worden war. Und da sei er mit einem Mal überzeugt gewesen, daß Christus wahrhaftig der Messias sei, der Langverheißene, und er habe erkannt, daß er, Paulus, berufen sei, den Heiden die Botschaft vom

Messias zu bringen. Bis dahin hatten sie ihm aufmerksam und teilnahmsvoll zugehört, aber jetzt war's zuviel des Guten. Was behauptete er da? *Ihr* Messias, ihr jüdischer Messias sei auch der Messias der Heiden? Unerträglich. Ihr Zorn wuchs, sie tobten und schrien, und der noch immer etwas verwirrte römische Kommandant befahl der Wache, den Mann in die Burg zu bringen. Nicht nur, um ihn vor der Menge zu schützen, sondern um herauszufinden, was er gesagt und was diesen Aufruhr verursacht hatte – ausgerechnet Aufruhr, das Letzte, was er am Hals haben mochte, wie jeder andere Kollege auch. Die Folter zur Erpressung von Informationen war in der römischen Welt ebenso üblich und verbreitet wie heutzutage. Die Mittel waren damals etwas primitiver (es gab zum Beispiel noch keine Elektroschocks, die durch die Genitalien gejagt wurden), aber nichtsdestoweniger wirksam. Paulus wurde zum Geißeln geführt. Man zog ihm sein schäbiges Gewand aus, band ihn am Pfahl fest. Einer wollte eben zum Schlag ausholen. Paulus hatte im Laufe seines Lebens genug körperlichen Schmerz erfahren, meist durch sein eigenes Volk. Und jetzt war er immerhin weit über fünfzig. Er wandte sich an den verantwortlichen Hauptmann mit der Frage: »Dürft ihr einen Menschen, der römischer Bürger ist, ohne Urteil geißeln?«
Der andere reagierte sofort. Mit heller Angst. Das römische Bürgerrecht war so kostbar und so selten, daß dieser Hauptmann und die einfachen Legionäre es wohl kaum besessen haben dürften. Sofort wurde Lysias verständigt. Dieser Jude, den sie hatten geißeln sollen, sei *Civis Romanus*. Besser als die Apostelgeschichte kann man es nicht sagen: »Da kam zu ihm der Oberhauptmann und sprach zu ihm: Sage mir, bist du römischer Bürger?«
»Ja«, lautete die Antwort. Kein Zweifel, Claudius Lysias blickte diesen ältlichen, durchgeprügelten Juden, der Blutspuren am Körper trug und Narben von vielen Auseinandersetzungen davor, mit einigem Erstaunen an. Römische Bürger waren schließlich die Herren der Welt – und es gab wenig genug davon. Er selbst hatte sich das römische Bürgerrecht erst nach einer langen und mühsamen Militärkarriere erkaufen können. Doch dieser Mann, den er um Haaresbreite hätte schlagen lassen, war, wenn man seinen Worten trauen durfte, römisch *geboren*. Wie wir bereits sagten, hatte Paulus sicher ein Dokument, um sich auszuweisen, einem modernen Paß ähnlich. Der Mann war offensichtlich hochgebildet. Er sprach Lateinisch, Griechisch und dieses

verfluchte Aramäisch. Bis seine Behauptung bewiesen war, behandelte man ihn besser nicht wie einen von diesen lästigen Provinzlern, die immer irgendwelchen Lärm um ihre Religion machten. Lysias ließ ihn sofort von den Fesseln befreien, behielt ihn aber aus Sicherheitsgründen weiter in Gewahrsam. Und dann kam er zu dem logischen Schluß, es solle ihm gestattet sein, am nächsten Morgen seinen Anklägern gegenüberzutreten. Soweit er sehen konnte, handelte es sich hier um nichts Politisches, um keinen Verstoß gegen die römischen Gesetze, sondern wieder einmal um diese fürchterliche Religion.

35 Der Gefangene

Am Tag darauf stand Paulus vor dem vollständig versammelten Hohen Rat. Eines der dramatischsten Ereignisse der Geschichte. Hier war er also, der Mann, der alles getan hatte, um ihre Autorität zunichte zu machen, und der jetzt scheint's auch versuchte, gegen das Römische Reich anzurennen. Gewiß, sie haßten die Fremdherrschaft, und sie haßten es, im eigenen Lande als Bürger zweiter Klasse behandelt zu werden – aber dergleichen war auch schon ihren Vorfahren geschehen. Immerhin hatten sie stets und ständig an einem festgehalten: daß ihr Glaube der einzig wahre Glaube sei. Sehr widerwillig hatten sie diesen Nebensproß der Messiasgläubigen geduldet, an deren Spitze Jakobus der Gerechte stand. Man konnte Jakobus kaum etwas vorwerfen. Er fügte sich bedingungslos und in jeder Beziehung dem Gesetz und war ein ebenso guter Jude wie sie, daran gab es nichts zu deuteln. Nur eins stimmte nicht mit ihm: Er behauptete, sein Bruder sei der Messias gewesen, den die Propheten verheißen hatten. Dieser Saul dagegen – oder Paulus, wie er sich offenbar lieber nannte, dieser suspekte Jude aus Tarsus (kein ganz echter, soviel sie wußten, denn er stammte aus einer römischen Familie) –, mit dem verhielt es sich ganz anders.

Er erregte gleich zu Anfang ihren Zorn, indem er sie mit »liebe Brüder« ansprach, obwohl ihnen der Titel »Ihr Ältesten von Israel« gebührte. Und dann fuhr er fort und behauptete, er habe ein rechtschaffenes Leben geführt und sei reinen Gewissens. Rechtschaffenes Leben? Reinen Gewissens? Und das aus dem Munde eines Mannes, der in der ganzen Welt eine verderbte und verfälschte Fassung des jüdischen Glaubens verbreitet, unter Heiden gelebt, wahrscheinlich auch »das Andere« gegessen und, soviel sie wußten, mit Heidenweibern in unaussprechlichen Tempeln Unzucht getrieben hatte! Der Hohepriester befahl verständlicherweise, man solle ihm auf den Mund schlagen, weil er gelästert habe. Darauf sagte Paulus zum Hohenpriester: »Gott wird dich schlagen, du getünchte Wand!« Denn dieser Befehl war wider das Gesetz. Und die »getünchte Wand« eine schwere Beleidigung. Denn man tünchte nur Gräber, die Lehmhütten der Armen und die Aborte. Man beschuldigte ihn, er habe den Hohenpriester Gottes verunglimpft. Er erwiderte, er habe nicht gewußt, daß dies der Hohepriester sei. Und in ironischer Zerknirschung fügte er hinzu, er wisse sehr wohl, daß geschrieben stünde: »Den Obersten deines Volkes sollst du nicht schmähen.« Sicher wußte Paulus, wer der Hohepriester war. Er kannte seinen Namen, kannte seinen Platz und kannte sein Gewand. Wieder einmal hatte sich der Revolutionär in ihm geregt. Und dann sah er eine Möglichkeit, Zwietracht unter den Mitgliedern des Hohen Rats zu säen. Er wußte natürlich um den unversöhnlichen Gegensatz zwischen Pharisäern und Sadduzäern in der Auferstehungsfrage. Die Sadduzäer bestritten, daß es eine Auferstehung der Toten gebe. Paulus verkündete, er sei ein Pharisäer und eines Pharisäers Sohn. Und er glaubte an die Auferstehung der Toten. Sofort brach der Tumult los. Die einen schrien so, die anderen so. Der römische »Oberhauptmann« Lysias, der Paulus vor den Hohen Rat geführt hatte, betrachtete das Ganze wohl mit Verachtung, aber nicht ohne eine gewisse Erheiterung. Was sollte man mit solchen Leuten machen? Da riefen und schrien und brüllten sie und rauften sich die Bärte wegen einer völlig verblasenen Sache. Wenn man tot ist, ist man tot. Das wußte doch jeder. Er hatte in seinem Leben genug Tote gesehen. Dann befahl er der Wache, Paulus wegzuführen, bevor es zu einer Rauferei kam und er verletzt wurde. Man internierte Paulus wieder in der großen Burg Antonia.

Lysias fühlte sich überfordert. Schließlich war er nur ein Chiliarch, Befehlshaber einer Truppe von tausend Mann. Und die Sache schien jetzt solche Ausmaße angenommen zu haben, daß es nötig wurde, sie an eine höhere Instanz weiterzuleiten. An diesem Punkt schaltete sich völlig unerwartet jemand ein. Paulus' Schwester (von der wir nicht einmal den Namen wissen) lebte verheiratet in Jerusalem. Ihr Sohn kam zu Lysias und meldete, er habe von einer Verschwörung erfahren. Sein Onkel solle getötet werden. Paulus' Schwester und ihre Familie waren wohl orthodoxe Juden. Wären sie Christen gewesen, so hätte ihr Sohn kaum von der Verschwörung gehört. Man hätte keinen Christen bei den gefährlichen Gesprächen über den Mordplan lauschen lassen. Zweifellos schätzten die Schwester und ihr Haus Paulus' Ansichten ganz und gar nicht, aber die jüdischen Familienbande waren so stark, daß die Bedrohung eines Familienmitglieds eine Bedrohung für alle darstellte. Blut ist dicker als Wasser – und als religiöse Differenzen.

Lysias, der der ganzen Sache mehr als überdrüssig gewesen sein muß, erfuhr zu seiner Verblüffung, daß mehr als vierzig Juden – vielleicht Zeloten, vielleicht auch Tempelpolizisten, die für den Sanhedrin gelegentlich schnell und diskret einen Mord besorgten (ein krasser Verstoß gegen das römische Gesetz) – gelobt hatten, Paulus umzubringen. Sie wollten nichts essen und nichts trinken, bis sie ihre Mission erfüllt hatten. Paulus' Neffe war tapfer. Indem er dem Römer von der Verschwörung berichtete, setzte er sein eigenes Leben aufs Spiel. An dieser Stelle hören wir zum ersten Mal von ihm und seiner Mutter. Man darf annehmen, daß eine völlige Aussöhnung stattgefunden haben muß und daß Paulus bald darauf ein Teil des väterlichen Erbes ausgezahlt wurde.

Paulus brauchte später nicht mehr zu seinem erlernten Beruf zurückzukehren und war auch nie in großen Geldnöten. Jedenfalls deutet nichts darauf hin. Vor der Reise, auf der er Schiffbruch erlitt, bis hin zu den Jahren in Rom ist nie vom Handwerk des Zeltmachers oder von Armut die Rede. Sicher scheint ebenfalls, daß etliche Gemeinden, die er gegründet hatte, einen Teil ihrer Kollekten an den Mann schickten, der ihnen die frohe Botschaft vom Messias und die Kunde vom nahen Weltende gebracht hatte. Sei dem, wie ihm wolle, Lysias wünschte Paulus aus Jerusalem abzuschieben. Ob er recht hatte oder nicht oder aber ob alle Juden verrückt waren (was er manchmal vermutete) – es war seine Pflicht, den Unruhestifter aus der Stadt zu entfernen, in der es schon in friedlichen Zeiten mehr als genug gärte. Er schrieb unverzüglich an den Prokurator von Judäa, es sei ein von Geburt römischer Bürger, der der Abstammung nach jedoch ein Jude war, von den Juden in Jerusalem ergriffen worden. Diese hätten lautstark gefordert, ihn zu töten. Ihm selbst schiene es, als habe jener Paulus nichts getan, was gegen das römische Gesetz verstieß. Trotzdem meine er, zu seinem eigenen Schutz sei es am besten, ihn mit einer Eskorte nach Cäsarea zu schicken. Felix, der Prokurator, muß den Brief leicht melancholisch und resigniert gelesen haben. Cäsarea war an sich ein angenehmer Ort, der Palast äußerst bequem, der Wein einigermaßen trinkbar (vor allem der aus Zypern importierte), doch kannte er die Mißgeschicke, die einigen von seinen Vorgängern zugestoßen waren. Wie erfreulich wäre es gewesen, die Amtszeit in Griechenland zu verbringen oder in Gallien – überall, bloß nicht in Judäa!

Schließlich traf Paulus in Cäsarea ein und wurde in einem Kerker im Palast Herodes' des Großen verwahrt. Römischer Bürger hin oder her, Felix mußte ihn einsperren lassen, bis er genau wußte, welche Klagen gegen ihn vorgebracht wurden. Fünf Tage später kamen von Jerusalem der Hohepriester Ananias und einige Älteste vom Hohen Rat, um den Prokurator zu sprechen. Klugerweise hatten sie sich einen römischen Rechtsanwalt namens Tertullus mitgenommen. Er beherrschte die Art Rhetorik, die diese Römer verstanden. Sie dagegen konnten nur über das Gesetz und über Abweichungen vom rechten Glauben sprechen. Und das – sie wußten es genau –, das begriffen die Heiden einfach nicht. Tertullus eröffnete seine Rede auf die übliche Weise und sagte erst einmal, wie gut und weise der Prokurator regiere. Dann meinte er, er wolle einem vielbeschäftigten Mann wie ihm nichts von seiner kostbaren Zeit stehlen, nur sei der Mann, um den es ginge, jener Angeklagte dort, eine Bedrohung für die Gesellschaft. Überall, wo er sich aufhielte, käme es zu Unruhen.

Felix, der als Sklave geboren und zu seiner hohen Stellung nur deshalb aufgestiegen war, weil sein Bruder, ein Freigelassener, zu Kaiser Claudius' Günstlingen gezählt hatte, wollte keine Unruhen, ebensowenig wie Lysias. Er hörte aus dem Munde des römischen Anwalts, Lysias habe Paulus »mit großer Gewalt« (was nicht stimmte) aus den Händen des Hohen Rats geführt. Paulus erwiderte darauf mit einwandfreier Logik und großer Bestimmtheit. Er habe in keiner Weise gegen das römische Gesetz verstoßen, er habe keinen Aufruhr angezettelt, er habe nur einmal mit den Juden gestritten, weil er seinen Glauben an die Auferstehung der Toten kundgetan hätte. Felix muß tief geseufzt haben. Seine Frau war Jüdin – er hatte vom ständigen Disput zwischen Pharisäern und Sadduzäern gehört. Ihm schien das belanglos. Er hatte für den Kaiser Nero eine Provinz zu verwalten, und dies hatte nach den Gesetzen Roms zu geschehen. Er wies die Kläger ab. Doch er gab Order, daß der Mann, der an dieser Störung schuld war, bis auf weiteres »in leichtem Gewahrsam« gehalten wurde. Paulus wurde gut behandelt, durfte Freunde empfangen und sein eigenes Essen von draußen beziehen. Überdies ließen Felix und seine Frau diesen seltsamen Charakter zu sich kommen und lauschten seinen Ansichten über den Menschen, der, wie er behauptete, der Erlöser des menschlichen Geschlechts sei und nicht nur der den Juden verheißene Messias. Drusilla befand sich in einer seltsamen Lage. Sie war Felix' dritte Frau und hätte als Jüdin nie einen Heiden heiraten dürfen. Möglich, daß das Interesse, das sie für die Paulinische Lehre bekundete, aus einem gewissen Schuldgefühl herrührte – vielleicht hoffte sie damit ihre Sünden abzubüßen. Schließlich war sie vorher mit dem König von Kommagene verheiratet gewesen und hatte sich von ihm scheiden lassen, um einen Römer zu ehelichen. Das dürfte sie für die Juden zur Ehebrecherin gestempelt haben. Felix war ein recht laxer Prokurator, der sich ziemlich gehen ließ. Er wurde schließlich nach Rom zurückberufen, um sich wegen eines Aufruhrs in Cäsarea zu verantworten, bei dem jüdische und griechische Einwohner aneinandergeraten waren. Laut Apostelgeschichte hoffte er auch, der Gefangene Paulus werde ihn bestechen, um freigelassen zu werden. Die meisten römischen Statthalter in den entlegeneren Provinzen erwarteten, daß sie sich – Ausgleich für ihre Dienste am Staat – ein kleines oder auch ein sehr großes Privatvermögen erwerben konnten. Paulus war nicht interessiert. Er muß gewußt haben, daß er sich für eine gewisse Summe die Freiheit erkaufen konnte. Und er muß gewußt haben, daß ihn die Juden ermorden würden, sobald er das sichere Gefängnis verließ. Er sah seine Freunde, schrieb seine Briefe, blieb mit den Gemeinden in Verbindung – warum also sollte er sich nach draußen wagen? Paulus war fast zwei Jahre im Gefängnis zu Cäsarea. Im Jahre 59 mußte Felix nach Rom zurück. Er wurde von Porcius Festus abgelöst, und dieser mußte sich jetzt neben vielen anderen Problemen auch mit diesem ungewöhnlichen Gefangenen befassen. Drei Tage nach der Ankunft in Cäsarea und der offiziellen Amtseinführung reiste Festus nach Jerusalem. Schließlich war diese Stadt das wichtigste von den ihm anvertrauten Gebieten. Außerdem, das wußte er aus den Unterlagen, nahmen die Unruhen immer von hier ihren Ausgang. Und es gehörte zu seinen Amtspflichten, den Sanhedrin zur Lage in Judäa anzuhören. Bald erfuhr er von dem Gefangenen in seinem Palast. Anscheinend ein Revolutionär, der alle Gesetze gebrochen hatte – die römischen und die jüdischen. Festus war gut auf seine Aufgaben vorbereitet und ließ sich von niemandem zum Narren halten. Als die Juden ihn darum ersuchten, man möge den Gefangenen nach Jerusalem bringen und ihm den Prozeß machen, argwöhnte er sofort, daß sie unterwegs oder in der Stadt versuchen würden, ihn zu ermorden. Er bestand darauf, die Ankläger sollten mit ihm nach Cäsarea kommen und ihm dort den Fall vortragen. Dann werde er dafür sorgen, daß unparteiisch Recht gesprochen würde.

Das Ergebnis fiel so aus, wie Paulus es vorhergesehen hatte. Die Anklagen hielten kritischer Prüfung nicht stand. Er hatte sich »weder an der Juden Gesetz noch an dem Tempel noch am Kaiser... versündigt«. Offenbar glaubte er an einen Toten, der aber seiner Behauptung nach lebte und obendrein der Weltheiland sei. Und mit der Welt werde es bald zu Ende gehen. Das sagte Festus sehr wenig. Jeden Tag und jede Minute ging es für jemand mit der Welt zu Ende. Männer, Frauen und Kinder starben. Immer und überall. Der Tod war die einzige Gewißheit. Alle Römer wußten das.

Paulus kannte seine Rechte als römischer Bürger ebenso gut wie der Prokonsul. Festus fragte ihn, ob er nach Jerusalem gehen und sich dort dem Gericht stellen wolle. »Nein«, sagte Paulus, denn er wußte nur zu gut, daß der Prozeß nicht unbefangen und sachlich geführt werden würde – wenn er überhaupt lebend in Jerusalem ankam. Er tat den entscheidenden Schritt. »Ich berufe mich auf den Kaiser!« Das konnte ihm Festus nicht verwehren. Die Reise nach Rom war gesichert.

36 »Zwischen zwei Meeren ...«

Einige Tage nachdem Paulus die Erlaubnis erhalten hatte, sich auf den Kaiser zu berufen – eins seiner unveräußerlichen Rechte als römischer Bürger –, traf der Marionettenkönig von Judäa, Herodes Agrippa II., in Cäsarea ein, um den neuen Prokurator zu begrüßen. Er kam mit seiner Schwester Bernice, mit der er in Inzest lebte. Agrippa verdankte seine Position ausschließlich den Römern und half ihnen später bei der Belagerung und Eroberung von Jerusalem (70 n. Chr.). Er gehörte zu jenen Juden, die fast römischer waren als die Römer. (Auch in anderen, späteren Kolonialgesellschaften kann man dieses Phänomen beobachten.) Festus war natürlich in Atem gehalten durch die Probleme, die für ihn durch diesen jüdischen Gefangenen entstanden, und bat den 32jährigen Sohn Agrippas I., ihm in diesem speziellen Fall Hilfe zu leisten. Zwar gab sich der König ganz wie ein Römer, aber schließlich war er immer noch ein Jude, der eigentlich imstande sein müßte, ihn, Festus, über einige Fragen des jüdischen Gesetzes aufzuklären. Soweit er es beurteilen konnte, hatte der Gefangene in keiner Weise gegen das römische Gesetz verstoßen, und die Juden vom Hohen Rat hatten ihn nicht zu überzeugen vermocht, daß er dem jüdischen Gesetz zuwidergehandelt hatte.
Am Tag darauf wurde Paulus vor das inzestuöse Königspaar geführt. Anwesend waren weiterhin der Prokurator Festus und eine Reihe von Honoratioren der Stadt. Paulus war an einen Soldaten gekettet. Man

wußte wohl, hier hatte man es nicht mit einem gewalttätigen Mann zu tun, sondern mit einem, der ständig Gewalt über sich ergehen lassen mußte, aber trotzdem blieb er ein Gefangener. Und die Kette war eigentlich nur symbolisch. Ein hochoffizieller Anlaß »mit großem Gepränge« – der neue Prokurator, der König und seine Schwester, die römischen Hauptleute und die Sklaven, die der Gesellschaft mit Pfauenfedern Kühle zufächelten. Man war gekommen, um die Ansichten eines merkwürdigen, kahlköpfigen, graubärtigen Juden über gewisse Ereignisse zu hören, die, er bestand darauf, sich zu ihrer Zeit zugetragen hätten.

Lukas war fast sicher mit dabei, denn die Schilderung in der Apostelgeschichte ist so lebensvoll, daß sie nur von einem Augenzeugen stammen kann. Und mag sie auch Lukas nicht geschrieben haben, es handelt sich jedenfalls um einen hervorragenden Berichterstatter. Statt diese Szene ausführlich nachzuerzählen, verweisen wir besser auf die Kapitel 25 bis 27 der Apostelgeschichte. Es wäre recht vermessen, es besser machen zu wollen als ihr Verfasser mit seinem knappen Stil und seiner Autorität. Kurz und gut, Felix trug der Zuhörerschaft die Anklagen vor, die gegen Paulus erhoben wurden, und erklärte, dieser habe es abgelehnt, sich in Jerusalem zu verantworten, und wolle sich an den Kaiser wenden. Er, Felix, könne sich nicht die Ansicht zu eigen machen, daß der besagte Mensch den Juden oder dem Reich etwas Schlimmes oder Böses zugefügt habe. Dann wandte sich Agrippa an Paulus: »Es ist dir erlaubt, für dich zu reden.«

»Da reckte Paulus die Hand aus« – seine charakteristische Geste – und begann zu sprechen. Er erzählte seine ganze Lebensgeschichte, von seiner pharisäischen Herkunft, seiner maßgeblichen Rolle bei den Christenverfolgungen, seiner Vision auf der Straße nach Damaskus. Von diesem Augenblick an habe er sein ganzes Leben dem Aufbau von Gemeinden in Kleinasien und Griechenland gewidmet. Juden und Heiden hätten den Glauben angenommen, daß ein Mann namens Jeschua nicht nur der Erwählte Gottes, sondern der Sohn Gottes gewesen sei. Das Ende der Welt sei nahe herbeigekommen – jedenfalls das Ende der materiellen Welt des Römischen Reiches –, und dem würde das Gottesreich folgen, das die Propheten Israels verheißen hatten. Als von der leiblichen Auferstehung des Messias die Rede war, wurde es Festus zu viel. Er rief: »Paulus, du rasest!« Er hielt ihn also für verrückt, aber er anerkannte Paulus' Intelligenz und Belesenheit in den prophetischen Schriften, und deshalb fügte er hinzu: »Das große Wissen macht dich rasend.«

Bernice war uninteressiert, Agrippa leicht gelangweilt, Festus wütend über diese Irren, die er regieren sollte. Neben ihm saß das Paar, dem er wohl oder übel Respekt erweisen mußte, und vor ihm stand jener Wahnsinnige im zerlumpten Gewand und redete verzückt über einen gekreuzigten Verbrecher, der, so schien's, alle Voraussagen der alten jüdischen Propheten erfüllt hatte – was ihn offenbar gleich zum Erlöser der ganzen Menschheit machte. Andererseits gab es nicht den geringsten Grund, ihn einzusperren.

Agrippa und seine Schwester und Frau sagten ebenfalls, er habe kein jüdisches und kein römisches Gesetz gebrochen. Eigentlich konnte er gehen – als freier Mann. Doch ärgerlicherweise hatte er sein Recht geltend gemacht und an den Cäsar appelliert. Wie Agrippa ganz richtig zu Festus sagte, als sie aus der Halle gingen: »Dieser Mensch hätte können losgegeben werden, wenn er sich nicht auf den Kaiser berufen hätte.«

Und so machte sich Paulus auf, begleitet von Lukas und Aristarchus, einem griechischen Konvertiten aus Thessalonich, und bewacht von der Macht Roms in Gestalt des Hauptmanns Julius. Die Seereise begann in Myra und endete mit dem berühmtesten Schiffbruch der Geschichte auf der Insel Malta – oder Melita, »Honig«, wie sie die Griechen nannten. Die Insel war damals wie heute bekannt für ihren ausgezeichneten Honig, den die Bienen aus den zahllosen Kräutern und Gräsern gewinnen, die an den felsigen Hängen wachsen. Vierzehn Tage lang hatte sie der Eurakylon schon von Kreta aus durchs Mittelmeer geblasen. Mitternacht rückte näher. Der Ausguck am Bug hörte vor sich das Rauschen einer Brandung. Man lotete den Grund aus. Das Wasser wurde immer seichter – erst 40 Meter, ein Stückchen weiter nur noch 30 Meter. Davon abgesehen wußten die Matrosen dank ihrer seemännischen Erfahrung, daß sie sehr rasch auf Land zufuhren. Vor sich hörten sie dumpfes Brausen und Zischen. Die Nacht scheint zwar dunkel, der Himmel bewölkt gewesen zu sein, aber vielleicht konnten sie schwach den Umriß der Küste ausmachen.

Man hat endlos darüber spekuliert und debattiert, wo dieser Schiffbruch sich ereignet haben könnte. Eine Zeitlang erwägte man sogar, Paulus sei auf der Insel Meleda in der Adria gestrandet. Kein Zweifel, das war völlig falsch. Es bedarf nicht einmal päpstlicher Verlautbarungen, um nahezulegen, daß die fragliche Insel tatsächlich Malta war. Hören wir dazu einen bekannten Meteorologen, der früher auf Malta gearbeitet hat: »Die Wetterereignisse, die der hl. Paulus nach dem Auslaufen von Schönhafen erlebte, wurden durch ein ostwärts ziehendes Tief, das Südkreta passierte, verursacht. Dem Tief vorausgehende Südwinde dürften nach Ost oder Nordost beigedreht haben, wodurch in der Ägäis eine starke, von Norden kommende Strömung entstand, deren Geschwindigkeit durch Winde, die durch die Bergschluchten von Kreta und den Kanal von Kythera brausten, noch erhöht worden sein kann. Anhaltend starke Winde zwischen Ost und Nord sind in diesem Gebiet nach dem Durchzug eines Tiefs üblich. Und so kann das Schiff durchaus von Kreta nach Westsüdwest ins offene Meer hinausgetrieben sein – ähnlich, wie es Jahrhunderte zuvor bei Odysseus der Fall war.«

Die Stelle, wo das Schiff der Tradition nach strandete, heißt heute noch Saint Paul's Bay, St. Paulsbucht. Es ist für gewöhnlich unklug, eine solche Tradition in Frage zu stellen. Worte, die von einer Generation auf die andere von einfachen Leuten übermittelt wurden, die wenig oder gar nichts von Büchern wissen, sind oft völlig zutreffend. So fand Schliemann Troja nur dadurch, daß er sich an Homer und an den örtlichen Sagenschatz hielt – und er fand es genau an der Stelle, wo es die Tradition lokalisierte. Diskussionen über den Ort von Paulus' Schiffbruch können nur durch die an sich ganz klaren Worte von Lukas aufkommen: die fragliche Stelle läge »zwischen zwei Meeren« *(topon diathalasson)*. Die Insel Selmunetta an der Einfahrt zur Paulsbucht (auf ihr wurde eine Statue von Paulus aufgestellt) liegt nicht »zwischen zwei Meeren«. Es gibt wenig solche Punkte im Mittelmeer. Da haben wir den Bosporus zwischen Schwarzem Meer und Marmarameer, die Straße von Gibraltar, die Straße von Messina zwischen Ionischem und Tyrrhenischem Meer und die Straße von Bonifacio zwischen Korsika und Sardinien. Der kleine maltesische Archipel hat nur einen Punkt »zwischen zwei Meeren« – den Kanal zwischen Malta und der nördlich gelegenen Nachbarinsel Gozo, zwischen östlichem und westlichem Mittelmeer. Homer nannte Malta den »Nabel des Meeres«, und das trifft auch zu, denn Malta liegt fast gleich weit entfernt von Zypern im Osten und Gibraltar im Westen sowie etwa auf halber Strecke zwischen Italien und Nordafrika. Man könnte sich vielleicht für den am weitesten nordöstlich gelegenen Punkt von Malta entscheiden, für L'-Ahrax (wild, grausam, rauh und uneben), denn er befindet sich tatsächlich »zwischen zwei Meeren«. Doch die genaue Lokalisierung ist nicht übermäßig wichtig. Die einen Gelehrten haben behauptet, es sei hier gewesen, die andern, es sei dort gewesen. Letzten Endes ist es wohl besser, sich an die Tradition zu halten. Bei neueren archäologischen Grabungen hat man das Landgut eines bedeutenden römischen Beamten (vielleicht war es jener Publius, der »Oberste der Insel«?) entdeckt, und zwar genau an dem Platz, der seit langer Zeit *San Pawl Milqghi* genannt wird, »Willkommen, St. Paulus«. Das ist nicht allzuweit entfernt vom traditionellen Ort des Schiffbruchs. Am selben Platz wie die Villa stand offenbar eine sehr alte christliche Kirche. Außerdem scheinen Graffiti, die einen bärtigen Mann darstellen – darunter in griechischen Buchstaben den Namen Paulus –, und eine Szene, die einen Schiffbruch abbildet, zu bestätigen, was die Malteser schon seit langem glauben.

Als das Schiff in jener dunklen Novembernacht auf die Felsen zutrieb, warfen die Seeleute »hinten vom Schiff vier Anker und wünschten, daß es Tag würde«. So mancher hat es merkwürdig gefunden, daß die Anker vom Heck ausgeworfen wurden. Kein Grund zur Verwirrung. Denn die Schiffe jener Zeit führten stets an Bug und Heck mehrere Anker mit sich, gewöhnlich mit Ankerstöcken aus Holz und Ankerhänden aus Eisen oder Blei. In einigen Häfen legten die Schiffe mit dem Bug voraus an, was Heckanker erforderlich machte. Heute liegen Segelschiffe im Mittelmeer üblicherweise mit dem Heck zur Mole, d. h., man wirft einen oder mehrere Buganker aus und läßt sich in Richtung Kai oder Mole zurücktreiben. Die modernen Segeljachten und kleinen Frachtschiffe haben fast alle Motoren, und so ist dies Manöver nicht allzu schwierig. Zu der Zeit, da Paulus übers Mittelmeer fuhr, mußten die Schiffe vom Bug und vom Heck Anker auswerfen können. Jedenfalls fing es der Kapitän von Paulus' Schiff sehr praktisch an. Er ließ sich von einem starken Wind und einer nachfolgenden Strömung auf die Felsen dieser unbekannten Küste zutreiben. Hätte er die Buganker ausgeworfen, so hätte sich das Schiff gedreht und das Heck wäre zerschmettert worden.

Die Matrosen wollten sich retten und ließen bereits die Schaluppe zu Wasser, die sie vor der Insel Klauda an Bord gehievt hatten. Paulus, praktisch wie immer, erkannte, was da vor sich ging, und wies Julius darauf hin, daß sie und das Schiff dem Untergang geweiht seien, wenn die Matrosen nicht dablieben. Die Passagiere waren allesamt seekrank und verängstigt, verstanden nichts von der Seefahrt – sie konnten nur dann auf Rettung hoffen, wenn die »Profis« an Bord blieben. Julius gab seinen Soldaten die nötigen Anweisungen. Sie kappten das Tau an der Schaluppe und ließen sie aufs Land zutreiben. Die Paulsbucht kann ein Ort des Schreckens sein, wenn starke Nordostwinde wehen. Zwar ist sie im Sommer ein guter Ankergrund, aber nach Nordosten hin weit offen. (Erst vor einigen Jahren zerschellten hier Dutzende von Jachten, darunter welche von stattlicher Größe – und zwar genau unter den Umständen, die uns Lukas schildert.) Paulus bewies wieder einmal seinen gesunden Menschenverstand. Vielleicht müßten sie alle an den Strand schwimmen, und daher drängte er alle dazu, sich noch ein wenig zu stärken und etwas Brot zu essen. Laut Apostelgeschichte sagte er: »Es ist heute der vierzehnte Tag, daß ihr wartet und ohne Speise geblieben seid« – aber das dürfte kaum stimmen. Denn dann hätten sie nicht überlebt. Die Wendung ist metaphorisch gemeint. Das Brot muß altbacken und naß gewesen sein, denn das Feuer in der Kombüse wird schon lang nicht mehr gebrannt haben – aber immerhin war auch das etwas Nahrhaftes und Kräftigendes für die Zerreißprobe, die ihnen bevorstand.

Nachdem alle etwas gegessen hatten, machten sie sich an die Arbeit und halfen den Matrosen, den Rest der Weizenladung ins Meer zu schütten. Der Kapitän – vielleicht war er sogar der Schiffseigner – wird recht traurig zugeschaut haben. Er hatte die ganze Ladung verloren. Und damit war auch die Hoffnung dahin, vom Wintermarkt in Italien mit seinen hohen Preisen zu profitieren. Nun würde er wohl auch noch sein Schiff verlieren. Als der Tag anbrach, sahen sie vor sich eine Bucht mit flachem Ufer (das hört sich tatsächlich so an, als sei das Schiff an dem von der Tradition bezeichneten Punkt gestrandet). Sie hieben die Trossen der Heckanker durch und heißten das kleine Vorsegel. Der Eurakylon blies immer noch, und sie hatten keine andere Wahl, als das Schiff auf Grund laufen zu lassen. Vom Ufer aus beobachteten sie ein paar Malteser. Fischer wohl, die schon vorher Kauffahrteischiffe an ihrer Küste hatten stranden sehen. Malta ist etwa acht Monate im Jahr ideal zum Segeln, aber im Spätherbst oder im Winter, wenn der Nordostwind weht, werden seine harten Kalksteinklippen äußerst gefährlich.

Die Apostelgeschichte sagt, das Schiff sei auf eine Sandbank aufgelaufen und mit dem Bug steckengeblieben. Vielleicht handelte es sich auch um eine der felsigen Untiefen, die es an der Ostküste von Malta häufig gibt. Jedenfalls saß der Bug fest, während die Brandung das Hinterschiff allmählich zerschmetterte. Wenn die Heckanker gehalten hätten, so hätten sie vielleicht besser daran getan zu bleiben, wo sie waren und abzuwarten. Doch die Menschen auf dem Schiff hatten vierzehn Tage lang schlimmes Wetter ertragen müssen (der Eurakylon hält normalerweise nicht viel länger als vier Tage an), und als sie Land sahen, konnten Kapitän und Mannschaft keinen klaren Kopf mehr bewahren. Relativ wenige Schiffe gehen auf See verloren, die meisten zerschellen am Land – das beweisen uns die alten Wracks an allen Küsten des Mittelmeers.

Das Schiff zerbrach, und die Soldaten von der Eskorte fanden, es sei besser, die Gefangenen zu töten, als ihnen auch nur die geringste Chance zur Flucht zu geben. Recht verständlich, denn wenn man einen Gefangenen entkommen ließ, hatte man sein eigenes Leben verwirkt. Aber Julius, der Hauptmann, trat dazwischen. Offenbar faszinierte ihn Paulus mittlerweile – vielleicht sogar die Lehre, die er predigte? Um eines einzigen Gefangenen willen konnte er keine Ausnahme machen, und so befahl er, es solle niemand ein Haar gekrümmt werden. Wer schwimmen konnte, erhielt den Befehl, über Bord zu springen und sich zum Strand durchzuschlagen. Die anderen folgten auf Planken und Wrackteilen nach. Alle überlebten, alle erreichten sicher das Land. Genau, wie Paulus es vorausgesagt hatte. Sie würden Schiffbruch erleiden, aber gerettet werden.

37 Winter und Frühling

Die freundlichen Menschen am Strand hießen sie willkommen, und sie erfuhren, daß die Insel Malta hieß. Einige Eingeborene sprachen zweifellos demotisches Griechisch, die meisten aber einen semitischen Dialekt, der in den Jahrhunderten der phönizischen Fremdherrschaft entstanden war. Die Malteser hatten sich schon daran gemacht, Stecken und Reisig zu sammeln, und ein Feuer angezündet, noch bevor die Überlebenden, von Salz überkrustet, das Ufer erreichten. »Die Leute aber erzeigten uns nicht geringe Freundschaft...« Das tun sie auch heute noch. Gastfreundlichkeit ist ein besonderes Merkmal der Malteser.

Paulus, unverzagt wie stets, war einer der ersten, der beim Reisigsammeln mithalf. Und jetzt ereignete sich die berühmte Geschichte mit der Schlange. Als er das Bündel aufs Feuer legte, schoß eine Schlange heraus, die drinnen wohl hatte überwintern wollen, und biß sich an seiner Hand fest. Als die Malteser die Schlange an seiner Hand hängen sahen, dachten sie, er müsse ein Mörder sein, den die Götter dem Meer hätten entkommen lassen, nicht aber der Gerechtigkeit. Paulus schlenkerte sie lediglich ins Feuer. Jetzt warteten sie nur noch darauf, daß er starb. Als er sich aber weiterhin ganz normal betrug, hielten sie ihn für einen Gott. Und damit genoß er von Anfang an einen ganz besonderen Ruf.

Der springende Punkt ist, daß die Schlange fast mit Sicherheit nicht giftig war. In der *Encyclopaedia Britannica* heißt es zur Fauna Maltas: »Es gibt vier Eidechsen- und drei nicht giftige Schlangenarten.« Bis zum heutigen Tag geht auf der Insel die Sage, Paulus habe allen Schlangen das Gift genommen – dasselbe soll der hl. Patrick vierhundert Jahre später in Irland vollbracht haben. Gelegentlich, wenn auch selten, stößt man entgegen dem Diktum der *Encyclopaedia Britannica* in Malta doch auf eine Giftschlange, doch die ist dann wahrscheinlich per Schiff aus anderen Ländern, etwa aus Libyen, eingeschleppt worden. In *Beyond Damascus* erwähnt F. A. Spencer die folgende interessante Tatsache: »Bis zum heutigen Tag gibt es in Süditalien Menschen, die man *Sanpaulari* nennt. Kraft dessen, daß sie in der Paulus-Nacht (vom 24. auf 25. Januar) geboren sind, können sie, so will es der Volksglaube wissen, giftige Tiere mit ihrem Speichel töten.«

Bei der Betrachtung von Paulus' Malta-Aufenthalt stoßen wir auf etwas recht Ungewöhnliches. Lukas nennt diese freundlichen Leute verächtlich Barbaren. Das liegt daran, daß er Grieche war. Das Wort für nicht Griechisch Sprechende lautete seit Homers Tagen *barbaroi* – Menschen mit rauher, grober Mundart, die nicht zivilisert genug waren, um das Griechische zu sprechen. Paulus dagegen hatte – neben seiner Freundschaft mit Publius, dem »Obersten«, also dem wichtigsten Beamten der Insel – seinen beiden griechischen Gefährten gegenüber den Vorteil, daß er Aramäisch konnte. Der punische Dialekt der Malteser hatte dieselben sprachlichen Wurzeln wie das Hebräische, und man darf annehmen, daß Paulus sich ohne große Mühe mit den Maltesern in der Landessprache verständigen konnte. Malteser, die Syrien und den Libanon besuchen, die Heimat ihrer Vorväter, haben dort keine übermäßigen Sprachschwierigkeiten. Vielleicht war Paulus aus dem eben genannten Grund in Malta so erfolgreich – höchstwahrscheinlich hat er dort eine kleine, blühende Gemeinde gegründet. Die Tradition behauptet, Publius sei der erste Bischof* oder Älteste der Kirche von Malta gewesen.

Der Hauptgrund für Paulus' Erfolg ist darin zu suchen, daß er den Vater des Publius, der an Fieber und Ruhr erkrankt war, heilen konnte – er »legte die Hände auf ihn und machte ihn gesund«. Wiederum kein

* Der Bischof des 1. Jahrhunderts ist mit dem des 20. Jahrhunderts kaum zu vergleichen. Er hatte nicht so große Machtbefugnisse und wurde zudem von der Gemeinde gewählt. (A. d. Ü.)

Zweifel, daß hier Glaube und Vertrauen mitspielten. Da kam ein Mann, der nicht nur Latein und Griechisch, sondern sogar eine Abart des maltesischen Dialekts beherrschte. Er hatte Schiffbruch erlitten und überlebt, er war von einer Schlange gebissen worden und unversehrt geblieben – alle Elemente, die für blindes Vertrauen nötig sind, waren vorhanden. Julius, Paulus und seine beiden Gefährten wohnten drei Tage lang im Hause des obersten Beamten. Danach mieteten sie sich Räumlichkeiten in der Hauptstadt, die fast genau in der Mitte der Insel auf einem felsigen Bergkamm gelegen war. Es ist sehr unwahrscheinlich, daß Paulus in einer Höhle oder einem Kerker gefangengehalten wurde, wie es die Legende wissen will. Julius vertraute seinem Gefangenen wohl mittlerweile, und schließlich war es Paulus, der seine Sache aus freien Stücken dem Kaiser in Rom vortragen wollte. Die anderen Gefangenen dagegen wurden zweifellos eingekerkert. Eine sehr unangenehme Sache – denn der Winter auf Malta ist zwar nicht besonders kalt, aber manchmal sehr windig und naß. Von Julius' Standpunkt betrachtet, war es nicht schlimm, wenn einer von ihnen dabei starb – wahrscheinlich würden sie sowieso ihr Leben in der Arena lassen –, er mußte nur darauf achthaben, daß keiner von ihnen entkam. Und die kleine Insel, nur 29 Kilometer lang und 14 Kilometer breit, war in sich Gefängnis genug, wenn das Segeljahr zu Ende ging und keine Schiffe mehr verfügbar waren. Wäre einer mit einem gestohlenen Boot geflohen, so hätte er nicht weiter kommen können als bis zur kleinen Nachbarinsel Gozo. Und dort war er noch mehr von der Außenwelt abgeschnitten.
Lukas berichtet, daß nach der sensationellen Genesung von Publius' Vater zahlreiche Leute von der Insel zu Paulus kamen, »die Krankheiten hatten, und ließen sich gesund machen«. Man darf vermuten, daß hier auch Lukas' medizinische Kenntnisse eine gewisse Rolle spielten. Er schreibt: »Und sie taten *uns* große Ehre; und als wir abreisten, luden sie auf, was *uns* not war.« (Hervorhebung von mir, E. B.) Die tiefergelegenen Abschnitte von Malta waren teilweise Malariagebiete und blieben es, bis man dem im 20. Jahrhundert dank der modernen Wissenschaft abhelfen konnte. Lukas faßt sich bei der Beschreibung des Winters auf Malta recht kurz, zweifellos deshalb, weil er die Landessprache nicht verstand. Er schließt seinen Bericht mit den Worten: »Nach drei Monaten aber fuhren wir ab in einem Schiffe von Alexandrien, welches bei der Insel überwintert hatte und das Zeichen der

Zwillinge führte.« Sicher ein Getreidefrachter, der vielleicht in jener Bucht an der Ostseite Maltas lag, die man heute den Großen Hafen nennt. Beim »Zeichen der Zwillinge«, unter deren Schutz Paulus und die anderen in See stachen, handelte es sich um Kastor und Pollux, die Söhne des Zeus, der ihnen Unsterblichkeit verlieh, indem er sie als Sternbild in den Himmel setzte – es trägt heute noch den Namen Zwillinge.

Im November waren sie gestrandet, und da sie sich nur drei Monate auf Malta aufhielten, müssen sie vor der offiziellen Eröffnung des Segeljahres aufgebrochen sein – vielleicht Anfang Februar 62. Paulus war jetzt weit über fünfzig Jahre alt und hatte alles nur Erdenkliche erlitten, war aber seinem Traum unverbrüchlich treu geblieben. Er hatte ein Netz von Gemeinden in der Levante, in Kleinasien, Mazedonien und Griechenland geschaffen, und nun konnte er auch die kleine Insel Malta auf der Liste seiner Erfolge verbuchen. Vor ihm lag Rom. Doch er wollte nicht nur die Stadt sehen, sondern auch unbedingt erkunden, wie es dort mit den Christen stand. Gab es überhaupt noch welche nach der Vertreibung durch Claudius? Der Kapitän stach wohl auch deshalb so früh in See, weil er möglichst frühzeitig den Getreidemarkt erreichen wollte. Jetzt ließen sich die höchsten Preise erzielen, zumal, wenn er den anderen Frachtern aus Alexandrien zuvorkam. Noch einen Grund hatte der Kapitän. Zu dieser Zeit des Jahres wehen viele Südwinde, und Sizilien, das nächste Ziel, lag nur 120 Kilometer weiter nördlich. Sie fuhren an Kap Passero vorbei, dem südlichsten Punkt Siziliens. Dann wurden die Windbedingungen anscheinend ungünstig, denn sie liefen Syrakus an und blieben drei Tage dort. Vor mehr als vier Jahrhunderten war hier die athenische Flotte im Peloponnesischen Krieg zerstört und das Schicksal Athens besiegelt worden. Lukas mag das gewußt haben, aber es ist zweifelhaft, ob Paulus alte und tote Geschichte überhaupt etwas bedeutete. Einst war Syrakus einer der größten Häfen des Mittelmeers und eine der größten griechischen Gründungen gewesen. Jetzt stellte die Stadt nicht mehr dar als einen unter vielen wichtigeren Handelshäfen im Verkehrssystem des Römischen Reiches.

Dann drehte sich der Wind. Sie nahmen Nordkurs, am gewaltigen Massiv des Ätna vorbei, auf dem wohl Schnee lag. Bei dieser Küstenfahrt im Februar dürfte es nicht eben warm gewesen sein, aber die Reisenden von damals waren zäh – sie hatten auch keine andere Wahl.

Immerhin wird es auf diesem großen Frachter eine Kombüse mit recht guter Kost gegeben haben, mit heißer Suppe und Brot, und viele Passagiere hatten sich mit zusätzlichem Reiseproviant eingedeckt. Das Schiff lief Regium an, Stadt und Hafen an der »Stiefelspitze« Italiens. Vielleicht wollten einige Passagiere nach Regium, aber wahrscheinlicher ist, daß die Strömung in der Straße von Messina ungünstig war. Diese Strömung schlägt zweimal pro Tag von Norden nach Süden um. Der Kapitän wird respektvollen Abstand von der Charybdis, dem Strudel auf der sizilianischen Seite, gehalten haben, der seinem stattlichen Schiff allerdings nicht so gefährlich werden konnte wie der Nußschale des Odysseus. Und das Ungeheuer, die Scylla, die drüben auf der italienischen Seite auf einem Felsen gehockt und von den Schiffen die Matrosen geholt und an sich gerissen hatte, gab es nicht mehr. Die Römer hatten dieses Meer zum größten Teil gebändigt – soweit das bei einem Meer überhaupt möglich ist.

Wieder bekamen sie einen günstigen Südwind in die Segel, und jetzt ging es an der italienischen Küste entlang, vorbei an Capri, das durch Tiberius so in Verruf geraten war; Capri, die schöne Felseninsel mit ihren Weinstöcken und süßen Trauben, aber die lag noch im Winterschlaf. Dann der Golf von Neapel, Steuerbord voraus der Vesuv. Im Augenblick ruhte der große Vulkan, und die Bürger von Stabiae, Herculaneum und Pompeji, jener drei vielbesuchten Orte am Fuße des Vesuvs, vergnügten sich auf den Marktplätzen, in den Schänken und Bordellen und ahnten nicht, daß der Berg potentiell aktiv war. Ein Jahr später (63 n. Chr.) begann sich der schlafende Riese zu regen. Die Erde bebte, beträchtlicher Schaden entstand. Aber man vergaß es wieder, bis der Vesuv am 24. August 79 ausbrach – jene gewaltige Eruption, die alle umliegenden Städte zerstörte. Hätte Paulus vom Tun und Treiben der Pompejaner gewußt, so hätte er zweifellos gesagt, das sei Gottes gerechte Strafe. Doch zu diesem Zeitpunkt war er schon fünfzehn Jahre tot.

Vor ihnen erhob sich jetzt schimmernd weiß im Sonnenlicht die Stadt Neapolis. Sie gehörte zu den frühesten griechischen Gründungen in diesem Gebiet und war lange ein bedeutendes Kultur- und Handelszentrum gewesen. Perle des Tyrrhenischen Meers – so konnte man Neapolis nennen (während das moderne Neapel von Hochhäusern und der »internationalen« gleichmacherischen Architektur verschandelt wird). Die Schönheit der Stadt und das luxuriöse urbane Leben lockten viele Römer an, aber trotzdem behielt Neapolis seinen griechischen Charakter. Doch das Schiff legte nicht hier an, sondern in Puteoli. Puteoli lag einige Kilometer weiter westlich, hatte einen vorzüglichen Hafen und war der Hauptort des Getreidehandels, der Zielhafen der Frachter aus Alexandrien. Die Stadt besaß einen besseren Hafen als Neapolis, was sie zum Teil Caligulas Extravaganzen verdankte. Seine schwimmende Bootsbrücke, die bis zum Badeort Bajä reichte, war ein Stück weit als Mole ausgebaut worden, an der alle Kauffahrteischiffe festmachten. Puteoli war kosmopolitisch, ein buntes Völkergemisch. Händler und Seeleute von überall her, Marktschreier, Musikanten, Schankwirte, Huren – all das, was man in einem großen internationalen Hafen findet. Paulus näherte sich dem Ende dieser Reise – dem Ende seiner sämtlichen Reisen.

38 Das Ende in Rom

Paulus durfte mit Erlaubnis seines Begleitoffiziers Julius eine Woche in einem Privathaus zu Puteoli verbringen. Julius mußte zweifellos eine Reihe von dienstlichen Maßnahmen treffen, zum Beispiel dafür sorgen, daß die Gefangenen nach Rom kamen. Vielleicht wollte er auch ein paar Tage und Nächte ausspannen – in angenehmer Umgebung und mit viel Unterhaltung. Er wußte jedenfalls, daß Paulus nicht fliehen würde. Es dürfte Paulus sehr ermutigt haben, in Puteoli eine kleine Christengemeinde vorzufinden. Er erfuhr, daß auch in Rom eine blühende Gemeinde bestand. Eine Botschaft wurde gesandt, um die Brüder in Rom von der baldigen Ankunft des Mannes zu unterrichten, der so unermeßlich viel für ihre Sache getan hatte. Offenbar war die Ausweisung der Juden und Christen durch Claudius nicht vollends geglückt. Vielleicht hatte Nero die Verfügung auch wieder rückgängig gemacht, oder, was am wahrscheinlichsten ist, man hatte einfach keinen Druck mehr dahinter gesetzt und die Dinge eben laufen lassen. Die Thronbesteigung eines neuen Kaisers ähnelte in mancher Hinsicht dem Regierungswechsel in einem modernen Staatswesen. Die Vorgänger wurden fast immer geschmäht. Neue Leute besetzten die Plätze in der Verwaltung, und viele frühere Edikte wurden aufgehoben oder schlicht vergessen.

Von Puteoli reisten Paulus und seine beiden Freunde unter Bewachung nach Formia, einer alten Stadt an der Via Appia, 64 Kilometer von

Rom entfernt. In der Umgebung hatten viele vornehme Römer ihre Landhäuser, denn hier wuchs ein guter Wein, und das Klima war wesentlich angenehmer als im hochsommerlichen Rom. Paulus näherte sich endlich seinem Ziel, dem Ziel, um das er jahrelang so hart gekämpft hatte. Er näherte sich dem Herzen des Reiches, dem Ort, wo der Kaiser residierte und verkündete, er sei Gott.
Was bedeutete Rom für Paulus? Es war gewiß die größte Stadt, die er je gesehen hatte. Daneben verblaßten Tarsus, Jerusalem, Korinth und sogar Athen, wirkten provinziell. Die Bevölkerung bestand damals aus über einer Million römischer Bürger und vermutlich derselben Anzahl Sklaven. Es war das Rom, das der große Satiriker Juvenal nicht viele Jahre nach Paulus' Tod folgendermaßen beschrieb:

Die Wagen rumpeln vorbei
Durch enge, gewundene Straßen, und Flüche von Rollkutschern schallen,
Weil sie steckenbleiben im Verkehr...
Wenn ein Geschäft
Den Magnaten ruft, begibt er sich rasch mit der Sänfte hin,
Erhoben über die Menge. Drinnen ist Platz genug:
Er kann lesen, kann schreiben und dösen, wenn's langsam dahingeht –
Der Vorhang ist zu und befördert den Schlaf. Jedenfalls
Überflügelt er uns: denn sosehr wir zu Fuß uns beeilen,
Die Menge da vorn hält uns auf, und hinter uns kommen andre
Und drängen. Spitze Ellbogen bohren sich in meine Rippen,
Stangen stoßen mich an; ein Tölpel schwingt einen Balken herum
Und trifft meinen Schädel, ein anderer rollt mir ein Faß in den Weg.
Meine Beine bespritzt mit Straßenkot – und große Füße treten mich,
Ein grobgenagelter Soldatenstiefel trifft genau meinen Zeh. Siehst du
Da vorn diesen Dampf und den Menschenschwarm? Des großen Mannes Nachläufer
Erhalten ein Gratisessen, und jedem wartet
Ein Küchenjunge auf. Die riesigen Feldkessel
Und was daneben noch nötig ist, muß ein armer kleiner Sklave
Auf dem Kopfe tragen, hin und wider laufen.
Das Feuer in Gang zu halten, würde einen muskelstarken Kriegsherrn

Alle Kräfte kosten. Und dort, der wacklige Riesenstamm einer Tanne,
Hoch auf dem Wagen fährt er dahin. Und schau, dahinter ein zweiter,
Gefährlich beladen mit hölzernen Scheiten, eine schwankende, drohende Last
Über den Häuptern der Menge.

Das war die Welt, die Paulus in den Jahren kennenlernen sollte, die er in Rom verbrachte. Er wartete auf seinen Prozeß und lebte so lange zweifellos in einer eigenen Wohnung, in einem Mietshaus. Für die Kosten kamen er und seine Anhänger auf. Das Haus befand sich vielleicht in der Nähe einer Kaserne, und es wird ihn wohl bei Tag und Nacht ein Soldat bewacht haben. In Rom schrieb er einige von den großartigen Briefen an die Philipper, Epheser und Kolosser, an Philemon, Titus und Timotheus und gewiß auch noch andere, die verlorengegangen sind. Rom regte ihn an. Wie hätte es auch anders sein können? Nach all den Jahren, in denen er gereist und oft krank und oft mißhandelt worden war, hatte er zu guter Letzt die Metropole der Macht erreicht. Er sprach mit den Christen, er sprach mit den Juden, er sprach mit allen, die bereit waren, ihm zu lauschen. Er schuf in Rom eine Glaubensgemeinschaft, die den Untergang des Römischen Reichs überstand. Die Apostelgeschichte schließt mit den folgenden Worten: »Paulus aber blieb zwei volle Jahre in seiner eigenen Wohnung und nahm auf alle, die zu ihm kamen, predigte das Reich Gottes und lehrte von dem Herrn Jesus Christus mit allem Freimut ungehindert.« Es ist ein Beweis für den Liberalismus und die Toleranz der Römer, daß Paulus selbst unter der Herrschaft Neros so offen reden durfte.
Paulus lernte auch das Rom kennen, das J. W. Mackail viele Jahrhunderte später folgendermaßen beschrieb:
»Wasser tropfte vom Aquädukt überm Tor; darunter lief die staubige, schmutzige Via Appia hin, geradewegs durch die Suburbia; die Mansarde: genau wie heute glätteten sich die Tauben das Gefieder, trommelte der Regen aufs Dach; die engen, überfüllten Straßen verstopft von den Karren der Bauleute, und das Pflaster dröhnte unter den schweren Soldatenstiefeln der Wache; die Kellner von den Schänken trotteten dahin, eine Pyramide aus heißen Tellern auf dem Kopf; Blumentöpfe fielen von hohen Fenstersimsen; und dann die Nacht – die Geschäfte zu und verriegelt, mitten in der Stille plötzlich Krakeel auf der Straße, die Dunkelheit durchzittert von Fackelschein, wenn ein

großer Mann vorbeigeht; das scharlachne Gewand um sich geschlagen, kommt er von einem Gastmahl, hinter ihm ein langer Zug von Klienten und Sklaven.«

Es gibt keinen Beweis dafür, daß Petrus und Paulus sich zur selben Zeit in Rom aufhielten oder daß Petrus schon vor Paulus in Rom war. All das beruht auf der Tradition, die, wie wir gesehen haben, sehr oft richtig ist. Die Legende sagt, Paulus sei freigesprochen worden und habe noch in Spanien missioniert, aber es scheint kaum möglich, daß Paulus und Petrus die Christenverfolgung Neros nach dem großen Brand von Rom (64 n. Chr.) überlebt haben. Man behauptete, Nero habe das Feuer selbst gelegt. Tacitus hält das für ungewiß. Es ist auch höchst unwahrscheinlich. Sogar Besitzungen des Kaisers, darunter der Palast, den er als Verbindung zwischen dem Palatin und den berühmten Gärten des Maecenas hatte bauen lassen, wurden vom Feuer zerstört. Nero war zwar unbeständig und unberechenbar, aber trotzdem kaum der Mann, der einen Brand legte, welcher zwei Drittel seiner Hauptstadt vernichtete.

Die Römer waren aufgebracht und ließen sich auch nicht durch die klugen Maßnahmen beruhigen, die Nero beim Wiederaufbau der Welthauptstadt traf. Die neuen Häuser durften nur zu einem geringen Prozentsatz aus Holz bestehen. Der Großteil mußte Stein sein, feuerfester Stein aus Gabinum oder Albano. Kein Zweifel, der Brand von Rom brach rein zufällig aus – genau wie später der große Brand von London. In Rom gab es vor allem hölzerne Mietshäuser, und so dürfte sich das Feuer schon bei schwachem Wind sehr rasch ausgebreitet haben. Es wurde völlig unzureichend bekämpft. Nero sorgte auch hier für bedeutende Verbesserungen. In Zukunft mußte jeder Haushalt über Löschgeräte verfügen. Im übrigen hatten Privatleute gesetzeswidrig Wasser für ihre eigenen Zwecke aufgefangen, das dann beim Brand an den entscheidenden Punkten fehlte.

Für verschiedene Götter wurden Betfeste abgehalten. Man befragte die berühmten sibyllinischen Bücher, die als Quell der Weisheit galten, um zu erfahren, wie man die Götter wieder günstig stimmen könne. »Doch«, so schreibt Tacitus, »nicht durch menschliche Hilfe, nicht durch des Fürsten Spendungen oder durch Sühnungen der Götter ließ sich der Schimpf bannen, daß man glaubte, es sei die Feuersbrunst geboten worden.« Nero suchte einen Sündenbock und fand ihn schnell in der unbeliebtesten Sekte von ganz Rom, den Christen. Die

Juden mit ihrem speziellen Gott, mit ihren merkwürdigen Eßgewohnheiten und ihrem seltsamen gesellschaftlichen Verhalten waren schon schlimm genug – und selbst die Juden haßten die Christen! Ein weiterer Grund, sie loszuwerden, war, daß sie die Göttlichkeit des Kaisers bestritten. In diesem Punkt machten sie keine Zugeständnisse, nicht einmal rein formelle, wozu sich sogar die Juden bereitfanden. Hören wir Tacitus:

»Derjenige, von welchem dieser Name ausgegangen, Christus, war unter des Tiberius Regierung vom Procurator Pontius Pilatus hingerichtet worden.« Man warf den Christen Kindesmord, Blutschande und (aufgrund eines Mißverständnisses des Abendmahls) Kannibalismus vor. »Der für den Augenblick unterdrückte verderbliche Aberglaube brach wieder aus, nicht nur in Judäa, dem Vaterlande dieses Unwesens, sondern auch in der Hauptstadt, wo von allen Seiten alle nur denkbaren Greuel und Abscheulichkeiten zusammenströmen und Anhang finden.« Tacitus, der größte römische Historiker, war der Gesinnung nach Aristokrat. Er haßte diese Sklavenreligion. Aber er verabscheute auch den römischen Mob.

Beim Tod der Christen »ward auch noch Spott mit ihnen getrieben«. In Häute wilder Tiere gehüllt, wurden sie von Hunden zerfleischt. Sie wurden gekreuzigt. Sie wurden durch Feuer zu Tode gebracht. Sie brannten nachts als lebende Fackeln zur Illumination der Gärten Neros, die er eigens zur Unterhaltung des Volkes öffnete. Selbst Tacitus meint zu der Behandlung, die den Christen widerfuhr: »Daher ward, wenn auch für noch so Schuldige, welche die härtesten Strafen verdient, Mitleiden rege, als würden sie nicht dem allgemeinen Besten, sondern der Mordlust eines einzigen geopfert.«

Es ist fast gewiß, daß Paulus bei dieser Massenvernichtung einer der ersten war, die sterben mußten. Was immer das Schicksal von Petrus war – ob er mit dem Kopf nach unten gekreuzigt wurde, wie es die Legende behauptet, oder nicht –, Paulus konnte wohl bis zum bitteren Ende auf seine Rechte als römischer Bürger pochen. Er wurde enthauptet. Daran kann es wenig Zweifel geben. Sein Staub liegt mit dem Staub von Bauern und Cäsaren irgendwo unter der Erde. Der Großstadtverkehr Roms braust darüber hin.

Das Reich Gottes ist noch nicht gekommen.

Aber die Worte haben für immer Bestand:

»Wenn ich mit Menschen- und mit Engelzungen redete und hätte der Liebe nicht, so wäre ich ein tönend Erz oder eine klingende Schelle. Und wenn ich weissagen könnte und wüßte alle Geheimnisse und alle Erkenntnis und hätte allen Glauben, so daß ich Berge versetzte, und hätte der Liebe nicht, so wäre ich nichts.
Und wenn ich alle meine Habe den Armen gäbe und ließe meinen Leib brennen und hätte der Liebe nicht, so wäre mir's nichts nütze.
Die Liebe ist langmütig und freundlich, die Liebe eifert nicht, die Liebe treibt nicht Mutwillen, sie blähet sich nicht,
sie stellet sich nicht ungebärdig, sie suchet nicht das Ihre, sie läßt sich nicht erbittern, sie rechnet das Böse nicht zu,
sie freuet sich nicht der Ungerechtigkeit, sie freuet sich aber der Wahrheit;
sie verträgt alles, sie glaubet alles, sie hoffet alles, sie duldet alles.
Die Liebe höret nimmer auf, so doch die Weissagungen aufhören werden und das Zungenreden aufhören wird und die Erkenntnis aufhören wird.
Denn unser Wissen ist Stückwerk, und unser Weissagen ist Stückwerk.
Wenn aber kommen wird das Vollkommene, so wird das Stückwerk aufhören.
Da ich ein Kind war, da redete ich wie ein Kind und war klug wie ein Kind und hatte kindliche Anschläge; da ich aber ein Mann ward, tat ich ab, was kindlich war.
Wir sehen jetzt durch einen Spiegel in einem dunkeln Wort; dann aber von Angesicht zu Angesicht. Jetzt erkenne ich stückweise; dann aber werde ich erkennen, gleichwie ich erkannt bin.
Nun aber bleibt Glaube, Hoffnung, Liebe, diese drei; aber die Liebe ist die größte unter ihnen.«

Herkunft der Zitate

Die Bibel nach der deutschen Übersetzung von D. Martin Luther (in der 1956 und 1964 vom Rat der EKD genehmigten Fassung des revidierten Textes), Stuttgart 1968

James, William, The Varieties of Religious Experience, deutsch von Georg Wobbermin, Die religiöse Erfahrung in ihrer Mannigfaltigkeit, Leipzig 1907.

Juvenal, Satiren, deutsche Übersetzung von Dr. Alexander Berg, Berlin 1913.

Platon, Das Gastmahl, übertragen von Rudolf Kassner, Leipzig 1944.

Rimbaud, Sämtliche Dichtungen, übersetzt von Walter Küchler, Reinbek 1963.

Sueton, Die zwölf Cäsaren, nach der Übersetzung von Adolf Stahr neu herausgegeben, München und Leipzig 1912.

Tacitus, Sämtliche Werke, nach der Übersetzung von W. Boetticher, Wien und Leipzig 1935.

Register

A

Abraham 89
Acton, John, englischer Historiker 58
Agabus 239
Agamemnon 201
Agrippa, König, siehe Herodes Agrippa
Agrippa, Marcus, römischer Feldherr 54
Agrippina, Gattin des Claudius 195, 230f.
Ahriman, Gott im Mithraskult 111
Aischylos, griechischer Dichter 114
Akiba, Rabbi 67
Alexander aus Ephesus 229
Alexander der Große 35, 60, 163, 166f., 172, 187, 201, 208, 220
Allegro, John M. 223
Amos, Prophet 159
Ananias aus Damaskus 90, 93
Ananias, Hoherpriester 248
Ananias aus Jerusalem 73
Anaximander, Philosoph 236
Andrews, Bischof 95
Antiochus von Kommagene, König 150
Antisthenes, kynischer Philosoph 32
Antonius, siehe Mark Anton
Aphrodite, griechische Göttin 24, 131f., 209, 238
Apollo, Gott 124, 175, 188, 238
Apollonios von Tyana, Philosoph 12, 22, 25
Apollos 220
Apuleius 131, 181
Aquila 210, 215, 217, 220, 227
Aratos, hellenistischer Dichter 113
Archelaos, Sohn Herodes' des Großen 41
Aretas, König von Arabien 101

Aristarch, Astronom 236
Aristarchus, Gefährte des Paulus 228, 253
Aristipp 209
Aristoteles 206
Artemis, Göttin 201, 211, 221f., 225, 227f.
Äskulap, Gott 193
Astaroth (Astarte), Göttin 160, 209
Athene, Göttin 235
Athenodorus 23
Attis, Gott 50, 60, 73, 146, 173, 225
Augustus, Kaiser 20, 23, 27–29, 35–38, 41, 43, 53–55, 116, 120, 123, 129f., 139, 146, 172, 193

B

Baal, Gott 71
Bacchus, Gott 73
Bacon, Francis 95
Bar-Jesus (griechisch: Elymas) 133f., 176, 238
Bar Kochba 67
Barnabas 104, 123f., 126–129, 133, 135, 138f., 141–155, 157 bis 160, 162f., 198
Barrow, R. H. (zitiert) 173, 218
Bartlet, Dr. (zitiert) 168
Baucis, Gattin des Philemon 147
Bellerophon 208
Bernice, Schwester des Agrippa II. 251, 253
Blakeney, E. H. (zitiert) 203
Bornkamm, Günther (zitiert) 67
Box, G. H. (zitiert) 22
Brasidias, spartanischer General 186
Britannicus, Sohn des Claudius 195
Brown, J. A. C. (zitiert) 86, 137
Brutus 172
Bube, Richard H. (zitiert) 106

C

Caligula, Gaius Cäsar, Kaiser 67, 115–120, 122, 194f., 263
Cartalo, Sohn des Malcus 71
Cäsar, Gaius Julius 27, 35, 37, 53f., 59, 70, 86, 123, 137, 168, 172, 194, 209, 212
Cassius 172
Cassius Chaerea 119
Cato der Ältere 125
Charon, Fährmann der Toten 124
Cicero 21, 63
Claudia Procula, Gattin des Pontius Pilatus 65
Claudius, Kaiser 21, 119–121, 126, 191–195, 199, 210, 230f., 248, 264
Claudius Lysias 241–244, 246 bis 248
Columbus, Christoph 233
Cornelius Sabinus 119

D

Damaris 207
Daniel 69
Daphne 124, 132, 160
David, König 81
Demeter, Göttin 199
Demetrius, Goldschmied 226, 228

Diana von Ephesus, Göttin 221, 227–229
Diogenes 32, 208
Dionys von Halikarnassos 189
Dionysius aus Athen 207
Dionysos, griechischer Gott 24, 35f., 188f., 199, 223
Doryphorus, Freigelassener 232
Dostojewski, Fedor 86
Drake, Francis 233
Drusilla, Frau des Prokurators Felix 249
Drusilla, Schwester des Caligula 117
Drusus, Bruder des Caligula 116
Drusus, Bruder des Tiberius 53f.

E

Elephantis, griechische Schriftstellerin 57
Elpenor 235
Elymas, siehe Bar-Jesus
Epiktet, stoischer Philosoph 32
Epikur 204
Epimenides, kretischer Dichter 16, 113
Eurydike, Frau des Orpheus 188
Eusebius, Bischof von Cäsarea 107
Eutychus 234f.

F

Felix, Prokurator von Judäa 242, 248f., 252
Festus, siehe Porcius Festus
Fortuna, Göttin 37

G

Gaius, Enkel des Augustus 55
Gajus, Gefährte des Paulus 228
Gallio, Lucius Junius Annaeus 212–216
Gamaliel, jüdischer Schriftgelehrter 47f., 76, 123, 142, 199, 242
Germanicus, Vater des Caligula 116
Gibbon, Edward (zitiert) 124
Gnaeus Domitius Ahenobarbus, Vater des Nero 230
Grant, Michael (zitiert) 38

H

Hadrian, Kaiser 67
Hekataios, griechischer Historiker 236
Helena, Königin von Abdine 126
Helios, Gott 217
Hera, Göttin 167
Herakles, Sohn des Zeus 35
Hermes, Götterbote 147f.
Herodes Agrippa, König 88, 118f., 121f., 251
Herodes Agrippa II., König 251 bis 253
Herodes Antipas 129
Herodes der Große 41, 43f., 118, 129, 248
Herodot 61, 103, 132
Hesekiel 61, 69
Hicks, R. D. (zitiert) 30
Hieronymus 112
Hillel, Rabbi 47f.
Hippokrates 237
Hitler 59, 68, 200
Homer 152, 167, 201, 254, 259

Horus, Sohn der Isis 34, 109f., 222

I

Isis, ägyptische Göttin 24, 34, 109–111, 173, 181, 211, 221 bis 223, 225, 227

J

Jahwe 29, 44f., 68, 75, 77, 96f., 193
Jakobus der Gerechte, Bruder Jesu 106f., 128f., 135, 157 bis 160, 236, 245
Jakobus, Bruder des Johannes 121
James, William (zitiert) 91f.
Jason 196–198
Jesaja 69, 78, 142
Jesus Christus 47f., 50f., 59, 65–67, 70–74, 76–78, 80, 82, 88, 96, 100, 104f., 107, 144, 156, 158
Johannes, Apostel und Evangelist 74f., 105, 158, 174
Johannes Markus, siehe Markus, Evangelist
Johannes der Täufer 220, 223
Joseph, Vater Jesu 106
Joseph Barsabas 161
Josephus, jüdischer Historiker 49f., 63, 107
Josua, Bruder Jesu 106
Judas, Bruder Jesu 106
Judas aus Damaskus 90, 93
Judas Barsabas 161
Judas Ischarioth 161
Julia, Tochter des Augustus 54–56
Julia, Tochter der Julia 55
Julius, Hauptmann 10f., 14–16, 253, 255–257, 264
Jupiter 68, 118f.
Juvenal, römischer Dichter 32, 36, 265

K

Kalliope, Muse 188
Kassander, mazedonischer Feldherr 187
Kastor 230, 261
Kiefer, Otto (zitiert) 231
Kleanthes, stoischer Philosoph 30, 206
Kleopatra 21, 24, 35f., 59, 123, 172
Kopernikus 236
Kornelius, Hauptmann 157
Krispus 212
Krösus, König von Lydien 222f.
Kybele, Göttin 50, 73, 146, 223
Kyros, Perserkönig 223

L

Lais, Hetäre 209
Lear, Edward 86
Lenin 165f.
Lepida, Schwester des Gnaeus 231
Livia, Gattin des Kaisers Augustus 23, 53, 120
Livia, Gattin des Germanicus 116
Lucius, Enkel des Augustus 55

Lucius von Kyrene 129
Lucius Mummius 208f.
Lukas, Apostel und Evangelist 65, 82, 138, 158, 168, 173, 184f., 198, 237, 252–254, 256, 259 bis 261
Lukian, griechischer Schriftsteller 14
Lydia aus Thyatira 174f., 182, 184f.

M

Mackail, J. W. (zitiert) 266
Makrobius 222
Malcus, karthagischer General 71
Manahen 129
Marcus Lepidus 117
Maria, Mutter Jesu 106, 112
Mark Anton 21, 24, 35–37, 43, 123, 125, 172
Markus, Johannes, Evangelist 106, 128f., 133, 138, 144, 155, 158, 163
Matthäus, Apostel und Evangelist 106, 158
Medea, Zauberin 208
Menander, griechischer Dichter 114
Messalina, Gattin des Claudius 193, 195
Milonia Caesonia, Gattin des Caligula 117, 120
Mithras, Gott 111–113, 210, 227
Mnester, Schauspieler 117
Mohammed 86, 89
Morris, Desmond 178
Mose 25, 63, 77, 96, 141, 159
Myers, F. W. (zitiert) 80

N

Napoleon Buonaparte 86
Narcissus, Freigelassener 195
Nero, Kaiser 10, 31f., 63, 67, 120, 195, 205, 231f., 249, 264, 266 bis 268
Nero, Bruder des Caligula 116
Nietzsche, Friedrich 237

O

Oktavian, siehe Augustus, Kaiser
Ormuzd, Gott im Mithraskult 111
Orpheus 188, 199, 236
Osiris, Gemahl der Isis 34, 109 f., 225
Ovid, römischer Dichter 55

P

Pallas, Freigelassener 195
Parkes, Dr. (zitiert) 51
Pater, Walter (zitiert) 189
Paulus 50f., 60, 65, 76, 90; Jugend (als Saulus oder Saul) 20–26; und die Stoiker und Kyniker 30–33; als Student in Jerusalem 40–44, 63f.; sein Lehrer Gamaliel 47–49; und das Judentum 60–64; und die Kreter 63; und die Kreuzigung 66–68, 71; Christenhaß 68, 82–85; Wiederauferstehung 69f.; und Stephanus 78–81; auf der Straße nach Damaskus 85–88, 92f.; Bekehrung 94f.;

geht in die Wüste 95–97; Mordplan gegen 101–103; Rückkehr nach Jerusalem 103 bis 107; Mysterienkulte 109 bis 113; in Antiochien in Syrien 123–126; Heidenapostel 127 f.; auf Zypern 129–135; in Pamphylien 136–138; in Antiochien in Pisidien 138–144; in Ikonion 145; in Lystra 146 bis 149; in Derbe 150–151; Rückkehr nach Syrien 153 bis 154; Einstellung den Heiden gegenüber 155–162; Trennung von Barnabas 163; geplante Rückkehr nach Lykaonien 164; Persönlichkeit 165 f.; in Mazedonien 167–178; und der christliche Glaube 173 f.; Erdbeben in Philippi 179–182; Weggang von Philippi 183–185; in Thessalonich 187–190, 195–197; in Beröa 198–200; Weiterreise nach Athen 200–207; Weiterreise nach Korinth 207–215; und die Beschneidung 218 f.; in Ephesus 221–230; in Troas 233–235; Rückkehr nach Jerusalem 235–244; vor dem Hohen Rat 245–253; Reise nach Rom 253; Schiffbruch 254–257; auf Malta 258–260; Weiterfahrt nach Italien 260–265; in Rom zur Regierungszeit Neros 266 bis 268
Perikles 202
Peter der Große 86
Petronius, römischer Schriftsteller 63
Petronius, Statthalter von Syrien 118–120
Petrus, Apostel 48, 73–75, 104 bis 106, 121 f., 128, 157–160, 267 f.
Philemon, Empfänger eines Paulus-Briefes 266
Philemon und Baucis 147
Philipp von Mazedonien 172, 201
Philippus, Evangelist 239
Philon, griechischer Philosoph 49 f.
Phöbe, Diakonin 216
Platon 114, 151, 189, 206
Plinius der Ältere 37, 49, 131
Pollock, John (zitiert) 92
Pollux 230, 261
Pompejus 27
Pontius Pilatus 64 f., 76, 82 f., 95, 268
Porcius Festus, Prokurator von Judäa 249–252
Poseidon, Gott 180
Praxiteles, griechischer Bildhauer 13
Priscilla, Frau des Aquila 210, 215, 217, 220, 227
Ptolemäus XII. 36
Publius, »Oberster« von Malta 255, 259 f.
Pythagoras 189

R

Ramsey, Sir William (zitiert) 135, 137
Ratisbonne, Alphonse 91
Renan, Ernest 168
Rimbaud, Arthur 85, 186
Roazak, Theodore 106

S

Salomo 43
Saphira, Frau des Ananias aus Jerusalem 73
Sappho 236
Sardanapal, assyrischer König 21
Saulus, siehe Paulus
Savonarola 225
Schammai, Rabbi 47
Schliemann, Heinrich 254
Schonfield, Dr. Hugh 84
Sejan 56
Seneca 31, 205, 212
Sergius Paulus 130, 133–135, 155, 238
Silas Silvanus 161, 163f., 173, 176–185, 190f., 197f., 200, 211f.
Simon, Bruder Jesu 106
Simon Niger 129
Sisyphos 208
Skevas, Hoherpriester 224f.
Smith, G. A. (zitiert) 43
Sokrates 32, 151, 206
Solon, athenischer Gesetzgeber 222f.
Soranes, griechischer Arzt 237
Sosthenes 214
Spencer, F. A. (zitiert) 24, 259
Sporus 232
Starbuck, Professor 91f.
Statius, Dichter 212
Stephanus 77f., 81, 83f., 104, 129, 149, 166, 174, 177, 239
Strabo, griechischer Geograph 166f., 209
Sueton, römischer Schriftsteller 37, 55, 57f., 97, 115, 117, 191 bis 193, 231f.

T

Tacitus 29f., 54, 63, 267f.
Tertullian 106
Tertullus, römischer Rechtsanwalt 248
Thales, Philosoph 236
Thrasyllus, Astrologe 117
Tiberius, Kaiser 37, 53–55, 57–59, 63f., 67, 97f., 109, 115–118, 120, 122f., 131, 193–195, 231f.
Timotheus 67, 164, 173, 185, 190f., 198, 200, 211f., 229, 234, 266
Titius Justus 212
Titus, Schüler des Paulus 102, 126f., 266
Trophimus 241
Trotzki 165f.
Tyche, Göttin, siehe Fortuna
Tyrannus 224

V

Valerius Catullus 117
Vaux, Frater Roland de 61
Vegetius, römischer Militärexperte 10
Venus, römische Göttin 24, 35, 129, 131, 133, 209
Vipsania Agrippina, Gattin des Augustus 54

W

Wesley, John (zitiert) 92
Wilde, Oscar 81
Witt, R. E. (zitiert) 111, 221
Wordsworth, Christopher 202

Wurmbrand, Richard (zitiert) 177

X

Xenophon 221

Z

Zarb, S. M. (zitiert) 61
Zeus 30, 147–149, 167, 193, 206, 261
Zoroaster, Religionsgründer 69, 111